中国民间文艺之乡
系中国民间文化遗产抢救工程系列成果
广西大新
于2017年被中国民间文艺家协会命名为
中国土司文化之乡

《中国民间文艺之乡》总编委会
  总顾问：冯骥才
  总主编：潘鲁生 邱运华
  编委会委员：潘鲁生 荣书琴 侯仰军 李倩 徐岫鹃 孔宏图 张礼敏
      尹兴 姚莲瑞 周小丽 王素珍

《中国土司文化之乡——广西大新》编辑委员会
  主 任：施展
  副主任：陈蒙 农恒云 许斌吉 赵英林 蒋鲜
  主 编：农恒云 伊红梅
  编 委：农恒云 伊红梅 农辉锋 赵先平
      黄洪霞 农丽婵 何农林 周建明
      覃志婉 梁军科 梁立锋 隆广华

中国土司文化之乡 广西大新

主编 农恒云 伊红梅

中国文联出版社

图书在版编目（CIP）数据

中国土司文化之乡：广西大新 / 农恒云，伊红梅主编. -- 北京：中国文联出版社，2024.6
ISBN 978-7-5190-5468-7

Ⅰ. ①中… Ⅱ. ①农… ②伊… Ⅲ. ①土司制度—介绍—广西 Ⅳ. ①D691.4

中国国家版本馆 CIP 数据核字(2024)第 061134 号

中国土司文化之乡——广西大新

（Zhongguo Tusi Wenhua Zhixiang—Gugangxi Daxin）

主　　编　农恒云　伊红梅
责任编辑　王素珍
责任校对　秀点校对
装帧设计　王熙元

出版发行　中国文联出版社有限公司
社　　址　北京市朝阳区农展馆南里 10 号　　邮编　100125
电　　话　010-85923025（发行部）　　　　010-85923091（总编室）
经　　销　全国新华书店等
印　　刷　北京顶佳世纪印刷有限公司

开　　本　787 毫米×1092 毫米　　1/16
印　　张　18
字　　数　286 千字
版　　次　2024 年 6 月第 1 版第 1 次印刷
定　　价　88.00 元

版权所有·侵权必究
如有印装质量问题，请与本社发行部联系调换

乡村重建与民间文艺之乡建设

潘鲁生

《中国民间文艺之乡》丛书是我国民间文化遗产抢救工程的重要组成部分,以中国民间文艺家协会命名的遍布全国的"中国民间文艺之乡"和"民间文化传承基地"为基础,忠实记录了我国各地各民族独特的民间文艺,较为形象立体地展示了这些地区的民间文化遗产全貌,以生态性、民间性、地域性为特色反映了我国传统民间文艺的发展态势。书的名称采用"文化之乡名称+地名",一乡一卷,各卷独立成册,如《中国天河七夕文化之乡——湖北郧西》《中国民间文艺麒麟之乡——广东樟木头》《中国扑灰年画之乡——山东高密》等,是对各文艺之乡普查性的书写,内容包括文艺之乡基本情况、民间文化遗产、民俗生活等方面的信息,所调查记录和编写的信息翔实而准确。作为中国民间文艺家协会主持的中国民间文化遗产抢救工程的成果之一，丛书是对中国民间文化的一次大规模、系统的、科学的梳理，将为中国丰富的民间文化建立完善翔实的档案资料，具有较高的学术研究价值和社会价值，也是文化工作者、专家、艺术家和普通读者了解中国传统民间文化艺术，了解地方乡土文化的必读书。

  《中国民间文艺之乡》丛书的出版在中国民间文化研究领域尚属首次，具有重要意义。近百年来，我国社会历史发展进程中贯穿着对乡村命运的关切，"乡村社会向何处去？如何守护传承乡村文明？"是一个深刻的发展命题。从20世纪30年代的乡村建设思潮，到新世纪以来，中央连续多年以"一号文件"的形式出台政策，一直关注农村问题。近年来国家高度重视农村文化建设，进一步关注决定中国乡村命运的乡村地位问题，从中华民族历史与文化的高度强调乡村是中国文明之根。习近平总书记在2013年7月调研时强调："农村绝不能成为荒芜的农村、留守的农村、记忆中的故园。"2013年12月中央城镇化工作会议提出，中国城镇化要"让居民望得见山、看得见水、记得住乡愁"。在2015年1月指出："新农村建设一定要走符合农村实际的路子，遵循乡村自身发展规律，充分体现农村特点，注意乡土味道，保留乡村风貌，留得住青山绿水，记得住乡愁。"2015年中央一号文件明确提出"传承乡村文明"，在新农村建设中要"创新乡贤文化，弘扬善行义举，以乡情乡愁为纽带吸引和凝聚各方人士支持家乡建设，传承乡村文明"。可以说，乡村是中国五千年文明传承之载体，是中国文化传承与发展之根，乡村文明是中华文明的基础。在经济发展、实现温饱的背景下，中华民族的精神追求与文化传承越来越重要。追本溯源，源头在乡村。乡村是中国人的精神归属、记得住乡愁的家园。中国民间文艺之乡的发展基础在乡村、在社区、在基层，是对民族精神文化家园的守护。

一、增强乡村文化自信

  一段时期以来，我们的乡村文明、乡土文化存在不同程度的断裂和瓦解，包括传统村落、民俗民艺、民间传承人等文化资源急剧流失，乡土文化的凝聚力不断减弱，乡村"空心化"问题较为严峻。社会发展需要共有的历史记忆、情感维系、文化寄托和凝聚，无论是城市还是乡村，即使物质上富有，如果精神上匮乏，仍然难以为继。从这个意义上说，重建乡村是一个精神文化工程，重建的是民众心灵的故乡。开展乡村重建，发展民间文艺之乡，也在于从更深层次上续存包括乡愁记忆、民间信仰、礼仪习俗、道德追求在内的精神纽带，增进人文关怀，提升我们民族民间文化复兴发展的内在动力。

我们要充分认识乡村文明的当代价值，增强乡村文化自信，保护好民间文艺传承发展的生态基础。要从全局意义上认识民间文艺之乡建设，在民间文化传承发展的源流与变迁、新型城镇化的必经历史进程、乡村重建与乡土文化生态以及特色文化对地方发展的驱动效应等更加宏观和综合的层面，为民间文艺之乡建设厘清脉络、找准定位。要从最基层、最具体的工作层面，共同研究和分析具体的民间文艺样态在传承保护与发展过程中面临哪些困境和难题，有哪些行之有效的办法，以及怎样把我们的保护和发展理念落实为最具体的措施。要围绕乡村重建，加强民间文艺之乡的认定、建设与发展，要加强地区乡土教育，发掘地方民间文艺特色，编纂民间文艺的"乡土教材"，推进民间文艺进课堂，开展"民间文艺进校园"活动，加强民间文艺知识普及、民间文艺情感培养，增强乡土文化的自觉和自信。

二、激发民间文艺活力

发展民间文艺之乡，还要扎实做好民间文艺的保护与传承，积极创造条件，激发传统民间文艺活力。民间文艺不同于精英文艺，它来自生活，依托于生活，是生活的艺术。伴随我国社会转型和产业重点转移、人口城市化流动、生活方式和价值观变化，传统民间文艺的生活基础在发生改变。比如当传统民艺的集体基础相对弱化时，民间文艺创造的万千生活主体会不同程度地演变为传承坚守的艺人个体，原有的广泛蓬勃的文化基础和即时更新的创造力和感染力等相应受到影响。民间文艺之乡建设因此担负着民间文艺振兴的使命，不能局限于民艺样态本身，要关注民众的日常生活，关注民间文艺最广泛的参与者，关注民间文艺的多元载体，在老百姓"过日子"的过程中实现传承、创造与发展，使民间文艺作为一种情感的、审美的纽带，在礼仪互动、经济往来和节日欢歌中得到维系和传承。

激发民间文艺活力，不仅要保护和扶持相对少数的创作主体和传承人，做好重点保护和示范传习，还要进一步关注广大的接受群体和民间文艺的受众，做好普及宣传和推广，扩大队伍，增进认同。不仅要关注民间文艺本身，还要着力培育载体、厚植土壤，包括年节习俗、人生礼仪等时间载体，以及相关的传统村落、传统民居、庙宇宗祠等文化空间载体，还有与民间文艺发展水乳交融的歌墟集市、手艺劳作、乡戏娱乐等活动事项。比如要充分认识传统生活中节气以及与岁律相合的传统节日作为民间口头文学、民间戏曲、民间歌舞、民间美术、民间工艺等生成土壤的重要意义，进一步还原和培育传统节日里丰富的民间文艺内容，在当下生活空间中进一步充实民间文艺活动。比如有计划地恢复和培育优秀民间礼仪，增强传统文化认同与情感维系，培育民间文艺应用的文化空间，以及深刻认识民间文艺与传统村落、居民、生活的依存关系，推动传统村落保护，促进恢复传统民居营建等，保护民间文艺的丰富性，等等。要着力推动地方特色文艺在农村和城乡社区扎根，开展传习、展演等群众文化活动，并针对不同群体和地方民间文艺样式因地制宜实施传承计划，使普通民众成为传统民间文艺传承的重要基础，使民间文艺成为社会、社区和民众自然、和谐、稳定、有序、良好互动的重要纽带，增强文化认同与凝聚。同时，积极吸收群众创作成果，培育民间文艺繁荣的基础。总之，要扎根生活去研究，关心农村和社区群众，让民间文艺的发展充满生机活力。

三、创新民间文艺发展路径

建设和发展民间文艺之乡，要着力推动民间文艺的创造性转化与创新性发展，积极探索当代生活需求相适应的多元发展路径。1996年，在山东烟台召开的"当代社会变革中的传统工艺之路"研讨会上，发布了《保护传统工艺　发展手工文化》的倡议书，提出"中国手工文化及产业的理想状态应是：一部分继续以传统方式为人民提供生活用品，是大工业生产的补充和补偿；一部分作为文化遗产保存下来，成为认识历史的凭借；一部分蜕变为审美对象，成为精神产品；一部分则接受了现代生产工艺的改造成为依然保持着传统文化的温馨的产品。同时，还要建立适应现代生活的新手工文化"。也是在这期间，1997年我们提出启动民间文化生态保护计划，开展乡村调研采风，出版了《民间文化生态调查》丛书。当前，我们仍然要以科学、客观的态度把握相关民间文化的保护与发展问题。不仅要做源头保护，也要做终端利用；不仅要保护艺人等创造主体，也要激活更广泛的受众认同；要加强民间文艺的原生态、衍生态认定，促进民间文艺多元发展。

民间文艺之乡建设尤其要关注以下几个层面：一是对于具有鲜明民族历史文化特色但处于濒危困境的传统民间文艺的传承与活化，要加强文化生态基础研究，制定保护与传承措施，从丰富中华传统民艺存量、续存民艺母本、保持民艺多样性的意义上，促进濒危传统民艺的活化与发展。二是对于与传统民间习俗、民间信仰和新时期的社会主义核心价值观一脉相承、有助于加深民族文化认同、增进民间文化凝聚、有助于丰富人民群众文化生活的传统民间文艺，要从文化建设意义上加以倡导和扶持发展，丰富乡村文化生活，增强民间文化创造力，延续匠心文脉。三是对于发展基础较好、具有较好的传承与生产基础，并有望拓宽发展空间的传统民艺，要进一步丰富题材和品种，提升设计与转化水平，培育知名品牌，提高传统工艺等行业管理水平和市场竞争力，提高从业者收入，提高对城乡创业就业的促进作用，促进传统工艺在当代生活中的广泛应用。不仅要做好"传统工艺振兴"的大课题，同时也要关注移动互联网和大数据为核心的现代数字信息技术的迅猛发展，"移动互联网＋社交＋大数据"以全新的支撑平台和传播渠道重建大众日常生活方式，重构文化的多元化发展格局，"互联网＋"打通了生产价值链和消费价值链，成为相关文化创意产业发展的内生动力。民间文艺要与内容产业有效对接，民间工艺等要关注文化创意产业发展，在适应当代生活中寻求新的发展生机。

总之，乡村重建与民间文艺之乡发展是历史潮流中的自觉之举，是对民间文化使命的担当。我们要以更宽广的文化视野、更坚定的文化自信、更包容开放的胸襟投入到这项事业中来，共同守护民族的文化乡土，用民间文艺的纽带增进认同、涵养心灵，实现民族文化创造力的复兴。

在《中国民间文艺之乡》丛书付梓之际，是以记之。

丁酉小满于泉城

目 录 >>>

序 001
前言 003

第一章 渊源：历史尘埃里的印记 001
  第一节 羁縻之治 002
  第二节 大新土司与侬智高 006
  第三节 土司的倚重与利用 013

第二章 承袭：偏安一隅近千年 019
  第一节 大新土司承袭制 020
  第二节 大新土州及土官族谱 029
  第三节 土司时代的社会阶层与土司的特权 048
  第四节 大新土司时期的土地制度与税赋 059

第三章 情怀：红棉古道今尚在 069
  第一节 土司州衙廨宇与"九街十三巷" 070
  第二节 边关风云涌 089
  第三节 土司贤能录 095

第四章 遗迹：骆越边地的民族文化 103
  第一节 边关土州遗存旧迹 104
  第二节 蛰伏于山水间之风雅 119
  第三节 镌刻在石头上的历史 140
  第四节 大新土司的文化教育 158

第五章　延续：久远的民族习俗　　167
　　第一节　约定俗成的节庆　　168
　　第二节　民间信仰　　187
　　第三节　色彩斑斓的壮族服饰　　198

第六章　传承：民族文化的融合与发展　　215
　　第一节　山歌高腔唯诗蕾　　216
　　第二节　土司与本土资源　　243
　　第三节　土司文化与旅游发展　　252

后记　　261

序

施 展

  文化是城市的灵魂。城市历史文化遗存是前人智慧的积淀，是城市内涵、品质、特色的重要标志。保护好历史文化遗产，有利于提升城市的文化品位和吸引力。大新县历史文化底蕴深厚，曾有八个土司遗存，是广西崇左市土司遗存分布最广泛、内容最丰富的县份。同时，这里自然风光旖旎大美天成，民族风情多姿多彩，也是一座天然环境十分优越的边疆文化旅游名城。

  我是2023年底到大新县履职的，对大新县历史文化发展脉络还没有系统深入了解，但站在前人已有成就的基础上，庆幸自己能成为保护和传承土司历史文化的一员。我了解到，2017年6月以来，崇左市文联主席农恒云等一批大新籍专家学者怀着对家乡的深情厚谊，历经艰辛，通过实地考察土司衙门遗址、山野残碑，查看史籍、翻阅族谱、同大新八大土司后人和本县相关人士开会访谈等方式，发现了不少前人没有发现的线索和证据。在深入了解大新县土司形成的历史背景、迁徙过程、人文地理和文化遗存的基础上，汇总正史、地方志、土官族谱和田野调查结果，取得了阶段性成效，编撰了《中国土司文化之乡——广西大新》。全书涉及历史古迹、自然风光、民族文化、风土人情以及土司制度下承袭、朝贡、征战、守土、改土归流等一系列过程，介绍了边陲之县大新上千年的历史与文化，还融入了不少大新古代诗文及遗址、风光图片，内容十分丰富翔实，图文并茂。该书为研究唐宋以来南疆边境地区的历史文化尤其是土司文化、边疆文化、壮族文化等方面提供了较为翔实可靠的参考。

2019年2月1日，习近平总书记在北京看望慰问基层干部群众时指出："一个城市的历史遗迹、文化古迹、人文底蕴，是城市生命的一部分。文化底蕴毁掉了，城市建得再新再好，也是缺乏生命力的。"

近年来，大新县历届县委、县政府认真贯彻落实党的二十大精神和习近平文化思想，根据上级党委的统一决策部署，因地制宜实施文旅振兴战略，推动文化旅游高质量发展，坚持以人民为中心，以文塑旅，以旅彰文，深入挖掘土司文化所蕴含的历史价值和文化价值，加快促进文化与旅游融合发展，积极引导具有悠久历史的土司文化与民间"侬峒文化"相结合的节庆活动，极大地丰富了全县文化旅游的文化内涵及多样化。目前，大新县正积极筹建土司文化中心、土司博物馆，加快推进中国土司文化城建设，努力创造文化事业繁荣发展、民族团结和谐奋进的良好环境，奋力打造现代化边疆文化旅游名城。

《中国土司文化之乡——广西大新》的出版发行，将让读者更加直观、全面地了解边陲地区土司发展的走向和脉络，了解边陲地区的民俗文化风情，从而更加深刻地体会到大新这片土地的古老传奇，体会到大新人民淳厚为人、勤劳勇敢、扎实肯干、勇于担当的精神风貌——这也将是我们建设祖国南疆旅游文化强县的力量源泉和前进动力！

值此书印刷面世之际，恰逢岁次甲辰，龙行天下之时，尤为可喜可贺！

是为序。

2024年元月

前 言

农恒云

　　大新，以奇秀的自然景致闻名遐迩。自唐设置万承、万形、波州、思诚等羁縻州，历经宋、元、明演变而成万承、恩城、太平、安平、养利、茗盈、全茗、下雷等八个土司。八个土司互为犄角，各自为政，统治桂西南边陲这片神秘之地，直至明、清及民国的"改土归流"，大新的千年土司制度才逐步完成历史的使命。

　　土司，是大新历史一个绕不开的史实和话题。大新的古代历史，可谓是一部活生生的土司制度史。由羁縻蜕变为土司，历史漫长，而其利弊功过，难以一言概论。但在土司制度下，这片水土因其钟灵毓秀在千百年的时空里涵养了一方文化。接纳中原文化，融合各民族优良的民风民俗，从而形成了独特的地域历史文化。这是一座不可忽视的精神富矿，是大新历代勤劳勇敢的壮族儿女群体智慧的结晶，值得我们去挖掘、整理、研究和提炼，进而造福于时代。

　　我生长在龙门乡（万承州），自小耳闻不少土司旧事。十几年前，我从大新调任崇左市文联工作，方有闲暇关注、探究崇左壮民族深邃的历史文化，尤其大新八个土司历代遗存民间的诗文，由于自然和人为因素的消磨，大多已淹没于历史的长河中。如安平的会仙岩，过度的开凿推填使得许多古代石刻难觅踪迹；恩城的岜白山因周边的开发而使崖壁诗文墨迹日受俗尘侵袭；各土官族的古墓园屡遭盗挖而破损不堪……如不及时拾掇整理，这些凝结着古人智慧与史料，恐将灰飞烟灭永成遥远的民间传说。故而我时常结伴游走于大新山水间做田野考查，追寻土司旧迹，如万承州明清土官古墓、安平州的会仙岩、恩城州的岜白山崖、茗盈州的穷斗岩、养利州的金印奇峰摩崖石刻。我有时得攀爬上十几米高的木架，紧贴着经年覆盖尘土或布满苔藓的石壁近距离观察古人题留的诗文，从残破不堪的石刻或湮芜的墨迹中，一笔一画地揣测出每个汉字，再逐字捡拾缀成诗句，最终得以还原古诗文的本来面貌，重现古人诗心及其艺术灵光。这些经校勘复原的古诗填补了大新史料的空白，而且得以匡正时人传抄的错漏。本书中的部分土官吟咏诗文，多是我近年田野考查所获的石刻原作，从中可管窥大新众土司深受中原主流文化影响的轨迹，充盈着对中原雅文化的礼拜，在思想上、文化上发出民族融合和谐发展的历史回音。

大新古诗文和土司衙门残址石雕塑像等，真实见证和反映大新千年土司的历史兴衰。千年的土司历史沿革演变，错综复杂的土官承袭争位，名目繁多的治理条规戒律，土司与汉堂流官明争暗斗或交流合作，土官俍兵保境安民及守疆固土，各土州囊括自然与人文精华的十景八景，占尽风水宝地的土官神道墓碑，大新土司之间及与左江流域甚至更为宽广的交游和联姻所形成的相对稳固利益集团，朝代更替对边地土司管控及改土归流等问题萦绕在我们的脑海。不断深究土司文化，不但希冀能客观地反映土司的历史沿革状况，更期望从残垣旧迹及繁杂史料中，挖掘整理出那些散发着正能量的历史文化因子，为时代所识，为时代所用。

大新现存的土司史料几乎是碎片化的，却是弥足珍贵，其记录的时间、地点、人名，带着浓厚的汉壮民族交融的历史烙印，或同音不同字，或不同版本多种记载，让人有坠入云里雾里的迷惑。这需要研究者以负责的态度和批判的眼光，审视甄别，从中发现历史的真实。

2017年春夏之交，我有幸参与"中国土司文化之乡"和"中国侬峒文化之乡"的申报和创建过程。其间，大新土司文化引起国内专家学者的热注，这让我产生了研究、整理并出版一本大新土司文化专著的想法。尽管那些曾经威武堂皇的土司衙门等遗迹几经改造已趋于泯灭，那些见证土司历史烟云的遗物旧迹已屈指可数，但糅杂土司文化及地域风情的山歌、传说、节庆、服饰等民族民俗文化至今流传不衰，从中还可梳理大新土司文化较为清晰的脉络。为此，我始终坚信，只要我们尊重历史，求真务实，去粗取精，去伪存真，充分挖掘史料，将所获土司史料的保护、挖掘、收集、整理、研究、完善作为我们的始初和落脚点，一部图文并茂，融学术性、通俗性于一体的专著一定能够顺利完成。

参与编辑《中国土司文化之乡——广西大新》的诸位乡贤同道有大学教授、作家、博士、硕士研究生、文博工作者，大家虽然专攻不同，学业各异，不少已远离故土多年，但游子赤心依然，同怀支持乡梓文化事业心愿。他们遨游于古代浩瀚史志，青灯黄卷寻找有关大新土司的蛛丝马迹；或风餐露宿攀岩入洞进行田野调查；或乡间采风问询拜访耆老钩沉民间传说……累年潜心写作，共襄图册，几易其稿，最终汇集而成此书稿。

大新县各级领导和有关部门十分关心土司文化建设及此书编写，尤其县政协许斌吉主席及县博物馆的同仁多次陪同我们翻山越岭探古访旧，至今历历在目，令人感怀。

随着大新县社会经济的快速发展，文旅融合正渐入佳境，我们将更加坚定文化自信，继续践行社会主义核心价值观，赓续优秀民族文化根脉，不断探索边地历史文化与当代主流文化的契合点；坚持不懈地推进大新民族历史文化的传承与保护，促进边疆各民族大团结大发展大繁荣，为弘扬中华优秀传统文化添砖加瓦。在这个过程中，热切期望大新的民族历史文化在新时代得以进一步升华与发展，在中华历史文化长河里永远散发着风情浓郁、活力迸发的独特魅力。

是为序。

辛丑初秋于桃城

安南都护府

如赖 巩城州
归乐 田
添州 武龙 岁州
愚佳
功统
古林
安德 伦州 蒙州
归顺
西原州 万承
波州 思利
思诚
金龙州 龙州
太平州

思明州
石西州
思陵州

第一章
渊源：历史尘埃里的印记

土司制度，是在一定历史背景下产生的民族管理制度，其产生和消亡经历了漫长的历史过程，它适应于中央集权统治政权在边疆少数民族地区的渗透，衰落于混乱的割据斗争。纵观大新县的历史进程，可在历史的尘埃里发现大新八个土司斑驳的印记，它深深烙刻在这片风景秀丽，文化多姿多彩的土地上。

第一节 羁縻之治

土司，在《辞海》中这样注解："官名，元、明、清在西北、西南地区设置的由少数民族首领充任，并世袭的官职。"土司制度是封建王朝对边疆的少数民族地区执行间接控制的制度，秦汉时期对岭南地区的统治政策是"以其故俗治"，唐宋时期是"羁縻政策（制度）"，元明时期是"土司制度"。说明封建王朝中央对边地几千年来的统治政策是一脉相承的。

秦始皇统一岭南地区后，设置了桂林、南海、象三郡，并派官驻兵进行统治，其中桂林郡和象郡大部分位于今广西辖区内，随着秦王朝郡县制的推行，包括今广西地区在内的整个岭南地区都纳入中原王朝的管辖范围。然而，对于中原统治者而言，岭南虽然在帝国的版图之中，但岭南的民族却是"异族"。一般认为，岭南在先秦时期是百越各族生活的区域，今天生活在岭南地区的各少数民族大多是百越民族的后裔，有许多具有特色的民族风俗。因此，如何对岭南地区和"异族"实施有效的控制，成为历代统治者们必须认真思考的问题。秦始皇采取了一系列政策和措施来巩固封建统治，西汉贾谊《过秦论》提到，秦"南取百越之地，以为桂林、象郡，百越之君，俯首系颈，委命下吏"[1]。在边疆治理问题上，秦王朝设置了直接处理民族地区事务的地方行政机关，同时采取"但其初虽有郡名，仍令其君长治之，如后世羁縻州之类"[2]的办法，在律法上保障民族首领的统治。此外，秦王朝对少数民族人民及首领给予与内地官民不同的优待，如犯法从宽、轻徭薄赋等，此即后世所谓"羁縻制度"亦即"以夷制夷"政策之始。该政策的实施，使中原民族和岭南百越民族经济文化间的交流开始活跃起来。

秦二世而亡，赵佗趁中原大乱之际，自封为"南越王"，管辖岭南地区，在南海、桂林、象郡范围内或其边缘，实行"和集百越"[3]的民族政策，允许当地越人首领"以故俗治之"，瓯、骆、裸、夜郎"亦称王"，自主管理其民族内部事务，从而妥善处理新政权统治者与南越民族的关系，促进了当地社会政治、经济的进步。

---

[1] 贾谊：《贾谊集》，上海：上海人民出版社，1976年，第2页。
[2] 钱大昕撰：《潜研堂集》，吕友仁校点，上海：上海古籍出版社，2009年，第255页。
[3] 司马迁撰：《史记》，北京：中华书局，1959年，第2967页。

汉武帝重新统一岭南以后，为更好地统治和管理较为荒远的"夷蛮"之地，一方面承袭秦朝的政治体制。继续推行郡县制，在南越地区置南海、苍梧、郁林、合浦、交趾、九真、日南、珠崖、儋耳等九郡，其中苍梧、郁林、合浦郡大体上在今广西境内。另一方面，又沿袭南越赵佗的"和集百越"民族政策，任用少数民族首领"以其故俗治"[①]，同时从中央派遣汉官前往监督，防止首领叛乱。在统一的封建政权统治下，岭南民族地区的政治、经济、文化都有较大的发展。

三国两晋南北朝及隋朝时期，豪强争霸，战争不断，政权更迭频繁，社会动荡不安。中原各王朝对岭南少数民族的统治，较之秦汉有了明显的加强，州县的设置较多，统治的措施也较为严密。各代王朝对广西少数民族地区主要是统而辖之，委任当地民族首领管理本地事务，并委派官吏督察，使之与其王朝保持着藩属关系。这样因地制宜的较为灵活的统治方式，使岭南民族地区同中央王朝的关系日趋密切，社会亦不断发展进步。

唐朝初年，唐朝统一边疆少数民族地区后，设置南宁都护府（今云南滇池地区或曲、靖二州一带）、安南都护府、邕州都护府（广西西南部）、桂州都护府（广西东北部）、黔州都护府。都护府一级的长官由中央委派，多为流官一类。还在原有各民族首领辖区的基础上建立羁縻府、州、县三级行政机构，羁縻州、县的主要官员，则一律由世代统领其地的少数民族酋长充任，"以故俗治之"。据统计，唐代在全国设置的几百个羁縻府州中，在今广西设立羁縻州43个，羁縻县47个。[②]人口稀少的边远少数民族地区设置羁縻州数远大于在人口稠密的中原地区设置的正州县数目，表明随着中央集权的不断加强，唐王朝对少数民族地区的管理与控制已空前强化。大新土司的起源主要由土酋归附，朝廷予以赐官，及征"蛮"有功，授予裂土酬勋等，境内设立了万形州、波州、万承州、思诚州等，这是大新土司萌芽时期。中央王朝对这些羁縻地区首领的册封、赋税、武装力量等内容进行了明确的规定：

1. 中央王朝承认羁縻州县峒有一定独立自主权，不过问其内部的政治、经济制度、不干预其风俗习惯；2. 中央王朝册封"率土来归"的当地土酋为

[①]《资治通鉴》，北京：中华书局，1956年，第686页。
[②] 广西壮族自治区地方志编撰委员会：《广西通志·总述》，南宁：广西人民出版社，2010年，第2页。

诸州刺史、长史、司马,世袭其地;3.羁縻州承认国家统一的版图、国号、年号;4.羁縻州必须向中央岁贡土特产;5.羁縻州县必须服从中央调遣,抵御"外蛮"侵略。①

宋朝"参唐制,析其种落,大者为州,小者为县,又小者为峒。"② 共设羁縻州64个,羁縻县6个,③ 受"寨"统领,寨官由汉族官吏担任,中央王朝的统治势力不断深入广西少数民族地区及边疆地区。史载:

> 羁縻州峒,隶邕州左右江者为多……自唐以来内附,分析其种落,大者为州,小者为县,又小者为峒。国朝开拓浸广,州、县、峒五十余所,推其雄长者为首领,籍其民为壮丁。其人物犷悍,风俗荒怪,不可尽以中国教法绳治,故羁縻而已。④

图1-1-1 桃城镇大岭村大塘屯出土汉代冷冲型铜鼓(许海萍 摄)

---

① 莫俊卿:《论羁縻——土司制度对广西民族关系的影响》,《学术论坛》,1982年第6期。
② 范成大:《桂海虞衡志校补》,齐志平校补,南宁:广西民族出版社,1984年,第33页。
③ 广西壮族自治区地方志编纂委员会:《广西通志·总述》,南宁:广西人民出版社,2010年,第33页。
④ 范成大:《桂海虞衡志校补》,齐志平校补,南宁:广西民族出版社,1984年,第33页。

图1-1-2 （传）元末明初太平土司（今榄圩乡康潭村旧州）遗址（何农林 摄）

宋、元朝在羁縻制度的基础上，创立了土司制度。元朝先在宜山等地区设立庆远、南丹溪峒等处军民安抚司，接着又设立左江道军民宣慰司和右江道军民宣慰司，管理广西西部的思明、太平、田州、镇安、来安等地的军民总管府，改称诸羁縻州、县峒为土州、县，依旧由土酋世袭。大新县境内逐渐形成8个土司，即太平土州、安平土州、万承土州、恩城土州、养利土州、下雷土州、茗盈土州、全茗土州。[1]

明朝继承元朝的土司制度，又增设土知府一级，行政机构逐渐固定，依次分为土知府、土州、土县、长官司等序列，由当地少数民族首领担任。对于势力庞大、容易滋事的土司，则划分其辖地，增设小土司，分化其势力，同时对土司地区的各事项做出更明确的规定，由此，土司制度进入全盛时期。据《广西通志》记载：在广西，就有直隶长官司1个、土州25个……长官司3个。[2]广西境内的民族地区都设置了土司，完备了土司制度。土司制度的实

---

[1] 蓝武：《明代广西土司设置与分布态势及其特征》，《广西文史》，2011年第2期。
[2] 广西壮族自治区地方志编纂委员会：《广西通志·总述》，南宁：广西人民出版社，2010年，第35—36页。

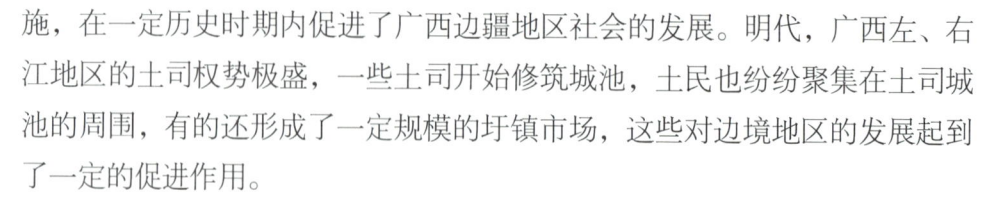

施，在一定历史时期内促进了广西边疆地区社会的发展。明代，广西左、右江地区的土司权势极盛，一些土司开始修筑城池，土民也纷纷聚集在土司城池的周围，有的还形成了一定规模的圩镇市场，这些对边境地区的发展起到了一定的促进作用。

清朝之初，也延续前朝的土司制度。到了雍正时期，加大改土归流的动议，"欲安民必先制夷，欲制夷必改土归流。"[①] 但这是比较艰难而漫长的过程，直到清末民国时期，才真正意义上的完全改土归流。

图1-1-3 北宋陶弼抚边过养利州（今桃城镇万礼村）贝岩题记石刻（农恒云 摄）

第二节 大新土司与侬智高

侬智高（1025—1055）是北宋壮族的著名首领，探索和研究左江流域尤其大新土司的历史文化，侬智高是一位不得不提的人物。侬智高对桂西的历史有着较深远的影响，对宋、元、明、清后世土司制度的兴盛和衰亡，也有着千丝万缕的联系。

地处中越边陲的下雷镇对侬智高而言是一个重要的地方。下雷，壮语"街

---

① 赵尔巽等撰：《清史稿》，北京：中华书局，1977年，第14204页。

伐"（天街之意），特殊的地理环境和优势，使下雷经济、文化相对要比周边州峒繁荣。在范宏贵主编的《侬智高研究资料集》一书中，收集了广西和云南边境及越南高平地区的许多历史资料，其精华乃有关侬智高的文字和历史遗迹。而此书中出现最多的一个地名——下雷，即侬存福、侬智高父子及其族人的故土家园，也是他们反抗交趾侵犯宋朝领土的主要根据地。

在历史上，侬存福、侬智高父子对桂西边陲壮族地区影响至深。侬存福（？—1039）为侬峒地傥犹州知州，[①] 11世纪初，交趾李朝独立成藩王后，推行对外扩张，不断侵犯北宋邕州所属的广源州及左右江地区。当时，宋朝统治者主要精力放在防范、抵抗北方游牧民族的侵犯，对南疆交趾李朝的生衅过问甚少。据史载，侬存福曾任"邕州卫"职，但邕州官员不受其地，他只好返回故地傥犹州，并于1038年自立"长生国"，抵御交趾侵吞。1039年春节，交趾国王李德政率军亲征"长生国"，俘获侬存福及其长子侬智聪等5人，侬存福后来被害于升龙（今越南河内）。[②]

傥犹州，历史上存在于侬存福、侬智高时代。据现代史家考证，其地盘大部分在现今的靖西市东部及大新县下雷镇范围（曾同属镇安府管辖）。明代《殿粤要纂》地图上的古州基（今大新县下雷镇境内），有说是傥犹州遗址。《大越史记全书》记载："令军士夷其城池。"[③]

侬智高在其父兄被害后，于1041年随母逃亡，然后"由雷火峒复据傥犹州"招纳各方逃难而来群众，建立"大历国"继续抗衡交趾。虽然与其父侬存福一样遭到失败，但结局却不尽相同：交趾李王利用侬家威望，采取小恩小惠的策略，企图使侬智高甘心为交趾所用，封侬智高为广源州知州。侬智高则采取权宜之计，口头上应允交趾李王的安排，内心没有忘却家仇国恨，被释放回来之后，又积极积蓄力量，伺机东山再起。1048年，羽翼渐丰的侬智高又起兵反抗交趾李朝国王，终究实力不济，败退安德州（今靖西市安德镇），建立"南天国"，年号景瑞，继续抗击交趾。

成立南天国后，侬智高依然心向宋朝，一连七次上书宋朝廷要求归附。

[①] 范宏贵主编：《侬智高研究资料集》，南宁：广西民族出版社，2005年，第18页。
[②] 范宏贵主编：《侬智高研究资料集》，南宁：广西民族出版社，2005年，第43页。
[③] 吴士连撰：《大越史记全书》，明治十七年（1884）埴山堂反刻本，第16页。

然而，侬智高的上书有的被邕州截留，有的送到朝廷后没人理会，唯有一次的答复却要求他和交趾一道进贡才收礼。侬智高居于夹缝中生存实在是难上加难，外受交趾侵吞，内附又遭拒绝压制。于是，皇祐四年（1052）春，侬智高愤而高举起义大旗，很快攻克邕州，一路所向披靡直达广州城下，久攻不下折回到邕州时被大宋名将狄青重兵镇压。侬智高起义，虽声势浩荡，最后难逃失败命运，带着部分残部逃往西南边境大理国。大理国迫于宋朝廷压力，于1055年2月，把侬智高杀害，将首级呈送开封。随后，早已做了俘虏的侬智高母亲、弟弟及儿子等人，因失去招降价值，在开封被腰斩。

纵览侬智高起义，"初，侬智高为反击交趾统治，在傥犹州建'大历国'，后据广源州，建'南天国'，这次在邕州建'大南国'，置中国官制，一是表现了壮民族要求民族统一，建立民族政权的意志；二是体现侬智高承奉中国政治、文化传统，是名副其实的中国人"①。

轰轰烈烈的侬智高起义虽然平定，但事件却如雷霆一般震动了大宋朝廷，也因此促使宋朝加强对边疆地区的重视和管理，时刻警惕防范交趾的进犯。在宋的史料里有不少侬智高起义后的文字记录：

甲申，赦广南。凡战殁者，给槥椟护送还家，无主者葬祭之。贼所过郡县，免其田租一年，死事家科徭二年。贡举人免解至礼部，不预奏名者亦以名闻……丁亥，下德音……丁壮馈运广南军须者，减夏税之半，仍免差徭一年。②

闰月，戊辰朔，诏内侍省……诏："广南经蛮寇所践而民逃未复者，限一年复业，仍免两岁催科及蠲其徭役三年。"从体量安抚周沆所奏也。

先是民避贼，多弃田里远去；吏以常法，满半载不还，听他人占佃。沆曰："是岂可与凶年逃租役者同科！"乃奏延期一年，已占佃仍旧还之，贫者官贷以种粮。初，帝诏沆："广南地恶，非贼所至处不必往。"沆曰："远民新罹荼毒，当布宣天子德泽。"遂遍行州县。③

与此同时，宋朝廷对边地少数民族地区采取减轻负担、休养生息、发展经济、鼓励读书、允许参加科举考试等措施。更进一步加强广西各地的军事和行政管制。宋代周去非《岭外代答》有载：

---

① 张声震主编：《壮族通史》，北京：民族出版社，1997年，第682页。
② 脱脱等撰：《宋史》，北京：中华书局，1977年，第234页。
③ 毕沅编著：《续资治通鉴》，北京：中华书局，1957年，第1298页。

自侬智高平，朝廷岁赐湖北……韶州岑水场铜五十万斤，付本路铸钱一十五万缗。总计诸处赡给广西，凡一百一十余万缗。祖宗盖以广右西南二边，接近化外，养兵积威，不可不素具，故使常有余力也。①

本朝皇祐中，侬智高平，诏狄青分广西邕、宜、融为三路，用武臣充知州，兼本路安抚都监，而置经略安抚使于桂州，选两制以上官为知州，兼领使事。于是八桂遂为西路雄府矣。②

自侬智高平，朝廷联一路之民以为兵，户满五丁者，以一为土丁；二丁者以一为保丁。③

另外，在王安石《论邕管事宜》中，更可窥见中央封建王朝对边疆的重视：

两江溪峒非独为邕管之藩篱，实二广所恃以安者也。然而州峒无城墙，不足以守禦，道路散漫，不足以控扼，其有可胜之势者，生齿三十余万众而已④。朝廷已认识到丢了左右两江州溪峒，两广将无法安宁，故而在经济、军事等方面采取了一系列强有力的措施，对左右江溪峒百姓也有一定的人文关怀。

在军事上，宋朝对两江州峒采取招安怀柔政策，加强边疆土酋管理，对不随侬智高起义的溪峒首领，悉数恩赏。余靖是平蛮三将之一并留在广南西路的最高长官，其刻于桂林龙隐洞的《平蛮三将题名碑》："溪峒首领不从贼者，悉如恩赏。"⑤

而《陶弼墓志铭》也有："左右江州峒五十余酋，率强弱渔利，其下苦之。公为作约束，晓以祸福，违者一绳以法，莫不贴然畏服。"⑥

王安石《论邕管事宜（责用州峒之酋）》写道："夫欲知外蛮之情，莫如用两江州峒之民；率两江州峒之民，莫如责两江州峒之酋首。今两江州峒酋首有才力足以服众，有计数足以料事，有勇足以赴功，有惠足以使人，有桀黠者，有奸诈者，有塞实者，上之人未必尽知，知之未必能用，用之未必

---

① 周去非：《岭外代答校注》，杨武泉校注，北京：中华书局，1999年，第182—183页。
② 周去非：《岭外代答校注》，杨武泉校注，北京：中华书局，1999年，第42页。
③ 周去非：《岭外代答校注》，杨武泉校注，北京：中华书局，1999年，第140页。
④ 王安石：《唐宋八大家全集》，余冠英、周振甫、启功等编，北京：国际文化出版公司，1998年，第3028页。
⑤ 范宏贵主编：《侬智高研究资料集》，南宁：广西民族出版社，2005年，第106页。
⑥ 范宏贵主编：《侬智高研究资料集》，南宁：广西民族出版社，2005年，第111页。

能尽其才。此所以熙宁中交贼长驱围邕城凡四十多余日，而两江州峒之酋偃然坐视，无一人出力率众以为之援助者。非条法之不严，良由平日不假之以事权，所以上下不能相及，一旦缓急，左江之视右江，田州之视冻州，无以异于秦人之视越人，尔为尔、我为我也。"①

时任宋朝宰相王安石以上所写1075年交趾军队攻陷邕州时两江州峒酋首按兵不动状况，左右江流域各部落的酋长们"平日不假之以事权"，尤其当局者对土酋使用策略上的失当，皆因"上之人未必尽知，知之未必能用，用之未必能尽其才"。

《宋史》又载："智高西走邕州，靖策其必结援交趾而胁诸峒以自固，乃约李德政会兵击贼于邕州，备万人粮以待之；而诏亦给缗钱二万助德政兴师，且约贼平更赏以缗钱二万。又募侬、黄诸姓酋长，皆縻以职，使不与智高合。既而朝廷遣狄青、孙沔将兵共讨贼。青却交趾，援兵不用，贼平。"②这说明那些侬、黄诸姓的部落酋长们，只要他们不随侬智高起义一个个都封给官职。

对部分参加侬智高起义的部落首领，也尽可能地招安降服或任用。宋代刘挚《忠肃集》记载："初，智高平，其子宗旦及党聚保有火峒，或出入省地尚猥，众无所属，前将规讨击幸赏，贼遂固守。公（指陶弼）揣其情，移书谕祸福，皆泣。即遣其子曰新率孥族三百并酋长六十九人，以地内属。其后安平州、古万等峒争效顺，公因请以恩抚纳，使受命为国捍蔽。"③

1064年至1065年冬春之间，左右江州峒地，举办一次史无前例的峒兵检阅，对加强边地土司管理，健全土司制度，有着重大和深远的历史影响。

《宋史·陆诜传》写道：陆诜字介夫，余杭人……徙湖南、北转运使，直集英院，进集贤殿修撰、知桂州。奏言："邕去桂十八驿，异时经略使未尝行饬武备，臣愿得一往，使群蛮知省大将号令，因以声震南交。"诏可。自侬猺定后，交人浸骄，守帅常姑息。诜至部，其使者黎顺宗来，偃蹇如故态。诜绌其礼，召问折谕，导以所当为，慑伏而去。诜遂至邕州，集左、右

---

① 王安石：《唐宋八大家全集》，余冠英、周振甫、启功等编，北京：国际文化出版公司，1998年，第3028—3029页。
② 脱脱等撰：《宋史》，北京：中华书局，1977年，第10410页。
③ 刘挚撰：《忠肃集》，陈晓平、裴汝诚点校，北京：中华书局，2002年，第254页。

江四十五峒首诣麾下,阅简峒丁五万,补置将吏,更铸印给之,军声益张。交人滋益恭,遣使入贡。①

从上文中可见,侬智高起义平定后,当时的交趾使者对宋朝傲慢无礼,而宋朝的地方军事主官却对交趾迁就姑息。为此,陆诜召集左、右江四五十个首领并检阅五万峒丁,补置将吏,授予左、右江峒首们官印和委任状,左右江的土兵们天下归心军威日壮,交趾见状始变得对宋朝有恭敬之心,派使者向宋朝进贡称臣。

后来陆诜被朝廷召为天章阁待制、知谏院,命张田代替他的职务,宋英宗还告诫张田,不得改变陆诜的成法。

1069年冬天,大新的养利州,迎来抚边路过的六宅使陶弼和李时亮等一行,率领军队巡边,促进边疆稳定。今大新县桃城镇万礼村北面贝岩山脚摩崖石刻:"六宅使陶弼抚边过此,曹春卿、李时亮从行……贝岩。"②

陶弼的挚友李时亮,广西博白人。李时亮实地考察左右江州峒地,为当朝皇帝奏上《平边十策》,皇帝全部采纳。可惜其内容已无法查到。尤其遗憾的,虽然陆诜在南疆威武雄壮的大阅兵,也教训傲慢无礼的交趾使者,但交趾侵略扩张并无收敛。不出十年,交趾出兵攻陷邕州城,宋朝廷派众兵驱赶了侵略者。几年后,陶弼病亡在顺州(高平)任上,宋朝在交趾请求下,割顺州六县二峒地给了交趾。

值得关注的是侬智高事件百年后,范成大《桂海虞衡志》记载的当时的现象:"今黄姓尚多,而侬姓绝少,智高乱后,侬氏善良,许从国姓,今多姓赵氏。"③当年侬峒部落的侬姓,多改姓赵或去掉"亻"而为农姓了。

侬智高的起义促进了民族团结,有利于中华民族的形成和发展……侬智高是一个地方小官,居住在祖国边疆,历史赋予他的任务是维护祖国统一,巩固祖国边防,反对外来侵略。但是,宋朝统治者屈服于交趾新兴的反动势力,而置左、右江的壮族人民生命财产于不顾。侬智高就是身受杀父夺地的受害者。因此,侬智高起义反宋,不仅反映了壮族人民要求生存发展的意愿,而且也符合汉族人民反对宋王朝剥削压迫的要求。所以,兵行所至,有不少汉族人

---

① 脱脱等撰:《宋史》,北京:中华书局,1977年,第1086页。
② 大新县政协编:《大新文史资料》(合订本),2015年,第398页。
③ 范成大:《桂海虞衡志校补》,齐志平校补,南宁:广西民族出版社,1984年,第33—34页。

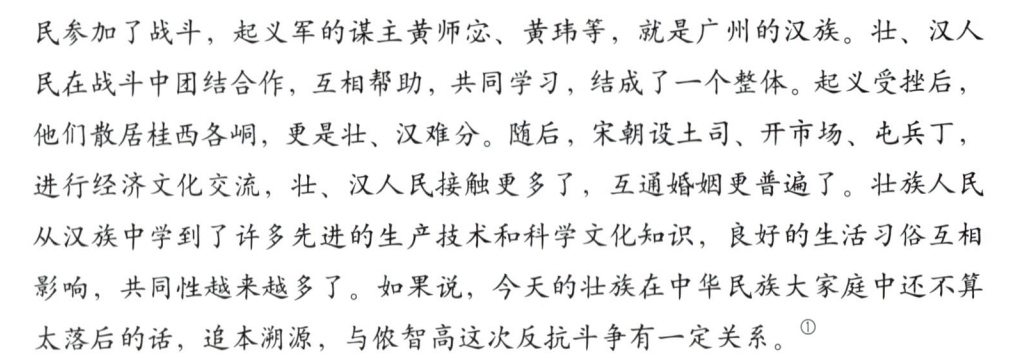

民参加了战斗,起义军的谋主黄师宓、黄玮等,就是广州的汉族。壮、汉人民在战斗中团结合作,互相帮助,共同学习,结成了一个整体。起义受挫后,他们散居桂西各峒,更是壮、汉难分。随后,宋朝设土司、开市场、屯兵丁,进行经济文化交流,壮、汉人民接触更多了,互通婚姻更普遍了。壮族人民从汉族中学到了许多先进的生产技术和科学文化知识,良好的生活习俗互相影响,共同性越来越多了。如果说,今天的壮族在中华民族大家庭中还不算太落后的话,追本溯源,与侬智高这次反抗斗争有一定关系。①

历史上的侬智高事件虽已远去千年,但侬智高的传奇故事在左、右江地区人民心中未曾淡忘。侬智高像桂西南边疆的枧木王,深深扎根在山野大地上,高大伟岸,郁郁葱葱。壮乡人们世世代代都敬仰侬智高保家卫国的英雄壮举,当代壮学专家、原中央民族大学副校长梁庭望教授这样评述侬智高事件:

侬智高引起宋廷对南陲边防的重视,加强了防守,有利于防止交趾蚕食领土……以后边关虽然有多少次的拉锯,但迄今广源道绝大部分仍为中国一块美丽的土地,人们应当感念侬智高的功劳。以此可得出结论,侬智高的反宋起义,是一场反对蚕食、争取'内附',反对割让,保境自守的爱国战争,其结果是迫使宋廷接受了这块曾经被人非法占领的土地。至今那坡、靖西、德保、大新壮族同胞,仍得以生活在祖国的大家庭里,享受改革开放的硕果,与那场遥远的战争不无关系。②

大新县境八个土州,成了祖国西南边疆的长城的重要组成部分,担负起保家卫国的重任。回望千年,尤其与交趾接壤的安平、下雷土州,多次发生遭交趾侵略践踏的腥风血雨事件……但土司们身先士卒,英勇抗击,寸土不让,先后涌现了许郭安、许宗荫、许宗祐、许文英、岑玉音、许文明、李郭祐、李郭辅、李文贵、李天爌等一大批抗交趾抗倭寇的民族英雄。他们的故事,有悲壮,有痛楚,有壮烈……虽随着时间推移,许多英雄事迹逐渐湮灭岁月的长河中,但却值得历史永远铭记。

---

① 黄现璠、黄增庆、张一民编著:《壮族通史》,南宁:广西民族出版社,1988年,第757页。
② 梁庭望《论侬智高反宋的实质:保境爱国正义战争》,范宏贵主编:《侬智高研究资料集》,南宁:广西民族出版社,2005年,第593页。

第三节 土司的倚重与利用

历代朝廷之所以倚重土司，在边疆设置大量土职、任用大批世袭土官对少数民族地区进行统治，交错着历史与现实、政治与文化等种种原因。

其一，因为朝廷的流官大多不愿远赴瘴气充盈的广西任职。在许多古人的文献资料记载中，岭南地区瘴气浓厚，是个偏远且充满剧毒的地方，官员到此处任职，多属于被贬谪，恐性命不保。"岭南诸州多瘴毒，岁闰尤甚。近年多选京朝官知州，及吏部选授三班使臣，生还者十无二三。虽幸而免死，亦多中岚气，容气变黑，数岁发作，其难治疗。旧日小郡及州县官，率用土人摄官莅之，习其水土。后言事者以为轻远任，朝廷重违其言，稍益俸入，加以赐赉，贪冒之徒，多亦愿往，虽丧躯不悔也。"①

古人甚至认为塞北苦寒也要胜过瘴乡湿热，正如唐代诗人陈去疾所形容：莫言塞北春风少，还胜炎荒入瘴岚。广西地处偏僻之地，山多险峻，交通不便，气候环境较为恶劣，瘴气之毒让历代中原士大夫多不愿到广西任职，以至于封建朝廷的官职制度也因之受到影响，只好"杂土人用之"。②

其二，"以夷治夷"是治理民族差异大地区的有效手段。受地理环境的制约，土司辖地大部分都处于与外界尤其是中原汉族长期隔绝的封闭状态，在家庭组织、婚姻、礼仪、饮食等方面的风俗习惯有较大差异。广西边疆土司地区是少数民族聚居区，情况较为特殊。"广西瑶、壮居多，盘万岭之中，当三江之险，六十三山倚为巢穴，三十六源踞其腹心，其散布于桂林、柳州、庆远、平乐诸郡、县者，所在蔓衍。而田州、泗城之属，尤称强悍。种类滋繁，莫可枚举。"③"广西一省，俍人居其半，其三瑶人，其二居民"④。广西自"元明以来，腹地数郡，四方寓居者多，风气无异中土。然犹民四蛮六，习俗各殊，他郡则民居什一而已"⑤。可见，广西境内少数民族杂处聚居、人多势众。这也使得汉人汉官进而产生"广西左右两江设土官衙门大小四十九处，蛮性

---

① 江少虞撰：《宋朝事实类苑》，上海：上海古籍出版社，1981年，第806页。
② 钱大昕著：《潜研堂文集》，南京：江苏古籍出版社，1997年，第247页。
③ 张廷玉等撰：《明史》，北京：中华书局，1974年，第8201页。
④ 汪森：《〈粤西丛载〉校注》，黄振中等校注，南宁：广西民族出版社，2007年，第1114页。
⑤ 《广西通志》，南宁：广西人民出版社，2016年，第1128页。

无常，仇杀不绝，朝廷每命臣同巡按御史三司官理断，缘诸处皆瘴乡，兼有蛊毒，三年之间，遣官往彼，死者凡十七人，事竟不完。今同众议奏：凡土官衙门军务重事，径诣其处。其余争论词讼，就所近卫理之"①的看法。至清代康熙年间，养利州知州汪溶日《养利州志》（自序）还直言："盖历阳（指养利）为西粤之遐荒僻处，崇山之内，介在土司之中，岚瘴为厉，艰险异常，人皆闻而避之，见而思去者。"②

中原人士不愿意主动进入土司（边疆）地区，中央政府开疆辟土、巩固统治的计划需要有人去推行，故而综合考虑边疆少数民族地区的实际情况任用官员。土司制度推行之地大多是边远的民族地区或边疆地区，社会组织纷繁复杂，长老、酋长在当地享有很高的威望。在交通闭塞的环境下，民众文化水平低，崇信巫术，服从长老的权威，中原地区离边疆之地路途遥远，西南部边疆民族民风犷悍，直接管辖实在鞭长莫及，且恐蛮民不归顺，难以驯服，容易引发战争和冲突，加大统治管理的难度。因此，中央政府采用"以夷治夷"的统治手段，即利用当地民族首领的权威，通过其影响力管理少数民族。少数民族首领即为土官，世居当地，有较大的影响力，既知土民的风俗习惯，又熟悉本民族地区的具体情况，土官与土民之间建立起了较为牢固的民族感情，维系着一种相对稳固而持久的统治与被统治的关系，原有的社会组织根深蒂固，土官在维持地方统治秩序和维护社会治安等方面均能起到不可替代的作用，这是土司制度得以长期存在的一个内在因素。

据清雍正《太平府志》记载："全茗土州许氏，其始祖许文杰，山东青州人，宋皇祐间随征侬寇有功，分立州治为土知州。明初，许添庆举州归附，授知州职给印世袭……"③自此以后，全茗州许氏世系连绵不绝，直至民国元年改土归流，并入养利州为止，最末一位土官仍为许姓的许绍勋。可见"以夷治夷"是中央王朝加强对边疆少数民族地区实施有效掌控的最直接又最经济的手段，中央政府任命民族首领为官，管理土司地区的全部事务，收取供奉，巩固自己的权威；土司地区民族首领凭借中央政府的诰敕、印信等信物以提

---

① 张廷玉等撰：《明史》，北京：中华书局，1974年，第8202—8203页。
② 康熙三十三年《养利州志》，载中国科学院图书馆选编《稀见中国地方志汇刊（第四十八册）》，北京：中国书店，1992年，第545页。
③ 故宫博物院编：（雍正）《太平府志》，海口：海南出版社，2001年，第206页。

高自己在当地的地位，强化自己管理的合法性，巩固自己的统治。中央王朝与土司政权相互凭借，各得其所，这是双方政治统治利益相互博弈、不断调适的结果，互相强化统治。

其三，土官在抵御外敌入侵方面具有得天独厚的优势。从中央政权对边疆地区的管辖而言，土官兼具地方政权及军事责任双重身份。一方面维持中央对边疆民族地区的统治，另一方面抵御外敌入侵，维护祖国领土的完整。

处于"外蛮"与本国交界地带的土司，被视为"外夷衙门"，是抵御"外蛮"入侵的第一道军事防线。例如，与交趾接壤的广西边疆地区，其土司便是广西边境地区重要的防御武装力量，当发生边界冲突，中原王朝的军事力量未到达之时，这些土司便承担起"谨守疆土"的职责，奋战在抗击外来侵略的最前线。明朝时，安南统治者对广西边地的侵占往往采取蚕食的方式，悄悄地把界碑一点点往外移、种植树木作物等一寸一寸侵占土地，不会被外人轻易察觉，但当地的土司熟悉自己的疆土，对安南的侵占行径十分敏锐，能够给予快速有力的反击，以保卫边陲的安宁。

下雷州民间流传：交趾番王莫多佬率兵入侵，下雷土官因寡不敌众，难以御敌。土司之妻岑玉音亲率数百名女兵，骑黄牛冲锋陷阵，最终击退了交趾侵略者。胜利之日恰巧为霜降节，当地壮族人民举行各种活动庆祝，便形成了今天富有地方特色的下雷霜降节。①

此外，土兵是土官领导下的军事上不可忽视的一支武装力量，为了镇压各族人民的起义，巩固在广西的统治政权，封建统治者除了在各地加强屯卫之外，还常常倚仗土司武装力量。

明代中后期战争不断，北有瓦剌、鞑靼侵扰边境，南有倭寇频侵东南沿海，加上王朝政治腐败，导致全国各族人民反抗斗争不断，明王朝处于内外交困的境地。为平息内外纷争，中央政府不断征调土司管理的土兵援辽、抗倭、平叛。一方面，土兵大都是少数民族，崇尚武力、民风彪悍，是具有较大战争力的军队，较容易取得较大的战果。另一方面，中央王朝征调土兵可节省中央政府的开支，招募当地人民为耕兵，驻扎兵力，屯田开荒，自给自足，闲时耕作，战时为兵，对于国家来讲，战时有可用之兵，平时"无养兵之费"。从战争经费来看，

---

① 广西壮族自治区编辑组《中国少数民族社会历史调查资料丛刊》修订编辑委员会《广西壮族社会历史调查》（四），北京：民族出版社，2009年，第155页。

征调土兵打仗，可以不用花费中央财政的经费，而且土兵能较快地到达临近战场，震慑敌人。而中央派军作战，则需要付出较大的战备经费，若路途遥远、战线持久，则往往会让中央王朝财政吃紧。因此，征调土兵打仗无疑是一件划算的生意。

图1-3-1 清代康熙年间安平州铁钟（许海萍 摄）

土司由于内部夺权、外部利益斗争等发生地方割据战乱，不少土司发动过反叛中央的战争，这都给地方及中央的统治的稳定带来了冲击，而中央政府可调动一地土司的土兵去消灭另一地土司的军事力量，借以减轻中央政府维护土司地区的压力。尽管有内乱，但当边境遭外敌入侵时，也有不少边地土司履行了"谨守疆土"的职责，捍卫和巩固疆界。"西南土司与交州为邻，交人所以俯首顿颡不敢窥内地者，以土酋兵力之强，足制其死命也，若自弱其兵，轻撤其阵，恐中国之边患有甚于土司矣。"[1]从这个意义而言，中央

---

[1] 曹学佺：《广西名胜志》（影印本），上海：上海古籍书店，1979年，第65页。

政权倚重边地土司,不但不能削弱其势力,反而还需要增加对边境军事力量的投入,共守边境安全。基于此,封建王朝对土官的倚重,推动了我国西南边疆地区土司制度的长期存在。

图1-3-2 上映土司与下雷土司摩崖界碑(何农林 摄)

图1-3-3 茗盈土司与全茗土司为争夺十多个村庄并引发布远水源纷争几百年,图为布远小水坝(何农林 摄)

第二章
承袭：偏安一隅近千年

　　大新八个土司偏安一隅千年，对当地社会和历史产生了深远的影响。土司承袭制乃重中之重，土司承袭过程纷繁复杂甚至充满血腥的明争暗斗，若非历朝历代严苛的规章，恐怕难以有序替袭。大新土司的承袭制虽有其局限性，但也有其积极作用：当地社会暂时处于一种相对稳定的状态，经济、文化等方面得到一定的发展。

第一节 大新土司承袭制

明万历《太平府志》载："唐太宗贞观初，置左江镇分领诸蛮州，总属邕州都督府。蛮州有六：曰思同（今为州，属本府），曰万形（今并入万承），曰万承（今属本府），曰波（今分安平、太平二州），曰左（今改流，属本府），曰思诚（今改为恩城，属本府）。"①其中的万形、万承、波州、思诚等四州均属于今大新县境内。

宋代参唐制，在平定侬智高起义后采取"推其雄者为首领，籍民为壮丁，以藩篱内郡，其蛮长皆子世袭，分隶于诸寨，总隶于提举司"②。继续强化建设桂西"五寨"：横山寨、太平寨、迁隆寨、古万寨、永平寨。其中太平寨："仁宗皇祐初，陷广源蛮侬智高，五年，枢密使狄青平智高，改左江镇为太平提举司，领三寨：太平寨又名武寨，治丽江。领州十一有七，曰太平、曰养利、曰安平、曰上思诚、曰下思诚……"③"寨"是用以防御和镇压的军事据点，也是作为管理羁縻州、县、峒的重要机构，行使行政和社会经济管理职责。对羁縻州、县、峒推行"国朝开拓浸广，州、县、峒五十余所，推其雄长者为首领，籍其民为壮丁"④政策。

通过册封各部落首领并世袭其职，尤其在平定侬智高起义之后，对两江峒首论功行赏，或招安继任，或册封世袭。

羁縻州土官，在常人看来就是权倾一方的"土皇帝"，貌似可以为所欲为，其实并不尽然。土官的册封承袭都得听命于朝廷并有章可循，依规委任。承袭或俗称世袭其实是一个内容的两种不同提法而已，前者多见于官文，后者则是人们平时的口语说法。通俗地说就像延续香火似的世代相传。承袭是土司的一大特权也是一大特色。

宋代，土官是如何承袭的呢？龚荫先生这样表述："先由都誓主召集群酋（管辖下的首领）会议，从其子孙及弟、侄、亲党中确定当立者。然后联

---

① 万历《太平府志》卷一，载中国科学院图书馆选编《稀见中国地方志汇刊（第四十八册）》，北京：中国书店，1992年，第369页。
② 故宫博物院编：（雍正）《太平府志》，海口：海南出版社，2001年，第203页。
③ 万历《太平府志》卷一，载中国科学院图书馆选编《稀见中国地方志汇刊（第四十八册）》，北京：中国书店，1992年，第369页。
④ 范成大：《桂海虞衡志校补》，齐志平校补，南宁：广西民族出版社，1984年，第33页。

名具保，经有关部门上报，朝廷赐敕告、印符作为信物，承袭人北望天阙叩拜谢恩，经过这些手续之后，承袭方算完成。"①

大新土司，宋代承袭情况的史料奇缺，各土司官族谱基本空白或数百年间仅列有几个土官名。因年限跨度过大，土司承袭仅见少量史料亦真伪不清仍需考证，尤其土官后人重编族谱的宋、元部分前后矛盾难辨真假更需有待进一步理清。

养利州知州赵珏因交趾入侵掳掠州城而载于元史。全茗与茗盈州因泰定三年（1326）土官争夺地盘相互残杀，才有当时全茗州土官许文杰与茗盈州土官李德卿的记载。安平州、太平州（二州从波州析出）有零星资料可查证，如最早记载的北宋建炎元年（1127）的安平州李械，还有侵领临峒的安平知州李密及元代李惟屏、李兴隆、李郭辅、李郭祐等数位土官名字。其他土州在宋代至元代土官承袭情况则几乎空白，到元末明初才渐有系统明晰又较为可信的官方记录。

元代，在宋的基础上，对西南少数民族的治理又进一步深化完善。龚荫教授认为"元王朝为了加强对少数民族首领的驾驭与控制，创立了'蒙、夷参治'之法，官有'流''土'之分的土司制度"。②原隶邕州的宋代"五寨"之一"太平寨"，元世祖十五年（1278）升为"太平路"。

太平路的行政长官设置："达鲁花赤（官名），以蒙古人为之，蒙古人乃其国人也，后仿此。总管，以土人为之，以上二职皆长官。总管兼管内勤、农事。"③其实，由蒙古人担任的太平路最高长官达鲁花赤，基本不到位。有学者认为，元代的"达鲁花赤"因路途遥远且畏惧南方的瘴疠，不敢赴任而委任当地首领兼领。

雍正《太平府志》："李维屏，太平路总管。为太平土官之祖。爱民如子，有害于民者悉去之。时丽江数经兵燹，民间子女多被掳掠。维屏出资赎以归之。至元二十三年（1286）加昭勇大将军，升广西宣慰司宣慰使。亦多善政，郡人立祠祀之。"④

---

① 龚荫：《中国土司制度史》，成都：四川人民出版社，2012年，第109页。
② 龚荫：《中国土司制度史》，成都：四川人民出版社，2012年，第109页。
③ 万历《太平府志》卷一，载中国科学院图书馆选编《稀见中国地方志汇刊（第四十八册）》，北京：中国书店，1992年，第98页。
④ 故宫博物院编：（雍正）《太平府志》，海口：海南出版社，2001年，第198页。

在《土官底簿》（卷下）有"太平州知州李以忠，本州土官籍，前（元）太平府知府……"①

可见，太平土官既是"管好自己的一亩三分地"的土官，又做权倾一方的太平路（府）总管，是元代"蒙、夷参治"的典型范例。

明朝对土司的任用则一改之前各朝的"封授"，而以"任命"民族首领作土知州、土知县已经成为定制，对土司的承袭规定也更为细化规范。《明史》卷三百一十载："尝考洪武初，西南夷来归者，即用原官授之。"②大新境内的土司都是执行"归附实授"。也正是这一归附实授制度的执行，从此，大新境内各土司的承袭脉络和史料才得以较为真实可靠。

以钦定四库全书《土官底簿》作为元、明两朝土司的分界线，更为明晰准确：

太平州知州李以忠，本州土官籍，前太平府知府，洪武元年归附，二年，实授知州。③

安平州知州李赛都，本州世袭土官男，洪武元年总兵官归附，二年，授本州知州。④

恩城知州赵斗清，本州世袭土官籍，洪武元年归附授知州。⑤

万承州知州许祖俊，本州世袭土官籍，洪武二年归附授知州。⑥

茗盈州知州李玉英，本州世袭土官，洪武二年归附授知州。⑦

养利州知州赵志兴，本州世袭土官籍，归附授本州知州。（《土官底簿》把"养利"写成"养和"，应系抄者手写笔误）⑧

下雷州知州：明初为下雷峒（因失州印，废为峒），属镇安府。嘉靖四十三年（1564）改属南宁府。万历十八年（1590）升为下雷州。故无明初归附知州名的记录。

---

① 《土官底簿》，北京：中国书店，2018年，第237页。
② 张廷玉等撰：《明史》，北京：中华书局，1974年，第7982页。
③ 《土官底簿》，北京：中国书店，2018年，第237页。
④ 《土官底簿》，北京：中国书店，2018年，第239页。
⑤ 《土官底簿》，北京：中国书店，2018年，第244页。
⑥ 《土官底簿》，北京：中国书店，2018年，第245页。
⑦ 《土官底簿》，北京：中国书店，2018年，第248页。
⑧ 《土官底簿》，北京：中国书店，2018年，第273页。

万历《太平府志》及清代《广西通志》所记载大新土司归附的人名、时间与《土官底簿》有些出入，可能因时代久远，材料丢失，土司后人或凭靠记忆记录不清提供有误所致，故当以《土官底簿》为准。

经查，养利州元皇庆二年（1313）知州赵珏及元末知州赵日泰等，直至归附大明赵志兴之间均无其他土官名字记载。其他土州也有与养利州之状况，故而从明朝开始的土官承袭相对详细而准确。

这些归附明朝后的土官又如何一代代地承袭呢？明朝从中央到地方都专设有管理土司的机构，并对土官承袭程序、承袭人范围、承袭方式等有一系列较为规范的规定。

首先，土官赴朝阙受职。

《明史》卷三百一十载："袭替必奉朝命，虽在万里外，皆赴朝阙受职。"[①]地处边陲的大新土司也不例外，都得骑马乘船远赴京城受命。

茗盈知州：李玉英，本州世袭土官，洪武二年（1369）归附授知州，二十四年（1390）患病。长男李福茂替职，故。长男李斌备马赴京朝贡告袭，永乐四年（1406）正月正月奉圣旨：著他做知州，钦此。[②]

后来因路途遥远赴朝阙受职有诸多不便，朝廷体谅边地土司难处，做了一些改革或灵活执行。

凡土官就彼袭替。天顺八年（1464），令土官告袭，勘明会奏，就披冠带。嘉靖二年（1523），令土官衙门设在荒远，兼因争竞仇杀等项，不能赴京者，抚按等官勘实代奏，就彼袭替。仍依先年户部原拟等级，令其纳谷备赈。[③]

养利州明初归附的知州（土官）："赵志兴，故，无嗣。本州头目欧二等告保弟赵方承袭兄职，护印，故。男赵武宁年幼，布政司将本州印信暂令土官弟赵志真掌管，赵武宁出幼袭职，永乐元年（1403）二月奉圣旨：既是年幼免他来，准他袭了职，钦此。"[④]

其次，土官承袭人范围。

---

① 张廷玉等撰：《明史》，北京：中华书局，1974年，第7982页。
② 《土官底簿》，北京：中国书店，2018年，第248页。
③ 李东阳等撰：《大明会典》，扬州：广陵书社，2007年，第1744页。
④ 《土官底簿》，北京：中国书店，2018年，第273—274页。

《明史》卷七十二载："凡土司之官九级，自从三品至从七品，皆无岁禄。其子弟、族属、妻女、若婿及甥之袭替，胥从其俗。"①等许多条款，明确承袭人的范围和先嫡后庶，先亲后疏的次序。西南民族大学民族研究所教授龚荫著的《中国土司制度史》书中，对土官的承袭方式概括有：父死子继，嫡子继承；兄终弟及；叔侄相立；妻妾继承；女媳继职、子死母袭等。依此类观大新的土司：

一是父死子继，嫡子继承。大新土司几乎按此规矩承袭。

唯独安平州，曾经意外发生一件令人啼笑皆非的承袭故事，在南宋嘉定年间，"安平州李密侵领邻峒，劫掠编民，并取古甑洞（在今龙州县北），以其幼子变姓名为赵怀德知洞事。（章）戡谕邕守推古甑洞一人主之"②。安平州的李密让自己幼子变姓为赵，取名赵怀德，担任"古甑洞"主事。可是好景不长，还是被章戡发现并上书到邕州告状，后来推出真正的古甑洞赵家人做主才了事。

二是兄终弟及。大新八个土司均有此类承袭。

全茗州：（明）（许武兴）故，弟许武明承袭。③

恩城州：赵雄威，洪武十年（1377）承袭，故，无子，弟赵雄杰二十九年（1396）七月奉圣旨：准他袭，钦此。④

太平州：（李开先）袭，以罪废，其弟开锦于国朝顺治十六年（1659）投诚，仍予旧职。⑤

三是叔侄相立。大新八个土司均有此类。

全茗州：（明，许武明）故，无子，许添庆系许武明亲叔，奏准承袭。⑥

太平州：（明）（李）万秋死，子国长袭。国长无嗣，叔（李）万季袭。⑦

---

① 张廷玉等撰：《明史》卷七十二《官职一》志第四十八《兵部》土司之官条，第六册，北京：中华书局，1974年，第1752页。
② 脱脱等撰：《宋史》，北京：中华书局，1977年，第14214页。
③ 《土官底簿》，北京：中国书店，2018年，第247页。
④ 《土官底簿》，北京：中国书店，2018年，第244—245页。
⑤ 故宫博物院编：（雍正）《太平府志》，海口：海南出版社，2001年，第204—205页。
⑥ 《土官底簿》，北京：中国书店，2018年，第247页。
⑦ 故宫博物院编：（雍正）《太平府志》，海口：海南出版社，2001年，第204页。

安平州：李显，保部九年（1411）十一月奉圣旨准他替，钦此。（永乐）十六年（1418）被太平州知州李铎兴兵杀死，三司保勘李显同母弟李华，二十一年（1423）七月，奉圣旨，是钦此。查有李华见在当日袭职，给凭回州管事，后残疾。长男李森替职。[①]

四是妻妾继袭。仅恩城土司有此类。

唯见明人沈德符《万历野获编》（土官之异）有载："中国人（意为中原人）出为土官者，近年思诚（恩城）知州赵天锡，皆奇事也……赵本江南女优，游粤西见嬖于土酋，因得袭职，尤奇之奇也……赵善笔札，曾与旧知书，婉媚纤弱，全是黛奁本色，乃闻其得官之故，则耽所天及正室，而赵氏无他子，遂以夷法，妇袭夫官，其人至今在，然则此妇虽夏而变于夷……"[②] 只是恩城土官族谱及广西土司史料却只字未提，恩城当地坊间也未曾见有传说。有可能赵天锡袭职，而恩城赵家碍于男尊女卑的陋俗而守口如瓶，不许声张不流传。或许，赵天锡虽然袭职，但只是做个垂帘听政的"土皇帝"而已。不管如何恩城州因有过赵天锡这一位女土司倒是令人称奇的。

还有如女媳继职、子死母袭等，因大新土司并无此类现象，则省叙述。

古代土官是如何隆重地举行承袭的仪式呢？

各州土官接到朝廷恩准袭职的"纸号"文书之后，"土官袭职要举行隆重的盛典。届时，所有村长吏目、村老，带领村民抬着烧猪、羊、鸡、鸭和各种贺礼及金钱，到土官衙门拜贺。当土官升堂受印时，炮铳震响，接着土官领衔，先拜神灵祖先，后念朝廷批准袭职的告示。在旁司仪高呼：'用印一颗，风调雨顺；用印两颗，国泰民安；用印三颗，连升三级。'土官拜毕，依次接受各屯吏目和百姓的叩拜。此后每年正月初九，土官举行开印仪式，各村的郎首等头人都各带礼前来参拜，土官也赐给少量的酒肉。"

纵观大新的土司历史，历朝历代对土司可谓恩威并重。

宋唐以前，正如范成大《桂海虞衡志》"其人物犷悍，风俗荒怪，不可尽以中国教法绳治，姑羁縻之而已"[③]。

元代"诸内郡官仕云南者，有罪依常律；土司有罪，罚而不废"[④]。当

[①]《土官底簿》，北京，中国书店，2018年，第239—240页。
[②] 沈德符：《万历野获编》，北京：中华书局，1959年，第763页。
[③] 范成大：《桂海虞衡志校补》，齐志平校补，南宁：广西民族出版社，1984年，第33页。
[④] 宋濂等撰：《元史》，北京：中华书局，1976年，第2635页。

然也有严厉治罪，奖罚分明的，如"诸左右两江所部土官，辄兴兵相仇杀者，坐以叛逆之罪。其有妄相告言者，以其罪罪之。有司受财妄听者，以枉法论。诸土官有能爱抚军民，境内宁谧者，三年一次，保勘升官。其有勋劳，及应升赏承袭，文字至帅府，辄非理疏驳，故为难阻者，罢之"①。

大新八个土司的列位土官，大多能遵纪守法，履行保境安民之责。但也有胆敢以身试法者。

如泰定三年（1326）二月，（全茗州知州）许文杰率诸徭寇杀茗盈州知州事李德卿，时命湖广行省督兵捕之。②

太平州土官李铎，永乐年间兴兵攻打同宗同族的安平州土官李显并将其杀害，结果被官府派兵逮至南宁卫军。而其替职弟弟李威敬之子"李毅年幼，宣德七年出幼告袭，本部议得伊父系革除年间替职人数，本年八月奉旨准他做，只不世袭，钦此"③。毅子李瑶及其子李珖也是"准做知州，不世袭"。李珖在其子嗣的承袭上搞得乌烟瘴气，没按规定安排好子嗣袭位。万历、雍正的《太平府志》均记载（李珖）妻岑氏生子李琛、李璿，妾王氏生子李丹。王氏想要自己儿子袭位，就对李珖诬告李琛无孝道，李琛被逼无奈而跑回安平岳父大人家里躲藏。李丹又因其母王氏淫乱于市而废。李珖只好先派李璿负责本州事务。后来李琛的冤案得以昭雪而应袭职，但李璿却称兵抗拒。最后太平知府大人胡世宁亲自出马治罪李璿，按常规恢复"嫡子"李琛袭职并回太平州视事。

诸如此类的争权夺杀在大新各土官是屡见不鲜，几乎每隔几代就有发生。

因此,历朝历代对土官承袭的管控和承袭的报请手续也不断完善和愈加严格。

《大明会典》卷六："凡各处土官承袭。洪武二十六年（1393）定，湖广、四川、云南、广西土官承袭，务要验封司委官体勘，别无争袭之人，明白取具宗支图本，并官吏人等结状，呈部具奏，照例承袭。"④

---

① 宋濂撰：《元史》卷一百三《刑法二》志第五十一，北京：中华书局，1976年，第2635—2636页。
② 万历《太平府志》卷一，载中国科学院图书馆选编《稀见中国地方志汇刊（第四十八册）》，北京：中国书店，1992年，第526页。
③ 《土官底簿》，北京：中国书店，2018年，第237—238页。
④ 李东阳等撰：《大明会典》，扬州：广陵书社，2007年，第123页。

天顺二年（1458）奏准，土官病故，该管衙门，委堂上官体勘应袭之人，取其结状宗图，连人保送赴部，奏请定夺。①

后来，鉴于有的土官妻妾甚多，子孙甚众，常因争袭纷争，相互仇杀。

故《大明会典》"正统元年（1436）奏准，土官在任，先具应袭子侄姓名，开报合干上司。候亡故，照名起送承袭。六年奏准，预取应袭儿男姓名，造册四本，都、布、按三司各存一本，一本年终类送吏部备查。以后，每三年一次造缴。嘉靖九年题准，土司衙门造册，将见在子孙尽数开报。某人年若干岁，系某氏所生，应该承袭；某人年若干岁，某氏生，系以次土舍；未生子者，候有子造报，愿报弟侄若女者，听。布政司依期缴送吏、兵二部查照"②。

在大新的各个土司，如有的宗图不清或土官有犯事前科的，比较严格执行承袭规定。

安平州"长孙李璘承袭，故……弘治十年（1497）十二月三司奏保第三男李祯应袭，查得应袭土官底簿内来历与今奏词宗图不同。奏查已故知州李璘以前袭替来历明白通行缴报"③。

养利州"查得天顺四年（1460）八月内，太平府知府林贵等奏保赵茂授职，本部参系不准人数，本州已除，流官管事年久仍难准理"④。

看来朝廷的各部门官吏对边地土官的审查还是不敢松懈的，但对承袭年龄上的规定则是灵活执行。

万承州"许荣宗替职，景泰四年六月奏准就彼冠带，故。男，许璿（一作莹）年一十二岁应袭。本部查思同州土官知州黄崇广六岁承袭事例，成化十三年（1477）五月，奉旨许璿准照例袭父原职，钦此"⑤。许璿在位多年，因无子嗣，由其弟许瑜承袭，手续往上报了，还没等到"圣旨"（即未授官职）就去世了，而许瑜之子许世雄袭职，也步其父后尘，没见到任命公文就呜呼哀哉，

---

① 李东阳等撰：《大明会典》，扬州：广陵书社，2007年，第123页。
② 李东阳等撰：《大明会典》，扬州：广陵书社，2007年，第124页。
③《土官底簿》，北京：中国书店，2018年，第240页。
④《土官底簿》，北京：中国书店，2018年，第274页。
⑤《土官底簿》，北京：中国书店，2018年，第246页。

且又没有子嗣，只好由同族的许荣嵩之孙许世忠袭职。许世忠也是命运多舛："嵩之孙，纳粟冠带，其妻李氏淫，其目民七八人，世忠知之，屠其奸夫之家，目民憾怨，因世忠子文盛得罪，合谋弑之。督府下文盛于狱，死。其次子文昌袭管事……死于军门，无嗣。"①土官族内部的争风吃醋引发的血案，父子两败俱伤。再由许文盛之弟（许）文昌袭管事，后又死于出兵期间，无嗣。"以弟（许）文茂袭。文茂，世忠第三子，族人许世宁、文鉴、文锦、文铭、文镖杀之。知府周公允下世叶、文鉴等于狱，以族人许文钰袭。"②

可能许文茂行为不端与族人积怨太深或对土州治理无能，引发族人许世宁、许文鉴等合计揭竿而起被活活杀死。结果惊动到太平知府周公派员捕捉许世叶、许文鉴等下狱治罪，再举荐土官族人许文钰袭位，才终结万承州的门庭夺位之争。

地方土州对土官的推举，当然按照朝廷的规例办理。而土州内部也有自己的一些具体办法或者机制加以奖惩。万历《太平府志》所列太平州"秩官"："土官知州一员。初承袭者，只称获印土官，男孙见土官先以戎服，后以常衣，待出征有功后，军门给予冠带。又必积有奇劳及杀获有奇功，奏请实授土官知州。自有养膳田庄，不及俸粮。"③

由明及清，对土官的承袭管制更加严厉，特别强调宗支所出和嫡序。

适庶不得越序，无子许弟袭。族无可袭者，或妻、或婿为夷众信服，亦许袭。子或年幼，由督抚选本族土舍护理，俟其年十有五，请袭。如土官受贿、隐匿凶犯逃人者，革职提问，不准亲子承袭，择本支伯叔、兄弟、兄弟之子继其职。若有大罪被戮，即立夷众素所推服者。土官支庶子弟驯谨能率众者，许申请督抚题给职衔，视本土官二等。分管疆土，视本土官或三之一，或五之一。④

养利州："（赵）文安袭，宣德三年（1428），文安侵暴邻境，弑戮良

---

① 万历《太平府志》卷三，载中国科学院图书馆选编《稀见中国地方志汇刊》（第四十八册），北京：中国书店，1992年，第507页。
② 万历《太平府志》卷三，载中国科学院图书馆选编《稀见中国地方志汇刊（第四十八册）》，北京：中国书店，1992年，第507页。
③ 万历《太平府志》卷三，载中国科学院图书馆选编《稀见中国地方志汇刊（第四十八册）》，北京：中国书店，1992年，第497页。
④ 允裪等纂：《大清会典》，李春光校点，南京：凤凰出版社，2018年，第45页。

民无数，督府捕逮没其家……改钤流官。"①养利州，掀开了大新土司改土归流的序幕。

恩城州：雍正十一年（1733）土官赵康祚"奸妹杀叔"，坐上大新土司改土归流的次席。使得镌刻于明成化八年（1472）的"恩城州土官族谱"摩崖石刻止于赵康祚之父（赵东桓），没能如首创石刻族谱的明代土官赵福惠所愿："子孙相继，承授祖业，传知后嗣，耿耿不泯"，而永远地留下三分之二的空白。

第二节 大新土州及土官族谱

土司制度是历史上封建中央王朝对少数民族地区所实行的归属中央、权力自治的一种政治管理体制。大新土司皆由土酋归附，朝廷予以赐官，也有称随狄青南下平蛮有功，授予裂土酬勋之说。大新的八个土州都曾是西原州侬峒地，"西原蛮东接柳梧，西连南诏，有兵二十余万，势甚雄强。侬黄两氏，操其大政，而侬氏尤盛。自狄青征平其酋侬智高之后，其将士有功者，皆裂土分封。于是酋长之制度推翻，而土司之制度建立，其政治之根本组织，完全改造"②。

土司制度到宋代得以进一步确立。恩城州石刻土官族谱（岜白山摩崖）记载："宋赵仁寿，本贯系山东青州府益都县人氏……子孙相继，承授祖业，传知后嗣，耿耿不泯。"③其他几个州土官的族谱也如此记载，如太平土官李氏（先祖李茂），万承土官许氏（先祖许班），下雷土官许氏（先祖许天全），茗盈土官李氏（先祖李智）都说是"山东益都人"于宋仁宗时受职。养利州土官赵氏，现可考最早土官为元代的赵珏及元末明初的赵日泰，以前世系均失传。以上是大新土司的由来（有学者对以上大新土官族谱说法持相反观点，认为土司先祖是壮族土酋，而非来自中原汉人）。

大新土司辖区的形成，有三种形式：一是立约定界。如下雷州与相邻的上映州（今属天等县），养利州与龙英州（今属天等县龙茗），太平州与安

---

① 万历《太平府志》卷三，载中国科学院图书馆选编《稀见中国地方志汇刊（第四十八册）》，北京：中国书店，1992年，第479页。
② 刘锡蕃撰：《岭表纪蛮》，商务印书馆，1934年，第215页。
③ 大新县政协编：《大新文史资料》（合订本），2015年，第401页。

平州等都传说两州土官之间约好时辰骑牛马或步行相向而行，至汇合处即为两州之间界线。二是分割而治。如唐代波州，宋时改称安平州，元代末期因失守太平路印（总管）而分治即安平州、太平州。恩城州，宋分为上思诚、下思诚二州，元至正十九年（1359）又合二为一州。茗盈州与全茗州，民间传说本是一个土州，后来茗盈土官随父李姓，全茗随母许姓而分治，但无史料记载也无从考究，不足为信。三是原封的辖地不变。如万承州，宋代将万形州并入而合二为一之后再无变化。

当然，在千百年来，各州的疆域也并非一成不变的，或相侵夺掠，如明朝时茗盈州侵夺全茗州十几个村屯，万承、恩城、太平州及龙英州长期侵占养利州数十个村屯不还。或以村屯土地作女嫁妆，如养利州明代土官赵武高嫁女万承州土官许某时，将原属养利州的柴村、侣村、蒙村，随奁供女，后不睦回养利州娘家。

然而，各土司随着历史车轮的前进而先后步入"改土归流"的轨道。养利州由于明代土官赵文安侵占邻州被治罪而改派流官，恩城州清代土官赵康祚"奸妹杀叔"而被废成崇善县分丞。其他土州则在清末至民国时才彻底完成改土归流，更有甚者如万承州，也有专家认为直到1928年才真正地完全改土归流。

现按（清）雍正《太平府志》所载八个土州的疆域、村屯（除下雷土州外），并综合有关史料校订各土州的土官承袭状况：

万承土州，本西原俍峒地，古名万阳。汉属交趾郡，唐建万承、万形二州领于邕州都督府，宋皇祐五年并万形之地入之（宋称万承为万丞），隶太平寨统属邕州，元隶太平路，明、清隶太平府。[①]州治今大新县龙门乡龙门街。

疆域：东至隆安县东济村八十里，东南至永康土州（今属扶绥县）禁扣村八十里，西至茗盈土州苗村界十五里，西南至养利州冻村十五里，南至陀

图2-2-1 万承土司州街遗址（今龙门街）（何农林 摄）

[①] 故宫博物院编：（雍正）《太平府志》，海口：海南出版社，2001年，第71页。

陵土县八十里至姜门村界止十八里，北至全茗土州十五里，西北至茗盈达村界四十里，东北至都结土州岜苗村八十里。州治离太平府城一百五十里。

辖区分五坊五峒十甲：练坊上甲（六村）：尽村、盛村、陇尧、那毕、下州、思陀。在城坊中甲（六村）：广向、多窖、梦恪、营望、各渌、多麻。盆坊北甲（六村）：多情、廪逻、与断、多偶、上纲、下纲。盛坊令甲（六村）：廪劳、多辇、多艮、多信、岘邓、多赖。冈坊下甲（六村）：多准、剥咘、咘普、通昏、叫辱、多工。武安峒外甲（九村）：柴村、蒙村、吕村、耽娜、礼村、榜村、那稠、郡村、场榜。咘迷峒陆甲（九村）：寒时、逐陇、田尾、逐咘、那俅、岜马、岜苗、多厢、下莫。那显峒田甲（九村）：那叫、上会、下会、营嬢、陇廖、那楼、蹬力、含勒、陇光。武城峒盛甲（八村）：弄陇、多索、念品、上梨、下梨、那律、那任、多略。上莫峒立甲（九村）：多礼、多常、咘昏、四父、单堪、那坛、多毕、多郎、多引。

土官的授职及其传袭：

许班（又名万户）

许朝烈

许弥高

许福宁（无嗣）

许福庆

许显佐

许元隆

许承薯

许潜安

宋、元间仅见以上姓名记载（见万承州许氏土官族谱），前后遗隐不详。

许祖俊（一说俊）。明洪武二年（1369），许祖俊归附，授知州。

许郭安（一说国安）。祖俊子，承袭父职。永乐四年（1406）从征安南，与弟郭泰俱各失陷。

许永诚。郭安庶长男，永乐九年（1411）正月袭。正统五年（1440）死。

许奎（又名祖奎）。永成子，正统五年（1440）五月袭父职。景泰元年（1450）因调征进患风疾。

许荣宗。奎子，景泰四年（1453）六月袭父职。成化十三年（1477）死。

许瑢（一作莹）。荣宗子，年一十二岁应袭，查思同州土官知州黄崇广年六岁承袭事例，成化十三年（1477）五月奉圣旨：许瑢准照例袭父原职。

许世忠。瑢（莹）死，无嗣。以弟瑜勘袭未授官，死。以子世雍袭未授官亦死，无嗣。以荣嵩之孙世忠袭。

许文昌。世忠长子文盛以罪死，次子文昌袭父职，卒于军门，无嗣。

许文茂。文昌弟，承袭兄职，为族人世宁、文鉴、文锦、文铭、文镖杀之。

许文钰。文茂死，无子，族人钰袭。以军功授冠带。

许国琏。文钰子，承袭父职。以军功实授冠带。

许大政。国琏子，承袭父职。

许祖兴。大政子，承袭父职。

许嘉镇。祖兴子，清顺治十六年（1659）投诚。

许鸿业。嘉镇子，承袭父职。

许嗣珆。鸿业子，承袭父职。

许嗣麒。嗣珆无子，弟嗣麒袭。恩监国孝士。

许健。嗣麒子，承袭父职。

许载屏。健子，承袭父职。

许天爵。载屏无子，侄天爵袭。

许修义。天爵子，承袭父职。

许可均。修义子，承袭父职。

许绍纲。可均子，承袭父职。

许荣。绍纲子，承袭父职。

许绍绪。荣无子，叔绍绪袭。

许建藩。绍绪子，承袭父职。

清光绪三十二年（1906）改土归流。

民国十八年（1929）废州置万承县。

（明）应槚《苍梧总督军门志》（万承土州）：土官许安（郭安），洪武元年授知州；故，子永诚袭；故，子奎袭；子瑢袭，绝；次珍未袭，故，子世隆、世陆、世显、世雍俱绝，荣宗弟荣嵩子玘、玘子世忠听袭，为文盛

图 2-2-2 安平土司州衙遗址（今安平村）（何农林 摄）

所杀，无袭。①

安平土州，本西原侬峒地，古名安山。汉属交趾郡，唐为波州领于邕州都督府，宋皇祐五年析其地为安平、太平二州，隶太平寨统属邕州，元隶太平路，明、清隶太平府。②州治今大新县雷平镇安平村安平街。

疆域：东至恩城土州十一里至古村界止一里，西至侬村接交趾高平彝府界六十里，南至下土龙司五十里至都隘村界二十五里，北至南宁府下雷土州六十里至古州基界止二十五里，东南至太平土州四十九里至上贵村界止十九里。州治离太平府城一百里。

辖区四十四村：逐堪、那江、岘替、岘钱、七腊、下叩、询村、约村、陇隆、崙角、要村、门村、底耽、利村、上典、应村、捲嵩、淰丢、捲勉、三郎、营印、淰晶、上恪、配村、都隘、㕽烹、弄义、崙遵、归村、抱村、豪村、典村、陇晶、桥村、那妹、连村、那伾、托村、那汧、坡嵩、逐根、那擎、科晶、㕽村。又交趾莫彝占去烟邦、化隆二峒（三十五村）寿或、穷才、闲村、淰通、漏村、陇何、春探、仙境、凌烟、适贵、峒平、亲村、溪渠、交典、北里、凤眼、古零、忙弄、须呈、宏曹、资用、波州、雅弄、玉池、都其、都摀、钧落、那叹、或内、安排、寺宝、或隆、加宏、启蒙、教村。

土官的授职及其传袭：

李郭祐（佑）。死，子李赛都袭。

---

① 应槚辑：《苍梧总督军门志》，长沙：岳麓书社，2015年，第66页。
② 故宫博物院编：（雍正）《太平府志》，海口：海南出版社，2001年，第71页。

李赛都。洪武元年（1368）归附，二年（1369）授知州。（洪武）二十一年（1388）死。

李贵（又名文贵）。赛都庶长男，洪武二十一年（1388）准袭父职。永乐四年（1407）征进安南被贼药箭射伤残疾。

李昶，贵长子袭，故绝。见（明）应槚《苍梧总督军门志》。

李显。昶弟，永乐九年（1411）十一月袭。永乐十六年（1418）被太平知州李铎兴兵杀死。

李华。贵三子，永乐二十一年（1423）七月袭，后残疾。

李森。华残疾，子森袭。

李齐，森死，子齐袭。[（明）万历、（清）雍正《太平府志》（安平土州）均在"李森"之后为"李齐"]

李鹤。正统四年（1439）在职。

李璘。森长孙，承袭祖职。弘治十年（1654）死。

李祯。璘死，长男裕、次男嬉相继故绝。三男祯，弘治十年（1654）十月袭。

李源。祯子，承袭父职。

李樽。源子，承袭父职。

李天爌。樽子，承袭父职，嘉靖年间调征安南有功，加四品服色。

李承宗。天爌子，承袭父职。

李明岱。承宗子，承袭父职。

李明峦。明岱死，无子。弟明峦袭。

李长泰。明峦子，承袭父职。

李长亨。长泰死，无子。弟长享袭，顺治十六年（1659）投诚，仍予旧职。

李子定。长亨子，承袭父职。

李辁。子定子，承袭父职。

李伯。辁子，承袭父职。

李廷栏。伯子，嘉庆七年（1802）袭。

李缉佑。廷栏子，承袭父职。

李秉圭。缉佑子，道光十五年（1835）袭。

李超绪。秉圭子，光绪初年袭。

李德普。超绪兄子，清末民初袭。

清光绪三十二年（1906）改土归流。

民国十七年（1928），与下雷、太平二土州并为雷平县。

据谷口房男、白耀天《广西土官族谱集成》：

李森与李璘之间当遗落一代一任土官。《土官底簿·安平州知州》载：李森"故，长孙李璘承袭"。既称"长孙"李璘自不是李森之子。李森之子、李璘之父是谁？《明英宗实录》卷54载：由于安南"下思琅州土官农原洪等寇略太平府安平州、思陵州，窃据二峒二十一村"，正统四年（1439）四月，明朝派"遣给事中汤鼎等赍敕谕"安南国王黎麟。黎"麟乃遣（黎）伯琦等来谢罪"。过后，黎麟又遣"陪臣裴擒虎等赍奏云：'先是农原洪言屡被安平等州土官知州李鹤、赵仁政等攻占思琅州境土、杀掠人畜。臣以蛮僚仇杀，边之常，而原洪之言，岂足尽信，未敢上渎圣聪，随戒原洪无挟仇生事，并移文广西布政司，请禁鹤等。近蒙遣使谕以前事，臣战栗惶惧，不知所裁。窃唯普天之下，莫非王土；率土之滨，莫非王臣。思琅州之民，亦朝廷赤子也，而（李）鹤等侵扰无有宁息，九重之上岂能悉知？此臣所以不能自已而再伸哀吁者也。伏唯圣明俯赐矜察。'上（指明宗英）以'远人知悔，勿追咎其非。其言李鹤等攻掠，令广西总兵官审覆以闻'。"此中，赵仁政是龙州土官知州，李鹤是安平州知州。正统四年（1439）或其前，李森已死，其子李鹤已经替袭安平州土官知州。不知何故，李鹤却没有列入安平州土官袭职名录之内。①

图2-2-3 清代太平土司州街遗址（今太平街）（何农林 摄）

---

① [日]谷口房男、白耀天：《壮族土官族谱集成》，南宁：广西民族出版社，1998年，第555—556页。

另外，（明）万历、（清）雍正《太平府志》（安平土州）均在"李森"之后为"李齐"，而无李昶、李鹤。

（明）应槚《苍梧总督军门志》（安平土州）：李郭祐（佑），洪武元年归附，授知州；故，子赛都袭；故，子贵袭；故，子昶袭；故绝，昶弟显袭；故绝，三弟华袭；故，子森；故，孙璘袭；故，子祯袭；故，子源袭。也均而无列李齐或李鹤之名。①

太平土州，本西原侬峒地，古名瓠阳。汉属交趾郡，唐为波州，领于邕州都督府，宋皇祐五年（1053）析其地为太平、安平二州，隶太平寨统属邕州，元隶太平路，明、清隶太平府。② 州治今大新县下雷镇下雷街。

疆域：东至左州（今崇左市江州区）七十里至立村隘界止四十里，西至安平土州四十九里至上贵村界止三十里，南至崇善县（今江州区）一百一十里至庆村界止二十里，北至养利州五十里至檀村界止二十里，西北至接恩城土州三十里至驮望村界止十五里，西南至下土龙司九十里至容村界止三十里。州治离太平府城一百一十里。

辖区分三街七甲。上街（十二村）：仁村、那霞、邓铜、弄堪、朔零、旁备、幢□、把奏、孙良、驮押、渠定、渠现。中街（二十村）：王村、应村、那遴、卓要、那岜、咘庆、那把、渠置、安道、粉村、岜江、渠间、陇内、咘衣、顿门、沙村、酉村、陇穹、钧固、伏墓。下街（十村）：大大栈、上九山、下九山、逐皆、喝懒、楞求、陇可、陇慢、叫耽、叫营。东甲（八村）：把村、那泽、上礼、下礼、吉村、蒙村、虑村、潭安。上南甲（八村）：下贵、把坦、上晖、下晖、久村、叁民、训村、吞笃。西甲（六村）：斌村、贡村、光村、君村、王村、宴村。大力甲（五村）：上贵、限村、大黑水、小黑水、容村。小力甲（十四村）：恪村、苗村、那温、削村、或村、上曹、下曹、遵村、咘村、上团、下团、少村、堂村、那夏。畸口（田零）甲（七村）：舟勾、色隆、渠强、咘佛、弄列、陇重、咘马。诸匠甲（三村）：谭品、思律、冬匠。

土官的授职及其传袭：

李茂。（雍正《太平府志》：太平州其始祖李茂，山东益都人，宋仁宗时为邕州牙将守）

---

① 应槚辑：《苍梧总督军门志》，长沙：岳麓书社，2015年，第67页。
② 故宫博物院编：（雍正）《太平府志》，海口：海南出版社，2001年，第71页。

李械。"舆骑居室服用，皆拟公侯，如安平州之李械，田州……皆有强兵矣。"①

李密。

李维屏。"至元十二年（1275）十一月丙子……使广西节制军马李维屏等诣：云南行中书省降。""十四年（1277）四月甲子，宋特磨道将军农士贵、知安平州李维屏、知来安州岑从毅等，以所属州、县溪峒百四十七户二十五万六千来附。"②

李兴隆。

"（延祐）四年（1317）九月，两江龙州万户赵清臣，太平路总管李兴隆，率土官黄法扶、何凯，并以方物来贡。"③

李郭辅。[《雍正太平府志》：维屏卒，子郭辅继，值元祚衰微，上思贼黄英衍者即胜许孽族统众袭城夺（太平）路印，自行总管事，郭辅无援，与弟郭祐退保太平、安平地]

宋、元间仅见以上姓名记载，前后遗隐不详。

李以忠。明洪武元年（1368）归附，二年（1369）授知州。四年（1371）以忠得罪削职。

李圆泰（圆太）。以忠子，承袭父职。

李威敬。圆泰子，护印。建文二年（1400）死。

李铎。威敬无嗣，弟铎袭。永乐十六年（1418）兴兵杀死安平知州李显，逮治充南宁卫军。

李毅。铎罪废，子毅年幼，宣德七年（1432）出幼，袭。

李瑶。毅患病，景泰五年（1454）子瑶替职，天顺三年（1459）袭。成化十五年（1479）死。

李玒。瑶子，承袭父职。（玒妻岑氏，生子琛、璿；妾王氏，生子丹。王欲立己子，诬琛不孝，逼走安平。李玒死，以李璿摄州事。后李琛冤雪，当袭，李璿称兵以拒；知府胡世宁正璿罪，琛得袭。）

李琛。玒子，承袭父职。琛子李松未袭职，死。

---

① 范成大：《桂海虞衡志校补》，齐志平校补，南宁：广西民族出版社，1984年，第35页。
② 宋濂等撰：《元史》，北京：中华书局，1976年，第170页。
③ 汪森：《〈粤西丛载〉校注》，梁超然等校注，南宁：广西民族出版社，2007年，第1085页。

李芳。琛死，子松早卒，松子芳袭。

李大经。芳子，承袭父职。

李栢。大经无嗣，琛次子栢袭。

李应春。栢子，承袭父职。

李万秋。应春子，承袭父职。

李国长。万秋子，承袭父职。

李万季。国长无嗣，以叔万季袭。

李恩祖。万季子，承袭父职。

李继尧。恩祖子，承袭父职。

李开先。继尧子，承袭父职。以罪废。

李开锦。开先弟袭，清顺治十六年（1659）投诚，仍予旧职。

李元翰。开锦子，承袭父职。

李蕃。元翰子，承袭父职。

李璋。蕃子，承袭父职。

李仁。璋死，无子，弟仁袭。

李禔。仁子，承袭父职。

李庆荣。禔死，子诚未袭卒，（诚）子庆荣袭。

李韫。庆荣子，承袭父职。

李光裕。韫子，承袭父职。

李光猷。光裕弟，承袭兄职。

李珆。以族侄袭职。清宣统三年（1911）清廷创君主立宪，广西令改土归流，民国元年出任弹压委员。

民国十七年（1928）二月，广西省政府委员会第六十四会议批准太平、安平、下雷三个土州改土归流，合置雷平县。四月，三个州正式合并。初县治于原安平州的宝圩，民国二十二年迁至太平土州旧治。

恩城土州，本西原侬峒地，古名恩上。汉属交趾郡，唐置思诚州领于邕州都督府，宋分为上思诚、下思诚二州，隶太平寨统属邕州，元世祖十五年（1278）二州隶太平路，顺帝至正十九年（1359）并为一州。明洪武二年（1369）锡印改为恩城，隶太平府，清因之。[①]州治即今大新县恩城乡恩城街。

---

① 故宫博物院编：(雍正)《太平府志》，海口：海南出版社，2001年，第72页。

图2-2-4 恩城州明代土官赵福惠于芭字山(芭白山)创建《恩城州土官世袭名谱》摩崖石刻（农恒云 摄）

疆域：东至养利州四十五里至排村界止二十里，西至安平土州十一里至古村界止十里，南至太平土州三十里至驮望村界止二十里，北至龙英土州（今属天等县）七十里至郭村界止三十里。州治离太平府城一百二十里。

辖区分内厢（二十三村）：预村、陇隆、耽村、宁村、蒙村、良村、登村、贺村、陇村、兝村、自村、光村、陇辱、毕村、禁村、叫村、任村、皮村、匠村、赛村、王村、丙村、上下禁。外厢（十五村）：陆村、渌村、榜村、丰村、吕村、琅村、那敏、排村、教村、均村、能村、岜仰（养）、驮望、那边、堂官。

土官的授职及其传袭：

赵仁寿。

赵国安。

赵圣宝。（又名赵胜保）以上三人均见于明成化八年（1472）《恩城州土官族谱》摩崖石刻。

宋、元间仅见以上姓名记载，前后遗隐不详。

赵斗清。本州世袭土官籍，洪武元年（1368）归附授知州。十年（1377）死。

赵雄威。斗清子，承袭父职。洪武二十九年（1396）死。

赵雄杰。雄威无子，弟雄杰袭。

赵志显。雄杰子，护印。

赵志晖。志显弟，永乐十六年（1418）袭。

赵福惠。志显子，承袭。

赵存宣。福惠子，成化二年（1466）袭。征进染病。

赵忠顺。存宣子，弘治十年（1479）袭。

赵明。忠顺子，承袭父职。

赵鉴。明子，承袭父职。

赵彭年。鉴子，承袭父职。

赵继英。彭年子，承袭父职。

赵朝缙。继英子，初为府生员，后袭职，有善政，以耆德著。

赵芳声。族人芳声袭。

赵应机。芳声子，承袭父职。

赵应极。应机次子，承袭兄职。

赵贵炫。应机子，清顺治十六年（1659）归附，仍予旧职。（雍正《太平府志》：自彭年至应极，未详其世系）

赵东桓。贵炫子，承袭父职。

赵康祚。东桓子，承袭父职。以谋杀叔配桓，革职。

清雍正十一年（1733）改流，设崇善县恩城分县。

图 2-2-5 清代养利州城东西南门楼（赵成艺 摄）

民国七年（1918）撤销崇善县恩城分县，并入养利县。

说明：赵天锡，土官赵朝缙妻，恩城土官族摩崖石刻未见列，（明）沈德符《万历野获编》有载，雍正《太平府志》也有记载。赵天锡女土官位在赵芳声之前，然恩城州土官史料均未见列其名。

养利土州，本西原侬峒地，旧名历阳。汉属交趾郡，唐末始置州，属邕州都督府，宋隶太平寨统属邕州，元隶太平路，明、清属太平府。[①]州治原在今大新县那岭乡旧州，后迁桃城镇桃城街。

疆域：东至砚村接万承土州，南至布村接太平土州，西至好村接龙英土州，北连那村接茗盈土州，东南至下元村接永康土州（今属扶绥县），东北至冻村接茗盈土州，西南接恩城土州，西北至邕村界龙英土州。州治离太平府城一百五十里。

辖区分一季上甲（三十七村）：伦那、伦侣、通或、甿马、那良、旧州、上下案、那次、岜楞、那民、岜龙、淦浩、陇历、皮村、岜零、那浩、娜村、陇慢、洞养、安村、闱村、大小叩、恶村、能村、邕村、枕村、四村、好村、谷村、蒙村、板村、井村、民村、渠魁、怀村、目村、价村。二季中甲（二十三村）：上下对、上下甚、农村、迪村、陇巫、上下冻、陇那、交村、榜村、咘赞、亨村、湿村、那营、郝村、下通、武能峒、禁村、陇幼、祐良、逐亨、把求、陇念、逐村。三季下甲（三十九村）：弄豆、那利、伦免、洞利、上下桑、砚村、那岜、免村、那立、那桥、那造、弄廪、逐禁、大小坛、陇绕、那边、叫招、练村、更村、陇群、大小偶、那限、陇陂、渌则、上下元、信村、渌利、那怜、功荣、荣村、头波、那咘、那廪、榜免、把舍、那毕、下辖、那弄、荣汤。

土官的授职及其传袭：

赵珏。元代养利州土官，"皇庆二年（1313）正月，交趾犯镇安州云峒……四月，交趾世子领兵焚养利州官舍、民居，杀掠二千余人……知养利州事赵珏擒我思琅州商人，取金一碾，侵田一千余顷，故来仇杀。爰遣使往诘之，谓是阮盉世子太史之奴，然亦未知是否"[②]。

赵日泰。元代末期养利州土官，具体袭职时间不详。

赵志兴。明洪武初归附，授本州知州。

---

① 故宫博物院编：（雍正）《太平府志》，海口：海南出版社，2001年，第71页。
② 德保县史志办编译：《镇安府志》，内部发行，2012年，第348页。

赵贵峰。志兴，死。其子贵峰袭。

赵方（芳）。（《土官底簿》：志兴死，无嗣，弟方袭兄职。赵志真，护印）（万历《太平府志》：贵峰，死。其子芳袭）

图2-2-6 全茗土司州街遗址（今全茗街）（何农林 摄）

赵武宁。武宁出幼，永乐元年（1403）二月袭。

赵武高。武宁死，无子，庶兄赵武高袭。（万历《太平府志》：芳，死。子武高袭）

赵文安。武高死，子文安袭，明宣德三年（1428）侵邻境杀戮良民无数，宣德六年（1431），也有说七年（1432）督府捕以罪诛，改铨流官。

民国元年（1912）设养利县。

全茗土州，本西原侬峒地，古名连冈。汉属交趾郡，唐属邕州都督府，宋建为州，隶古万寨统属邕州，元隶太平路，明隶太平府，清因之。[1]州治今大新县全茗镇全茗街。

疆域：东至茗盈土州二里至孟村界止半里，西至龙英土州（今属天等县）二十五里至斗村界止二十里，南至茗盈土州四里至旺村界止三里，北至龙英土州四十五里至忙村界止二十里。州治离太平府城一百六十公里。

---

[1] 故宫博物院编：（雍正）《太平府志》，海口：海南出版社，2001年，第72页。

辖区分四十四村：政村、派村、上预、下预、伴村、那逐、进村、抵遨、意村、涧村、怠村、陇望、陇保、给村、科派、偶村、腊村、纲村、楞庄、弼村、叩村、否村、岘干、那造、逊村、那楞、岘冷、忙村、浪村、营恩、那陇、陇怀、岘正、凉村、岜下、逐迷、把廪、都暂、那纸、那襟、雹玩、那了、板孟、旺村。

土官的授职及其传袭：

许元杰

宋、元间仅见以上姓名记载，前后遗隐不详。

许武兴。洪武二年（1369）授知州。

许武明。武兴弟，承袭兄职。

许添庆。武明死，无嗣，以叔添庆袭。永乐元年（1403）死。

许武坚。添庆子，承袭父职。景泰四年（1453）死。（万历、雍正《太平府志》皆写成：武学）

许诚。武坚子，承父职。

许均玉。（诚死，子均玉袭）。武坚孙，承袭祖职。成化十三年（1477）死。

许胜安。均玉子，承袭父职，故绝。

许胜宁，均玉次子袭。

许荣高。胜宁故，子荣高袭。生子德瑛。

许金。德瑛未袭卒，以其子金袭。

许福海。金子，承袭父职。

许国丰。福海子，承袭父职。

许万晃。国丰子，承袭父职。

许家麟。万晃子，清顺治十六年（1659）投诚，仍予今职。

许邦显。家麟子光卒，孙邦显袭。

许以桓。邦显子，承袭父职。

许述章。以桓子，承袭父职。

许永苣。述章子，承袭父职。

许承祐。永苣子，承袭父职。

许祖瓒。承祐子，继袭父职。

许有品。祖瓒子愚钝不能袭，传孙有品。

许绍勋。有品无嗣，以族侄绍勋袭。

图 2-2-7 茗盈土司州衙遗址（今茗盈街）（何农林 摄）

民国元年（1912）改土归流。民国五年（1916）与茗盈州、龙英州（今天等县龙茗）合并为龙茗县。1953年3月全茗地区又划归大新县。

（明）应槚《苍梧总督军门志》（全茗土州）：土官许添庆，洪武元年授知州；故，子武坠（应为坚）袭；故，子诚袭；故，子均正（应为均玉）袭；故，长子胜安袭；故绝，次子胜宁袭；故，子荣高袭；故，子德瑛未袭；故，子金袭。[1]

茗盈土州，本西原依峒地，古名旧峒。汉属交趾郡，唐属邕州都督府，宋建为州，隶古万寨统属邕州，元隶太平路，明隶太平府，清因之。[2]州治今大新县全茗镇茗盈屯。

疆域：东万承土州四十里至达村界止三十里，西至全茗土州二里至孟村界止半里，南至养利州三十里至渗村界止二十里，北至都结土州四十三里至甘峒村界止三十里。州治离太平府城一百六十公里。

辖区四十一村：岜替（替村）、显村、磨村、零村、并村、逗村、傲村、那赖、乞村、立村、相村、尚村、谢恪、陇冷、那岜、斗村、苗村、达村、上冷、下鄙冷、元藕、时村、弄村、玩村、陇村、乱村、解村、朗村、母村、加村、应村（楞应）、兵村、暗村、扫村、桐村、伏村、离村、幻村、那襟、逐肥、

---

[1] 应槚辑：《苍梧总督军门志》，长沙：岳麓书社，2015年，第67页。
[2] 故宫博物院编：（雍正）《太平府志》，海口：海南出版社，2001年，第72页。

逐兴。

土官的授职及其传袭：

李智

李德卿

李铁钉

宋、元间仅见以上姓名记载，前后遗隐不详。

李玉英（一说正英，一说德兴）。洪武二年（1369）归附，授知州。二十四年（1391）患病。

李福茂。玉英子，承袭父职。永乐四年（1406）患病。

李斌。福茂子，承袭父职。宣德二年（1427）死。

李子实。斌死，无嗣。李复初长男子实，宣德二年（1427）二月袭。

李懋龄（又茂龄）。子实子，正统十二年（1447）四月袭。

李季东。懋龄子，成化二年（1466）正月袭。成化三年（1467）二月病死。

李季华。季东无嗣，弟季华成化十三年（1477）袭。

李万青。季华子，无嗣，承袭父职。

李万荣。万青弟，无嗣，承袭兄职。

李显奇。万荣死，无嗣。弟万新未袭死，以弟万和之子显奇袭。

李世兴。显奇子，承袭父职。

李时骄。世兴子，承袭父职。

李柏椿。时骄子，承袭父职。

李长青。柏椿子，承袭父职。

李承基。长青子，承袭父职。

李应芳（应春）。承基子，清顺治十六年（1659）投诚，予今职。

李瓒鼎。应芳（应春）子，承袭父职。

李天裔。瓒鼎子，承袭父职。以罪死。

李演鼎（寅鼎）。天裔无子，叔演鼎袭。

李天荫。演鼎子，演鼎以病乞休，子天荫袭。

李若广。天荫子，承袭父职。

李天麟。若广无子，叔天麟袭。

李以仁。天麟子，承袭父职。

李茂发。(赞朝子,以仁孙,袭)

李茂恒。茂发子致时早亡,孙维钧尚幼,以叔祖佐朝之子茂恒协理。

李维钧。维钧长成袭职。

李如珍。李维钧横征暴敛,被弄远村李盈俊等控告不法,挟印逃走,族人李如珍署事。如珍任职。三月被撤,气愤病死。

图 2-2-8 下雷土司州衙遗址(今下雷中小学)(何农林 摄)

李生馥。族内争袭,族人生馥代理。

清光绪三十三年(1907)改设流官。

民国五年(1916)与全茗州、龙英州合并为龙茗县。

(明)《万历太平府志》:李铁钉,洪武初始授知州,死,子复袭;复死,子子实袭;子实死,子懋龄袭;死,子季东袭;死,弟华袭……

另:(明)应槚辑《苍梧总督军门志》(茗盈土州)载:土官李德兴,洪武元年(1368)授知州;故,子复初袭;子子实袭;故,子懋龄袭;故,子季华袭;子万青袭,故绝;次子万荣袭,故绝;又次万新未袭,故绝;又次万和未袭；故，子显奇袭。①

下雷土州，本为西原侬峒地，旧名雷峒。宋、元为下雷州，明时印失。万历十八年（1590）以地逼交南奏升为州，州治今大新县下雷镇下雷街。

疆域：东至孟宾村接龙英土州平吉村二十里，西至东村接湖润寨（今属靖西市）弄龙村界二十五里，南至连陴接交趾下琅夷州界二十五里，北至陇呼村接上映土州干村界五十里，东南至陇黎村接安平土州淰浦村界八十里，西北至葛村接湖润寨弄欣村，东北至漏阴村接上映土州（今属天等县）下方界五十里，西南至陇里卡接交趾下琅夷州界三十里。州治离太平府城二百里。

辖区分为下厢、上厢和五甲。下厢：州城东南各村即含那礼、内孔妥斑马、巴幸苑峒、霞屯等（含仁爱村等地）；上厢：州城西北各村，有百所、那瑞、那欣、东屯、伏派、白扬、巴贺、弄端、那望等（今下雷社区等）。城厢以外划为五甲：更甲（今硕龙镇隘江村一带），苑甲（今硕龙镇巷口、义显、义宁等村一带），个赖甲：（今下雷镇信孚、信隆、吉门等村一带），上右中甲（今下雷镇三湖、新湖等村一带），下佑甲（今下雷镇土湖、智刚等村一带）。

清光绪《镇安府志》载：下雷土州，宋置，所隶无考。元隶镇安路，明初废为峒，属镇安土府，嘉靖四十三年（1564）改属南宁府。万历时为州，其先许天全，山东青州人，皇祐随征有功，授知州世袭。

土官的授职及其传袭：

许天全。袭知州

许天杰。袭知州

许元福。袭知州

许泰贤。袭知州

许志高。袭知州

许福海。袭知州

许永通。明初以失印降为巡检。

许顺忠。袭巡检

---

① 应槚辑：《苍梧总督军门志》，长沙：岳麓书社，2015年，第67页。

许世烈。袭巡检

许国仁。袭巡检

许宗荫。袭巡检

许应珪（应奎）。宗荫子，袭知州。[宗荫子应珪，万历三十二年（1604）随征思明叛目陆祐，复知州职……]

许太元（一作泰元）。应珪子，承袭父职。

许光祖。太元子，承袭父职。天启三年（1623），以援黔功，授守备衔。

许文英。光祖子，承袭父职。

许文明。文英无子，弟袭，顺治初承职。

许绍武。文明子，承袭父职。

许定勋。绍武子，承袭父职。

许定烈。定勋死，无嗣，弟定烈继职。

许乾毓。定烈子，承袭父职。雍正八年（1730）以勾结逆匪革职，十一年（1733）开复。

许庆长（祥）。乾毓子，承袭父职。

许瑞麟。庆长子，承袭父职。

许嘉猷。瑞麟子，承袭父职。

许铨威。嘉猷子，承袭父职。

许裕谦。铨威子，承袭父职。

许乃康。裕谦子，承袭父职。

许承训。乃康子，承袭父职。

民国十七年（1928），与太平、安平二土州合并为雷平县。

第三节 土司时代的社会阶层与土司的特权

在漫长的土司统治时代，土司拥有着绝对的统治权威，行的是一种"家天下"的统治模式，在其社会内部各种职官等级森严，亲疏有别，这种地方治理模式，有利于土司加强对土司区域的控制，使土司社会得以长期的稳定。土司制度是在一定历史条件下适合特定的少数民族区域统治需要的特殊制度，对少数民族经济社会的发展，加强各民族间的交流乃至对多民族国家的统一

图 2-3-1 茗盈州穷斗岩明代摩崖造像（局部）（何农林 摄）

和稳定起到了一定积极的作用。

一、土司统治时期的社会阶层

在土司统治时期，社会等级和社会地位有严格的划分，在大新境内民间普遍流传着一等官（土官和官族）、二等客（外来人，指汉族）、三等目（即土目土司基层组织的各类头目）、四等民（一般指不服劳役耕种粮田的壮人）、五等奴（给土官当奴隶的人）的说法。不同等级的人，其政治和社会及经济地位差别很大。对"外来人"和"土目"，本地壮人对他们必须尊称和谦让。在婚姻、喜庆、丧葬及日常生活、衣食住行等方面，有严格的限制，因不同的等级而异。广西土司时期的社会内部结构，宋代范成大做了详细的记载：

有知州、权州、监州、知县、知洞，皆命于安抚若监司，给文帖朱记。其次有同发遣，权发遣之属，谓之官典，各命于其州。每村团又推一人为长，谓之主户。余民皆称提陀，犹言百姓也……民田计口给民，不得典卖；惟自开荒者由己，谓之祖业口分田。知州别得养印田，犹圭田也。权州以下，无印记者，得荫免田。既各服属其民，又以攻剽山獠及博买嫁娶所得生口，男女相配，给田使耕，教以武伎，世世隶属，谓之家奴，亦曰家丁。民户强壮可教劝者，谓之田子、田丁，亦曰马前牌，总谓之洞丁。[①]

图2-3-2 安平州会仙岩明代摩崖造像（局部）（何农林 摄）

范成大在书中所描述的是南宋时期广西土司地区的社会与经济结构，一方面细致描述了该社会内部的身份与等级结构，另一方面揭示了这一身份和等级结构是由土地关系来定义和界定的，也就是说，在漫长的土司统治时代，壮族社会主要由土官、土目和土民三个社会阶层构成。

（一）土官

土官是全境的最高封建领主，境内的所有村屯，统归其所有。土官所在的父系世系群称为"官族"，但是从狭义范围上讲，土官只是指在任的"土官"一人。历代土官按照中央王朝所制定的政治规则再生产其地方权力，世世代代成为其辖区内的"土皇帝"。

在广西土司所谓族谱（宗支图谱）中，有一个很重要的内容是土司及土司家族成员历代的军功奖赏记录以及功名的记录，土司宗族及族谱的构建兼有两方面的作用：一方面是借助中央王朝的力量来说明其权力的合法性来源，从而向内巩固其统治基础；另一方面，也是在向中央政府表明，土司忠于每

[①] 范成大：《桂海虞衡志校补》，齐治平校补，南宁：广西民族出版社，1984年，第35页。

一家在中原取得合法地位的王朝，因而有资格也有能力成为每一个朝廷在该地的代理人。例如，清道光二十年(1840)安平土官李秉圭所立的《建宗祠碑记》云：太始祖李茂，原籍山东之益都人也。自宋仁宗皇祐五年（1053），随狄

图 2-3-3 主编农恒云、伊红梅深入下雷镇，与土司后裔许乃刚拜读民国《下雷土司族谱》手抄本（何农林 摄）

图 2-3-4 下雷土司宗祠牌位

图 2-3-5 下雷土司简谱
（许乃刚 手抄）

武襄公青平侬智高之乱于邕州，时太郡尚属蛮荒，无所谓之州治。我祖身辟草莱，披荆棘，抚流亡，而太平始开。朝廷论功，俾守世土，三代而分安平。

图 2-3-6 安平土司衙门（残屋）（何农林 摄）

图 2-3-7 安平州土官战刀、刀锋（许海萍 摄）

图 2-3-8 大新县昌明乡昌明社区（属万承州）交岭出土战国青铜矛、钺（许海萍 摄）

万承土州世袭土官对许氏家谱的表述是:"原籍山东省青州府益都县白马镇锦字街金鸡巷,于宋皇祐五年随狄武襄公南征有功,世守广西太平府万承土知州,带原品守备职衔。"据许氏家谱记述,许氏土司从许万户到许建藩承袭州职共有二十多人,而这些土司之间并非都是亲子关系。需要指出的是,许国安是明洪武年间的土官,而由明洪武年间上溯到宋皇祐年间,相距三百余年,土官世职传袭仅十代,按每代二十五年来计,还有近一百年的时间没有土官传承的记录。可见族谱的记载也有遗漏。

(二)土目、土舍阶层

土目是隶属于土司的,为其佐治之官,清雍乾时杨锡级称"各土司有土目一项,即土司办事之人"。刘锡蕃《岭表纪蛮》第二十三章《土司》明确指出,"土司之下有土目,为土司佐治之官"。所以土目与土司之间的关系,主要是主从关系,土目对土司唯命是从。"土目、土舍"作为土司政权的中层管理人员,主要为师爷、二爷、哨目、化总等。

土司地区依其辖区大小设立了若干地方管理机构,属于土司衙门的土目是师爷、二爷、总管一类,而哨目、化总、团总、甲长则是土司地方管理人员。土目的任用完全取决于土司,也就是说其权力的获得与否取决于与现任土司之间的关系。这样一来,目家的权力并不能完全通过世袭而传递下去,尽管土目及其子孙更容易在土司政权中寻找到土目的职位,但并不是每个目家后代都能在土司政权中找到位置。在土司统治后期,一些非目家出身的下一层社会成员也可以通过为土司效力立功而上升为土目。

随着清代以来宗族组织的发展,出现了土官与土目宗族共享地方权力的现象。譬如万承土司的土目就固定由冯、赵、李、黄以担任,形成了以冯、赵、李、黄四大家族为"第二权力圈"的土目家族,这四大姓的族谱都对这一权力圈的形成进行了解释。如万承州李氏家谱记载:"始祖李祥光,原籍山东省青州府白马县人氏。自宋皇祐年间与冯廷宗、赵公通、黄显达、许俊随狄青将军征剿侬智高。平,服功奉诣设州治建都完成,加封许俊为世袭州。收封冯、李、赵、黄为世目,即今谓炼内盆盛田坊头目也。"[1]大新当地的赵家族谱及冯家在万承落户的先祖冯廷宗的墓碑也有类似原籍在山东白马县的表达有攀附之嫌。

---

[1] 农辉锋:《万承土司的世袭、墓碑及民族学意义》,《广西地方志》,2008年第6期。

万承州地方行政划分为六坊九甲。六坊即练坊（今头咘屯、模练屯）、盘坊（达马屯、伏内屯）、上坊（壜岜屯、仙屯）、武坊（陆干屯、武安屯）、义坊（南模街）和在坊（弄美屯、弄乙屯）。各坊所属的村屯位于州城的附近，多为各姓头目居住地。每坊有1名从老人中推选出来的头人，土官有事便请他代为传达或处理。坊内不设管洞和狼头，但每坊的头人也有一块田地耕种，此田耕种收入可作坊内公共事务开支，亦可作为私己使用。各坊都由冯、赵、李、黄姓管理，坊内的他姓人没有管理坊内事务的权力，在坊内多是处于被统治的地位。

九甲即上甲、外甲、令甲、北甲、盛甲、中甲、下甲、立甲和田甲，外加填禄甲。每甲又有数个村屯，共84个村屯。各甲所属村屯不一定是集中在一个区域内，有的甚至是犬牙交错的。每甲由土官从中指派一名有管理能力的人做管洞，掌理全甲一切事务，代理土官征收粮钱和征派夫役等工作。在任职期内，每年得谷十石，但任期不定，也非终身任职。各甲上面又由土官从冯、赵、李、黄四姓中指派1人做父甲，也有覃姓充当父甲的。每姓都有固定的管辖地区，上甲和外甲的父甲由冯姓目家充当，北甲和盛甲由赵姓目家充当，令甲和田甲由李姓目家充当，中甲和下甲由黄姓目家充当，覃姓管立甲。

图2-3-9 安平会仙岩土司与土民塑像（何农林 摄）

（三）土民阶层

"土民"即土司治下的农民家户。从范成大的《桂海虞衡志·志蛮》上述引文的记述中可以看到，在宋代，所有的农民均被固定在村落社会里，由土司"计口给田"。根据给田的类型，农户的身份得到了界定，但土地原则上则归土官所有。土官将治下的田划分为不同的范畴，耕种不同范畴田的农户要为土司承担不同的赋役。承担土司租赋的田称为"庄田"，承担各种劳役的田称之为"役田"。这样一来，农户的身份不但因其土地的性质而得到了界定，而且还由土地的继承而得以延续与再生产。这样的农户也因故被称为"田子"，其壮语自称或他称叫"勒那"（勒是孩子的意思，那是水田的意思）。土司就是通过核心资源土地的绝对控制来控制土民，维护其统治。土民完全依附于土司。

在土民之下，还有所谓的家奴。家奴最初的来源是该土司社会之外的成员。根据范成大的记载，他们既有可能来自对异族（山獠）的掠夺，也有可能来自市场购买，其身份也通过婚姻而世代传递下去。相对于"土民"而言，这部分家奴并不享有土司给予的份地，而是以奴隶的身份替土司耕种土地或从事其他杂役。以万承州为例，土民中又分几个层次。住在九甲（即上、中、下、外、田、令、立、北、盛等）84村的通氓（土语，全民之意），可参加科举考试，耕官田按规定交纳租粮赋，有时也要为土官服役，但负担的夫役较轻，对土官尊称为"大老爷"，对官族称为"老爷"，称目家为大爷、二爷，用壮语自称"妈槐"（"妈"汉意是"狗"的意思，"槐"是汉意为"奴"的意思）。其次是上下弄人，他们的社会地位与九甲通氓差不多。他们虽然不用服役，但不能参加科举考试。今昌明乡钦中、钦下两屯的人，便是他们的后代。再次是耕番田的番内人，他们所受的限制与通氓、上下弄人大致一样，但服劳役较重，社会地位比上下弄人更低。此外，还有随土官妻子陪嫁而来的家奴，在她们所服侍的土官夫妇未死前，不能离开官衙，社会地位更低下。这种等级划分十分严格，任何人都不能逾越，如不遵循，就被毒打或罚款甚至囚禁。

（四）客民阶层

从明清开始，随着商业向土司地区的渗透，客民这一社会阶层在广西土司社会内逐渐形成。土司地区的客民多是来自广东、湖南等地的汉人。他们多为居住在大新圩镇上的汉人客商，他们的到来使得当地的语言结构发生了变化，圩镇上日常语言开始变为广东粤语或西南官话。这些人不是土官原来的属民，也不是土官的部属。他们有较优越的经济地位、更广阔的知识背景以及与汉人社会的广泛联系，因此当地官族不敢歧视他们，他们与当地土司间形成了相互依赖有时也相互竞争的关系。来自广东的商人大多数在各地码头边建起用于交流的会所，也就是至今随处可见的粤东会馆，他们对官族可以用"你""我"平等的称谓，可以和目家甚至官族通婚，但坚持不与乡下的壮族通婚，尤其是耕种役田的贫民。尽管在仪式与行为上他们不敢与官族分庭抗礼，但他们在土司地区的社会地位越来越重要，成为仅次于土官官族的一个社会阶层。与客商相类似的还有来土司地区开荒种地的客民。这批客民耕种的是"民田"，缴纳的是国家的赋税，因此只是行政上隶属于土司辖区管辖。以下雷土州为例，居住在街上的外来商民和工匠有人身自由，不负担劳役和纳贡，成为高于农奴之上的"街上人"，农奴用壮语称他们为"大爷""篾娘""少爷"等，他们对农奴用壮语称"蔑婢""布叔"或"曼冷"（脏人）、"布弄"（山里人）。

二、土司特权

土官就是"土皇帝"，是辖区内的最高统治者，辖区内的任何人不得违抗。民间传说下雷、万承土官有"先斩后奏"的权力。大新在建立土司制度之前，族长享有较高威望，能协调处理族内的各种纠纷，维护村寨稳定。实行土司制度后，土司地区的司法管理被纳入中央王朝的系统当中，两套系统融合，促进双方的调整完善。

当土民为田地家产等事宜发生纠纷时，土司便扮演官府角色，发挥仲裁的作用。如安平土州百喇屯家奴农世钧说："早于五代以前，我家有十五亩私田，一度典卖给恩城州的人，后赎回时，官族李世秀仗势恫吓我们，说田是他的，要求用几贯钱赎回。后告到官府，（土官）李德普以李世秀无凭无据，难以袒护，终将田划归我家。"[1] 土司制定条文明确规定，凡农民典当或买卖自己的民田，要把三五贯以至十贯钱交到衙门，买取盖有土官大印的契约，方能生效。[2]

---

[1] 广西壮族自治区编辑组、《中国少数民族社会历史调查资料丛刊》修订编辑委员会：《广西壮族社会历史调查》（四），北京：民族出版社，2009年，第48页。
[2] 广西壮族自治区编辑组、《中国少数民族社会历史调查资料丛刊》修订编辑委员会：《广西壮族社会历史调查》（四），北京：民族出版社，2009年，第27页。

当地方社会不安定时，土司便成为地方社会秩序的维护者。如安平土州科乔村，人们常遭土匪抢劫盗窃，后经众人商议，要求土司衙门予以保护。土司答应农民的请求，但同时提出的条件是将村里一定的田产送给土司作为养兵之用。①

此外，土司利用手中的管辖权，制定剥削民众的律法条文，推文实行。例如万承土官规定：辖区内民众每年农历三月初三、七月十四、霜降、春节等几个节日，都要向土司进贡。三月初三，每甲贡糯米100斤、猪肉20斤；七月十四，每甲送白米100斤、鸭12只；春节，贡糯米、阉鸡、柑果等若干。如果不贡，则作抗粮论。茗盈土官规定：全州每年要筹给他熊胆4只，山羊血若干斤。全茗土官规定：每年春节，四方要送大阉鸡4只，糯米50斤，称为"拜年礼"。②这类要求辖区民众在逢年过节时向土司进贡的条例比比皆是，民众在这些条例的压迫下，只能服从管理。

土官的婚嫁一定是官族对官族。他们的女儿宁愿孤身，也不愿嫁给百姓为妻。土官和官族的婚嫁、葬礼隆重程度可以不受限制，土官住的官衙可以雕龙画凤，开麒麟门，外出可以骑马坐轿。而百姓结婚则不能打锣、吹唢呐和坐轿。丧葬不能打锣，坟前不能立石碑和石柱。例如，茗盈土官李维钧娶正妻时，礼物件件成双，猪、羊、鸡、鸭、鹅样样都有。婚日，三班六房的人马、亲兵、练勇、长号、鼓手等都去迎接新娘，扛着36面旗子，龙、凤、虎、金鼓、金旗、三角旗、蝴公旗等。还征调民夫一二百人，土官坐上玻璃窗轿，浩浩荡荡到新娘家迎亲。女方配礼应有尽有，还送来供服侍的男、女佣。宴席期间，全州各村头人、功名绅士都前来贺喜。土官丧葬礼节行古代大夫礼，用旗鼓送殡。斋期有49天、42天、21天，请僧道带路到河边取水给死者洗身。办丧期间，各村头人都来吊祭，功名人送来挽联。办丧时动用练勇保卫。

三、土司权力的实践

土司世袭规定要正房嫡子、直系血统，绝嗣则由诸子中或二房嫡子继任，若多子则以长者为先。嫡子年幼未满15岁，不能接任官职，由最亲旁系协理，

---

① 广西壮族自治区编辑组、《中国少数民族社会历史调查资料丛刊》修订编辑委员会：《广西壮族社会历史调查》（四），北京：民族出版社，1987年，第213页。
② 大新县地方志办公室编：《大新土司志》，南宁：广西人民出版社，2013年，第65页。

长大后方能承继。在土司社会内地位的高低取决于与在任土司系谱关系的远近。与土司较近的宗亲，除了可以觊觎土司的职位外，也可在土司的管理体系里谋取一官半职。世袭虽有一定的规例，但族内对承袭的纷争是激烈的。以下从《大新土司志》选取茗盈州、全茗州、安平州、太平州四州土司的权力争斗。

清末茗盈州土官李如珍，因与族内兄弟不和，仇恨加深，向上妄禀族目、民人30多人"为匪"。太平府追查下来，事情暴露。李如珍受府台革职，随即气而病死。李如珍一死，族内依然争斗不休，太平府便委全茗土官兼理一年。当时第六房元配之后裔，企图承袭，因无钱贿赂府上，被冒认官族李生馥用金钱收买养利州李恒春（任州职流官）替他上禀做了一年协理，后又由养利州李恒春、李吉寿等人协理。

全茗州土官许长椿，因先天迟钝，不得承袭官职，而传给孙子许有品。许有品无嗣，死后族中议立族侄许绍勋承袭嗣子，但绍勋未满15岁，太平府便委任府学廪生许长树协理州政六年。后许长树被龙英土州赵宣德毒死，其后太平府便委赵宣德之弟护印执政。不到两年宣德弟死，太平府又委赵宣德兼理州务。不久，宣德推举官族府学廪生赵祖谦协理州务八年。这时，许有品的嗣子许绍勋年足15岁，上报太平府接理政事。清末民初改流后，许绍勋去官，买架缝纫机回老家巴林屯居住，因吸鸦片又赌钱，没几年倾家荡产，后来去做小偷。有一次，在街上偷别人的东西，被流官抓获绑在街头，弄得名声扫地。

安平州土官李超绪生一子李英，因为争袭，被弟弟李超荣的老婆用毒药毒死。嫡子已死，官职由谁承接？最后选定了李德普为嗣，庶出的大儿子李德明到处哭诉说不公平，应该由其来当土官。

太平州土官李光猷（与李光裕同世）寿终正寝、无嗣。按规定应是嫡系亲属胞弟李光明庶出承继，但光明与光猷不睦，光猷妻主张以疏侄李珧继位，可是李氏宗祠族长不同意，结果争议不决。争议中，光猷妻表面让步，但是在祭丧仪式上却暗中让李珧承继。李珧上台也不容易，用八担纹银行贿太平府，杀害了3个族内的造反人。李珧上台后，族长李光垂不服，召集族老会议，李光猷有个妹妹也同时召集各团甲长以上和拉拢部分百姓手持长矛大刀进行集会。会上，光猷妹宣传承袭惯例，号召到会的人进行表决，结果一致同意李光

图 2-4-1 土司时期下雷土司官田（临江田园，土官官族许宗佑为保卫这一土地与越南侵略者作战牺牲并葬于围城）（何农林 摄）

明嗣立，现场的人叫喊杀掉李珆，族老会议也同样叫喊要杀掉李珆。李珆的父亲李光弼听到后害怕了，连夜把李珆送到榄圩乡下躲起来。到榄圩后，又被包围，李珆无法，只得逃往他处。支持李珆继位的李光猷妻孤立了，只得乞求李珆的师塾欧湘韩（贡生）出面招架，并给纹银由欧湘韩到太平府贿赂，控告李光明、李光垂等人勾结百姓反清夺权，要求府台严办。太平府官员受贿后不问情由马上究查，处死李光明、李光垂等人，对附和胁从者也追究十余人。李珆在任期间还千方百计毒死反对过他的李光垂的儿子。[①]

第四节 大新土司时期的土地制度与税赋

在土司统治时代，土司辖地治下的土民没有土地所有权和使用权，他们除了为土司提供繁重的无偿劳役和当土兵外，还要向土司缴纳或进贡各种实物，这种封建农奴制，就是土司制度的经济基础。在这种经济制度下，土司辖区内的土民深受封建统治和土司盘剥的双重压迫，生活于水火之中。

---

① 大新县地方志办公室编：《大新土司志》，南宁：广西人民出版社，2013年，第158—162页。

图 2-4-2 土司时期养利土司官田（今八万桥田园）（何农林 摄）

一、土司时代的土地制度

土司时代，土司对土地的管理实行"官田制"，诚如前文所述，土官将治下的田划分为不同的范畴，耕种不同范畴田的农户即为土司承担不同的赋役。根据张江华的研究，"在广西所有土司地区，土官统治与控制地方社会的基本策略首先是将其辖区内的所有土地资源掌握在手中，其次是依据统治需要确定每块土地所承载的社会职能，使土地具有不同的社会属性，最后土官再将这些土地分授给其社会成员。社会成员也依据其所获得的土地的属性分属不同的社会阶层，承担相应的社会职能"[1]。因此，在这一治理策略下，土官在田地前安上名字，种什么样的田就要纳相应的税。如挑水田、旗锣田、扫墓田、抬轿田、看猫田、铲马屎田、扫地田、监路田、土兵田、养猪田、粮田、卵田、番田、地利田、杀鸭田、鸡田、猪路田、蒸尝田等 20 多种，老百姓种了这些五花八门的田，除了交地租外，还要给土官常年负担无偿的

---

[1] 张江华：《科举、商品化与社会平等：清代广西土司社会的"文明化"》，《社会》，2020年第2期。

各种夫役。从土地性质来看，土司时代的土地可以归为"官田""目田""造田"三大类。

"官田"就是土官直接掌控并授予土民耕种的田。在"官田"这一总的名目之下，既有缴纳地租的"庄田"，也有专事服兵役的"兵田"，还有承担各类夫役的"役田"①。其中"役田"的名目最为繁多。

"目田"是土官授予土目这一阶层的土地，是土官为土目充任土官僚属和地方代理人的报酬与奖励。"一些为土官立过大功的土目，土官也可能如中央王朝的皇帝奖励其功臣一样授予其一些可以世代继承的土地，理论上土官也可依据其意志收回这些土地。"②

"造田"则是土民自行开垦的荒地，"因其数量少，单位产量不高，且距离较远，土官一般不予重视，土民因而可以在家户内继承甚至可在家户间

① 张江华：《科举、商品化与社会平等：清代广西土司社会的"文明化"》，《社会》，2020年第2期。
② 张江华：《科举、商品化与社会平等：清代广西土司社会的"文明化"》，《社会》，2020年第2期。

转让。但是，一旦这些土地被土官看上，土民通常也只能拱手相让"①。从宋代开始，土民即已开始在一些边远地带自行开荒，拥有土官控制之外的自造田。这些由土民自行开荒的"造田"可以在本阶层内交易。以安平土州为例，土官把境内生产条件较差、比较分散而不易管理的土地，分由各村屯农民领种。当时这些田地产量很低，难以提供较多的粮食给土官，而土官只能榨取少量的赋税和实物贡纳，而把自己的大量需要，由种田的农奴以苦役的形式支付，称为"番役"。因此，这些田被统称为"那番"，即役田。

图 2-4-3 下雷土司民田（何农林 摄）

图 2-4-4 万承土司民田（何农林 摄）

二、土司时代的税赋

从税赋种类来看，土司时代大新的税赋名目之多，范围之广，反映了土司压榨人民程度之深。明清时期，朝廷下拨土司地区的经费极少，每年除了划拨纹银 10 两左右给土官作为"耗羡""养廉"费用外，其他薪俸全无。土官的所有费用，全部取之于民。除征粮税外，还有力役之征，布缕之征。规

---

① 张江华：《科举、商品化与社会平等：清代广西土司社会的"文明化"》，《社会》，2020年第2期。

费名目繁多，如若柴马、若工墨、若贡品袋璜、闰年耗银、田例、额夫、纳鞭之墨、火耗、坐平、余平、扣水、加码、随封、赎单、羡余、比较、经解、长捐、雇夫、月米、边规、地庙、底素、串票、飞粮、役谷、拆免钱、委牌钱、稿堂钱、汉堂当递、地利算禾谷等30多种。①

从税赋的程度来看，粮赋的多寡，不以田为标准，而是以土官口判为凭，所以各地税赋是不公平的，加上隶属头目插手，流弊之多更是无底洞。②如万承土州，百姓除了种田纳粮税外，还要纳屋税、鱼塘税、牛税、马税、猪税、鸡税、鸭税、田契税、酒税、糖税、打柴税、地摊税、人头税、招赘税、道公巫婆税等。全州农民耕种正粮田、官田、番田、官族田或地主田，都要纳税。正粮田，每百亩要纳150斤谷（折合6亩收谷700—1000斤的水田面积）。清乾隆四十八年（1783）后，每甲除征收正粮银元数外，还加征、加派、苛捐杂税，如间年、耗粮、田例、额夫、折包钱、汉堂当递、地利算禾谷及月米柴担、边规、底素、串票、飞粮、役谷、委牌谷等，总数达1611两6钱7分4厘白银。还要交"糇丁""米石""后门粮"之类的额外粮。连正粮在内每年全土州缴纳白银达2000多两。清光绪年间谷物价格较贵，每两银子只能买1石谷，全州农民每年向土官交纳的谷物达2000多石。而这时期又恢复了康熙"加耗"和乾隆"三加耗羡"的旧例，故农民每年缴纳的粮赋实际不止此数。赋税太重，农民如无法交清，便成为土官狱中的囚犯。

安平土州各种税收名目繁多，尤其是每年过年前最热闹的三个圩日，土官派出差役、土兵，按摊收税，如卖甘蔗的取甘蔗一根；卖青菜的，交一把青菜；卖米卖豆卖各种粮食的，每担取一筒（半斤）；卖鱼的交1条鱼；卖猪肉的交1斤猪肉。成千上万的人赶圩都要上交一些，最后送入衙门。③

从税赋的形式来看，除要交纳各种沉重的费用外，人民还要付出沉重的劳役地租，这个也是土司剥削农民的重要手段。土官地租有劳役、实物、货币三种。以劳役地租为主的劳役名目繁多，征调夫役频繁，农民负担苛重。实物和货币地租，除交纳实物和银钱外，也要给土官出些夫役，但没有劳役地租那么多。④

---

① 大新县地方志办公室编：《大新土司志》，南宁：广西人民出版社，2013年，第60页。
② 大新县地方志办公室编：《大新土司志》，南宁：广西人民出版社，2013年，第60—61页。
③ 大新县地方志办公室编：《大新土司志》，南宁：广西人民出版社，2013年，第60—61页。
④ 大新县地方志办公室编：《大新土司志》，南宁：广西人民出版社，2013年，第62页。

例如，太平土官劳役地租名目很多，有下列几种：

鼓手田：土官有红白事，必须吹唢呐、打鼓等。每月初一、十五土官去行香拜庙和新年开印等活动，吹鼓手都得去吹打。这类在粉村约有四亩。

打柴田：田亩数是看山里的柴多少而定。种这类田的人，每年要给土官打柴3000—5000斤。

打炮田：每逢土官有吉凶事，种田者都得为土官打地炮。

旗田：土官每月行香拜庙或迎接上级官员时，由耕种旗田的人扛大旗。

蒸尝田：土官为春秋祭祀而置许多田，每年祭祀时，农民服这种劳役。

抬轿田：负责土官出巡、嫁娶用轿。耕种抬轿田者必须随叫随到，土官的马房，每日要按时打扫干净。

郎头田：由各村头目耕种。他们负责帮土官催粮。

山羊田：在品现乡的四纬、江巴村有此田。种山羊田者，每年要猎取山羊送给土官，否则加倍交纳代金。

勒置田：这些田交给附近的百姓耕种，每年春秋二祭或红白事，调来为土官打杂役。喜村、岜朝、岜零等屯群众，服这种杂役最多。如岜朝屯，每天派去两人轮流替土官服役，周而复始。他们身份较内家奴高一些，称为外家奴。

以上这些田，称为役田，都是土官所有。种这类田的农民，多是有自己的家庭，也有自己的生产工具，要靠种这些田维持全家生活。他们免交田租，只服劳役，世世代代被束缚在这块土地上，社会地位低贱，为人所歧视。[①]

明、清时期（大新县所属各土州）税赋及其他各土州官吏俸禄：

安平州判，额俸银四十五两，养廉银一百两。门皂、书办、马伞夫共十二名，岁支银七十二两。土役六名半，支银十八两。

太平州州同，额俸银六十两，养廉银一百二十两。各役夫共十二名，岁支银七十二两。

万承州州同，同上。

下雷州吏目，同上。

（按：辖地较小或政务较简之土州县均未设置佐贰流官）

[①] 广西壮族自治区编辑组、《中国少数民族社会历史调查资料丛刊》修订编辑委员会：《广西壮族社会历史调查》（四），北京：民族出版社，2009年，第82页。

图 2-4-5 大新县壮族古代生产生活用具（许海萍 摄）

清代（大新各土官）俸禄：

太平土知州，无俸，耗羡、养廉银二十两八分九厘。

安平土知州，无俸，耗羡、养廉银十三两五钱九分三厘。

万承土知州，无俸，耗羡、养廉银二十七两四钱九分三厘。

茗盈土知州，无俸，耗羡、养廉银七两四分九厘。

全茗土知州，养廉银六两七钱四分三厘。

下雷州土知州，无俸，养廉银五两二钱二分二厘。①

明、清（大新各土司）贡赋：

备买马应用。……万承州下等马二匹，安平州下等马二匹，全茗州下等马二匹，恩城州下等马二匹，以上每匹折银一十二两。

洪武二十六年（1393）定各明代朝贡规定：广西土官例有贡马，嘉靖四年（1525）奉勘合折银贮库，以国朝贡使人及土官承袭之制。按《大明会典》，凡朝贡方物，洪武二十六年定：凡诸蕃国及四夷土官人等或三年一朝，或每年朝贡者，所贡之物，会同馆呈报到部，主客部官赴馆检点见数，遇有表笺，

---

① 《广西土司制度资料汇编》（第三册），南宁：广西博物馆，1961年，第362页。

图2-4-6 养利州土司官田（今桃城镇社隆田园，曾割让龙英土司）（何农林 摄）

移付仪部。[1]

贡马：

广西土官例有贡马，明朝嘉靖四年（1525）奉勘合折银贮库，以备买马应用。（其中，所属大新的土州贡马如下）：

万承州下等马二匹

安平州下等马二匹

全茗州下等马二匹

恩城州下等马二匹

（以上每匹折银一十二两）

清代土司额贡 广西布政司所属土司岁贡马，折等银六百三十三两有奇。[2]（《大清会典》）

---

[1]《广西土司制度资料汇编》（第三册），南宁：广西博物馆，1961年，第374—375页。
[2]《广西土司制度资料汇编》（第三册），南宁：广西博物馆，1961年，第374—375页。

太平、安平、万承……八土州，各贡马二匹。

（原领恩城土州贡马二匹，雍正十一年改流后豁免）。

全茗、茗盈、下雷等土州各贡一匹马。……每匹折银十二两。

乾隆二十八年（1763）钦奉恩旨：马一匹减银四两，定为八两，以乾隆三年为始，永著为例……①

清代（大新各土司）税赋

下雷州，应征秋粮折色米一百石。应征地粮熟银七十两（内存留银六十七两五钱二分，起运银二两四钱八分）。遇闰加征银五两六钱二分七厘。

太平州，应征秋粮折色米二百九十三石七升四合四勺。应征地粮熟银三百三十一两七钱七分八厘（内存留银一百九十一两二钱六分七厘，起运银一百四十两五钱一分一厘）。遇闰加征银一十一两九钱七分六厘。

安平州，应征秋粮折色米五百八石二斗五升。应征地粮熟银四百四十两八分五厘（内存留银二百二十八两七钱，起运银二百一十一两三钱八分五厘）。遇闰加征银二十一两七钱五厘。

万承州，应征秋粮折色米五百八石二斗五升。应征地粮熟银四百四十两八分五厘（内存留银二百二十八两七钱，起运银二百一十一两三钱八分五厘）。遇闰加征银二十一两七钱七分五厘。

茗盈州，应征秋粮折色米一百三石。应征地粮熟银九十七两一分五厘（内存留银七十七两三钱，起运银一十九两三钱七分五厘）。遇闰加征银七两七分六厘。

全茗州，应征地粮熟银一百五十三两四钱八分五厘（内存留银九两七钱三分三厘，起运银一百四十三两七钱五分二厘）。遇闰加征银三两八钱五分。

（另：养利、恩城二州已改土归流，其应征未见记载）②

清代流官承审（大新所属土司）事件安排：

左州承审太平、安平二土州，（罗白土县，今属江州区）命盗事件。

养利州承审万承、全茗、茗盈、（龙英，今属天等县）四土州命盗事件。

下雷、（上映，今属天等县）二土司命盗事件则由归顺州承审。③

---

①《广西土司制度资料汇编》（第三册），南宁：广西博物馆，1961年，第375—376页。
②《广西土司制度资料汇编》（第三册），南宁：广西博物馆，1961年，第380—381页。
③《广西土司制度资料汇编》（第三册），南宁：广西博物馆，1961年，第362—363页。

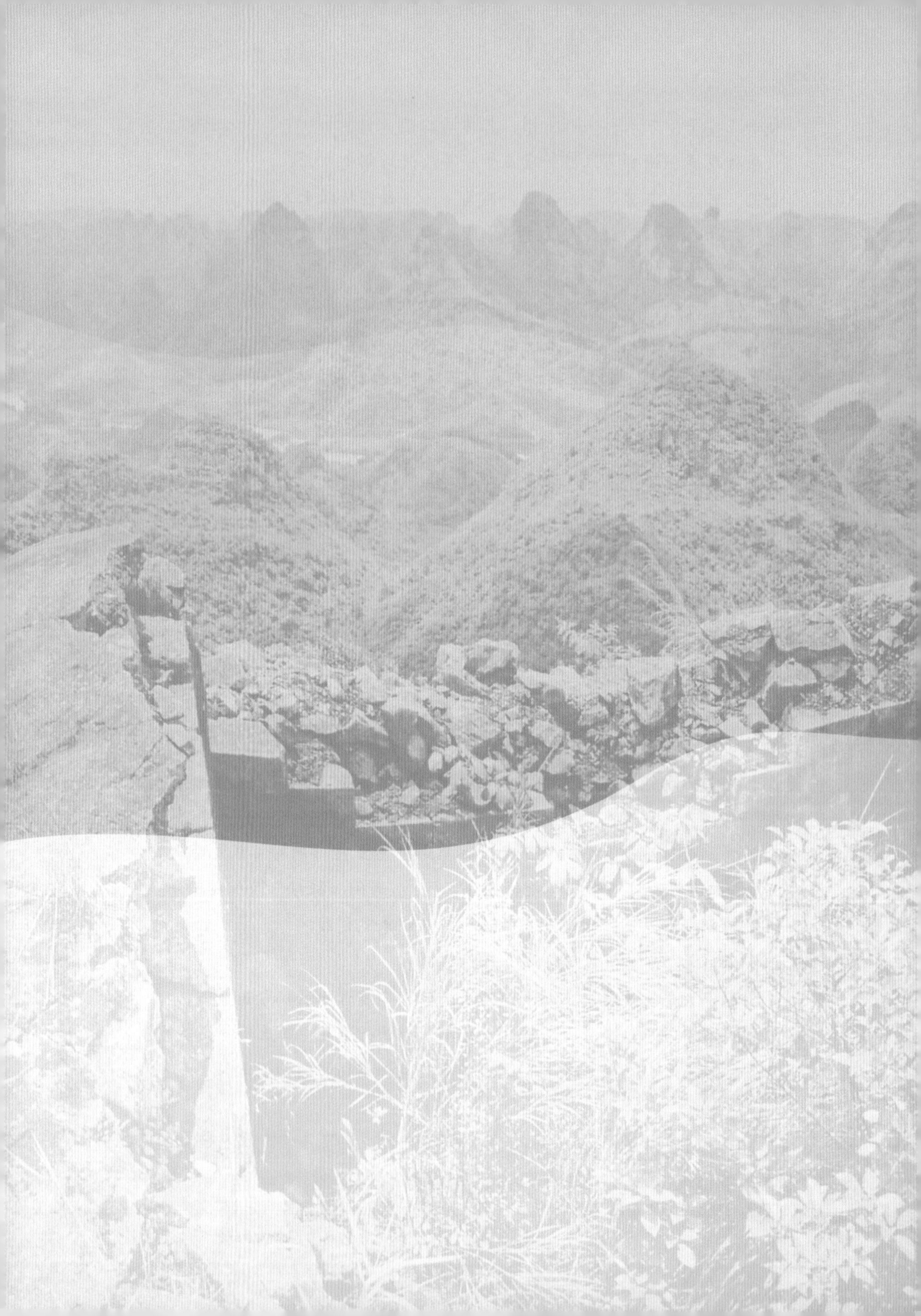

第三章
情怀：红棉古道今尚在

　　土司时代，大新山多地贫，人烟稀少。由于边境社会复杂，各土司不仅经常遭受内乱影响，还经常遭受外敌入侵。在这动荡的社会环境中，土司主要带领土民建设家园、发展经济和提高生活水平，在内乱和外侵的非常时期，他们则在保卫家乡、保卫祖国和边防建设中做出不少贡献，有不少土司献出了宝贵生命，他们的鲜血染红了家乡的红木棉。

第一节 土司州衙廨宇与"九街十三巷"

土司衙署与土官的居所是一个整体。如安平土州所在地街道巷口纵横交错，形成九条街道十三条小巷道，是远近各种货物交易的集散地。楼台亭榭布置巧妙犹如天成，酒肆歌台一派繁华，人们习惯把安平土州又称"九街十三巷"。"九街"是指归行划市各产品交易场所的街名：正街、新街、猪行街、都楼街等，其中猪行街曾经盛极一时，周边许多土州及相去甚远的邕州等地客商慕名而来。各土司既重视政治经济文化中心的衙门驻地建设，又重视乡村圩市、村屯、民居、道路等建设。

一、土司州衙廨宇

古代官署称衙门，既设州府就会建有衙门。偏安一隅的土州，虽然仄小也如麻雀五脏俱全，所设州府衙门作为统治机关，是对辖区治理的权力象征。大新境内的八个土司，自唐至宋元时期羁縻州先后发展而成。各土州衙门摆布因地制宜，或坐南朝北，寓意忠于朝廷，也有东西走向，其占地规模大小不同，但各土州衙布局几乎趋同。据一些史料描述及明、清的衙门遗迹得知，既有汉族署衙式风格，又略带壮族地域的独特元素，一般都是五进四院的格局，只是因时或因地稍加修整完善或扩大而已。

明代万历三年（1575）《太平府志》记载大新六土州衙（因下雷土州当时尚属镇安府辖管，养利州已改土归流）如下：

万承州，正堂：三间。东西各五间。仪门：三间。鼓楼：三间。土官廨舍：五间。州门铺。

全茗州，州署：旧建竹茅，今尚仍之。

茗盈州，正堂：三间，东西廊各五间。仪门：三间。鼓楼：三间。土官廨舍：楼房五间。监房：三间。州门铺。

太平州，正堂：三间，东西廊各五间。仪门：三间。鼓楼：三间。土官廨舍楼房：五间，左右有厢房。监房：三间。州门铺：尤山铺、坦铺、斌村铺，以上三铺，递送公文。

安平州，正堂：三间，东西廊各五间。仪门：三间。鼓楼：三间，即州署大门。后堂：三间。土官廨舍：楼房五间，左右厢房。监房：三间。州门铺。

恩城州，正堂：三间，东西廊各五间。仪门：三间。后堂：一间。土官廨舍：五间。监房：一间。公馆正厅：三间，东西各三间。大门：三间。后堂：三间。州门铺、榜六铺。

可见，元、明时，大新各土州都建起一定规模的州衙建筑群，治理的各项功能日渐显现。貌似风光显耀的土司，他们的衙门与土官威望一样，是一砖一瓦累积起来的。明景泰四年（1453）《重新恩城州治碑》：公宇未暇构，创庐侨居。并记述土司赵福惠即位的艰苦创业与守业：越正统戊午（1438）春……首创堂室户牖……故莅政有堂，阖室有舍，庖廪有次，巨川有济，百尔器备。自唐就设羁縻州的恩城，到了明代，它的土司衙门还是那么简陋，举步维艰。况且各土州地窄偏小，物产匮乏，加上生产力极其低下，经济发展十分滞后。尤其是封建王朝奉行土司"众建寡力"的政策，各土司原本不甚雄厚的实力，财力自然捉襟见肘。同时，部分土司衙门因战乱或灾害而几经迁址或重建。养利州由旧州迁至弄豆屯附近今址。太平州于嘉靖二十七年李栢在任土官时，把州治迁到下渡屯，康熙十年知州李开锦迁于荡怀即今州治。茗盈州也换个新址创建。恩城州则于清代从岜白山脚迁至对岸今址。如此折腾迁移改建也极大消耗本来不甚丰厚的财力，加重土民的劳役负担。经济实力不济也制约边地土司衙门的建设规模，与内地土司衙门的规模宏大不可同日而语。

时至明末，大新各土司衙门并未得到较大改观。著名地理学家徐霞客1637年农历10月涉足大新之境，他笔下的几个土州衙门景象：

太平州：州中居舍悉茅盖土墙，惟衙署有瓦不甚雄。①

安平州：其宅较太平州者加整，而民居不及。馆乃瓦盖，颇蔽风雨。然州乃一巨村，并隘门土墙而无之也。②

恩城州：过梁，即聚一坞，是为恩城州。宅门北向，亦颇整，而村无外垣，与安平同。③

下雷州：州治在大溪西岸，即安平西江之上游所云逻水也。——西之为界者，今止一山，（州衙即倚之）其外皆莫境矣。州宅东向，后倚大山，即

---

① 徐弘祖：《徐霞客游记》，上海：上海古籍出版社，2010年，第160页。
② 徐弘祖：《徐霞客游记》，上海：上海古籍出版社，2010年，第161页。
③ 徐弘祖：《徐霞客游记》，上海：上海古籍出版社，2010年，第164页。

与莫彝为界者。垒乱石为州垣，甚低，州治前民居被焚，今方结庐内间有以瓦覆者。①

徐霞客眼中的几个土州衙，无非比当地的民居茅草房稍好点，就是稍规整且盖上瓦片而已。而万承、全茗、茗盈等土州虽无缘徐霞客涉足，想必也不见得比徐霞客所见"土州"好到哪里的。毕竟，明代时期，限于当时各土司的经济条件和能力，各州衙的建设与规模，都普遍比较简陋。而跟全茗、茗盈、万承、养利等州接壤的龙英土州（今天等县龙茗镇），徐霞客笔下却是另一番景象："其境颇大。……外残垣与宅后俱厚五尺，高二丈，仆多于立。土官州廨北向，其门楼甚壮丽，二门与厅事亦雄整，不特南、太诸官廨无，即制府亦无比宏壮。"②龙英土州自然条件较为优越，地广肥沃，经济实力雄厚。

到了清代中期，大新各土司衙门虽有所改观，但依然变化不太大。据（清）雍正《太平府志》记载：

太平土州署，嘉靖二十七年（1548）知州李柏迁于下渡。康熙十年（1671）知州李开锦迁于荡怀即今州治。正堂三间，东西廊各五间，仪门三间，鼓楼三间，楼房五间，左右廊房。③

万承土州署，正堂三间，内宅五间，后堂三间，内宅五间，左右厢房监房三间。④

安平土州署，正堂三间，东西廊各五间，仪门三间，护楼三间，后堂三间，楼房三间，左右厢房监房各三间。

恩城土州署，正堂三间，后堂一间，内宅五间东西廊房各五间，仪门鼓楼各三间，监房三间。

茗盈土州署，正堂内宅各三间，东西廊房各五间，仪门鼓楼各三间，监房三间。

全茗土州署，正堂三间，内宅五间，东西廊房各五间，仪门鼓楼各三间，监房三间。⑤

---

① 徐弘祖：《徐霞客游记》，上海：上海古籍出版社，2010年，第162页。
② 徐弘祖：《徐霞客游记》，上海：上海古籍出版社，2010年，第161页。
③ 故宫博物院编：（雍正）《太平府志》，海口：海南出版社，2001年，第121—122页。
④ 故宫博物院编：（雍正）《太平府志》，海口：海南出版社，2001年，第122页。
⑤ 故宫博物院编：（雍正）《太平府志》，海口：海南出版社，2001年，第122页。

可见，仅靠各土司单打独斗及土民的无偿劳役，是难以同朝廷州府支撑和流官克勤克俭经营的养利州所相提并论的。

养利州署州治三迁，弘治十一年（1498）知州罗爵始建衙舍，朝对中峰，中为正堂三间，左为赞政堂，右为龙亭仪仗库，又后为堂三间，前为仪门三间，左为土地祠，右为迎宾馆，大门外有申明旌善二亭，大门上鼓楼三间……国初（清）知州傅天宠改旧公馆为署，自后沿为州署。康熙三十年（1691），知州汪溶日捐资修建于大堂，左建仓一座五间，东西各建仓一座八间，又两廊列六房各三间，仪门外左盖土地祠一座，右盖羁候所三间。[1]

养利州是大新境内八土司中第一个改土归流的。虽然历经反复争斗，流官最终如愿掌控了州治的主动权。

元皇庆二年（1313），交趾（越南）入侵掳掠养利州（时治所在今那岭乡旧州一带）。不久，养利州治被迫迁至弄豆屯附近的今址桃城，发源于龙英州蜿蜒而流的通利江与万承州而来的东溪水两相交汇，无疑构成一条天然的生命长河和一道难得的御敌屏障。经过数十年的苦心经营，州城终成规模，渐渐恢复养利州昔日的荣光。在养利（旧州）被交趾掳掠36年之后的腊月，赵家土官老爷们登上新州城郊外孤峰，回望新建而日见规模的州城——养利城，自豪地感叹题壁"东南西北尽人家，楼台鼓角度年华""官列封侯居第一，声名胜过各城衙"。文词虽然简陋笨拙甚至粗俗，但却是从土官心底迸发而出的自豪和夸张自大。

明永乐二十年（1422），养利土州当家的赵文安土官对周边的几个土州陡起侵占野心而杀人越货，恰好给朝廷改土归流以口实。从而开启大新土司改流的先河，加速了封建王朝对边地的直接统治和中原文化的传播。

养利州的改土归流过程并非一蹴而就。常言"强龙难斗地头蛇"，被废黜的赵家土司，虽然已非从前的"土皇帝"，也不敢明着跟朝廷派遣的流官对着干，但暗斗是少不了的。几经相互争斗，赵家土司嚣张气焰渐熄，而朝廷命官的威风也点滴拾掇起来。一拨拨流官别离故土，远赴充满瘴气和聚居"蛮人"的边地，尽管内心多有不甘，但还是头戴官帽身着官服手持官印，随着书童仆人走马上任，怀着"修身、治国、平天下"的古训，远赴"斗绝孤悬，当土彝之要冲，为盗贼出没之区"的养利州。史料能见的第一位养利流官——

---

[1] 故宫博物院编：（雍正）《太平府志》，海口：海南出版社，2001年，第121页。

图3-1-1 清代下雷土司配合边防军守疆固土的靖边城（何农林 摄）

李英，明成化十五年（1479）到任。诸多流官的到来，开启养利州城的改建热潮。其中，为政出色的几位知州：罗爵，江西吉水举人，明弘治八年（1495）到任后走访耆老询民风，兴建州衙，同时建起学堂教授知识兴文教，让本目不识丁土州民众逐渐接受中原的礼教。弘治十四年（1501），罗爵从紧缺经费和自己盘缠捐出所余，发动好友同僚众人捐资，择良辰吉日，开工修起养利州土城墙。越明年，原先四面敞开的养利州便有简陋的土坯墙，城池有个新景象。街头巷尾都争相传颂知州大人破天荒的壮举美事，衙门内官员的腰板也挺直起来。罗爵听在耳里，乐滋滋于心上。不久，罗爵调任他方。由同为江西安仁（今余江县）举人童凤接任，续建未完工程。也许，罗爵与养利情缘未了，弘治十八年（1505）又重回养利知州，又大举建桥铺路，完善前建的永济桥，又新建迎恩桥（今称壮校桥旁）、密江桥、四达桥，把养利土州渐成众土州交集的中心。罗爵因政绩突出而擢升，万历十二年奉文遵送入祀。云南临安人王之绪于万历三年（1575）鼎建学宫，重修州署。又过几任后，福建福清人叶朝荣，于明万历十一年（1583）接任养利知州。他继续"延师立社"兴文教，引水灌田，革除供给有功德于民。尤其"甃石筑城"，开启养利州筑石城墙之发端，后也"奉文遵送入祀，特进上柱国"。百姓念其功而自发建叶公祠以祭祀。万历十九年（1591），广东平饶人许时谦到任，"以城内旷空地改建北楼，减十之三，石城周圈三百七十九丈，高一丈三尺。城垛六百四十个。东西南北城门楼并水闸门、小西门共六座"。①许知州，为养利殚精竭虑，劳苦功高，在利江上今尚存"许公桥"的题字和遗址。

养利城于"明末戊子遭变，颓塌大半"，一场特大洪水冲垮了大半个城池，有个来自山西的傅天宠知州，不仅续编《养利州志》，又将城墙修复完固。但是，养利城注定风雨飘摇，康熙四十年四月，连续十几天的暴风雨冲垮城墙。又经王乾德、章泰、汪溶日等几任知州相继修复得以复原。养利州城，自明弘治十四年（1501）至清康熙三十三年（1694），历经近二百年终成完整坚固的州城。传说因城内每年三月开满桃花而名"桃城"，也另有一说是从州衙后观音山俯视州城状如桃果故名。如今，北门只有半截的垒石连接着城墙。连接东、西、南门的城墙已被拆除，只剩下门楼及门楼附加城墙，每个城楼都镌刻有清乾隆丁亥（1767）夏重建的门楼之名镶嵌于拱门之上，供过往众人仰望观赏。

养利古城，可谓是左江流域为数不多的城池。连百里外的太平府古城门楼，从规模到石料雕工都逊色许多。养利州，经众多流官的苦心经营，成为耸立大新境内的亮丽风景，也是有效震慑周边土司的绝佳高地，成为各土司望之不及的标杆。

清代至民国间，拱绕养利州的各土州也不甘示弱，他们千方百计兴建自己的"宫殿"，欲竭力享受汉官知州的礼遇，并以此显耀土州的实力与威望。

太平州衙，现雷平镇政府住所的其中一部分，背靠大山居高临下，原先州衙的建筑已残存不多，但从零星遗址布局看，其规模的确不小。《大新县文史资料》所刊曾经进出太平州衙的梁树茂、刘雄、陆明等这样描述李家土官的大宅院："李家官室大门挂着'拔元进士'的匾牌，示意赫人功勋。一进门还未升堂，只见一座约百米纵深，三十米宽的长方园林式的花园。进大门的一条大道，左右两侧植有玉兰、芙蓉、玫瑰、状元吊钟等与小竹假山相互掩映，还有人行道上两行摆着几百盆木石皆奇的盆景，罗列有序……都是从桂林、南宁、梧州、广州等地远运买来的。花园南面跨过源门，另一派建筑。右边大厅门上挂着一块长约一米，宽两尺刻着'醉兰轩'三个遒劲草书

---

① 康熙三十三年《养利州志》，载中国科学院图书馆选编《稀见中国地方志汇刊（第四十八册）》，北京：中国书店，1992年，第558页。

图 3-1-2 清代下雷土司配合边防军守疆固土的靖边台台顶（何农林 摄）

的匾额。厅内摆着古香古色的桌椅，是个宽广的会客厅，墙上挂满各种图画、条幅、对联、诗赋等，幽然雅致，沁人心怀……走廊尽头是一座官形大房，门上挂着'世禄首区'匾额，里面一排乌黑嘉桌，供奉祖宗灵位，香烟缭绕，格外穆静……计全家由花园到仓库共四层三座，大厅、小房、仓库、马厩、厨房等共五十间左右，房屋四面筑有炮楼，从花园住房厅堂，加上左侧果园，占地五千平方米的建筑，可谓太平第一家。"①

安平州衙，始建于明代，几经重修，仅遗留数间充满沧桑感的砖木结构瓦房，乃其州衙的一小部分。州衙坐南朝北，共五进，钟楼到走廊——署衙大门——中门到审案公堂——后门到天井——客厅，占地面积几十亩。《广西壮族社会历史调查》如此描写：跨过安平街头的石桥，展现出一条石砌的街道，向东延伸，两旁排列着几十间铺面，这里是圩日最热闹的地段。路东的尽头，早被夷为平地。沿着残迹追寻，当年在这里矗立着一幅高大的照壁，

---

① 大新县政协编：《大新文史资料》（合订本），2015 年，第 59—60 页。

长约2丈，高1.6丈，遮拦住坐落在一座小山前的土官衙门。从照壁旁边绕过，正中耸立着一座高达三丈的钟鼓楼，悬挂着一只大铜钟，专在灾害及匪警时敲响，召唤四乡百姓前来救援。坐北朝南的朱红大门前，陈列着一对高约一丈的大石狮，象征着土司无上的权威，近门两侧还有两对石鼓和小石狮。沿着石条和青砖铺设的路径进门，左边的厢房是门房和兵丁的住房，右边是可关百余人的黑暗牢房。推开正中的中门，就是土官审案办事的公堂。堂内摆设着旗牌、兵器等，还有各种粗笨的刑具。宽敞的天井临近客厅，土官就在这里与眷属观赏天井里演出的粤剧和歌舞。客厅的正中摆设祖宗神位，土官在这里接待来往的官绅，或与客商赌钱喝酒。两旁的厢房是土官和师爷以及土官少爷的住房，供给衙门用粮的谷仓也设在这里。其后，过了天井，就是门禁森严的五凤楼，是连土官男眷都不许进入的禁地，居住着土官的各房妻妾和女儿。日常不许她们外出，只能在楼后的花园中走动（见土官衙门示意图）。整座衙门和住宅的布局，至为壮观。[1]

至清末年，安平土司衙门依然保护完好，大门两楹联：

　　随狄以来，承宗袭职数百年，熏獻宛在；

　　平蛮而后，受土开荒廿余代，俎豆维新。

而今，安平土司衙门仅残存房屋一座，面积五百多平方米，面宽三间，砖木穿斗结构，硬山顶，火砖墙。

全茗州衙，现镇政府院内，除了残存一些石墩和数块石碑之外，已难寻其旧迹。只有史料记载全茗州许氏土官祠堂门联：

　　六坡八甲任吾驾驶，一街四方由我管辖。

万承州衙，现龙门乡政府院内，旧衙也已不再，只残留一座炮楼和少许石刻浮雕、石墩、石碑，一对满目疮痍的石狮子并未因州衙主人的更迭而改变，

---

[1] 广西壮族自治区编辑组、《中国少数民族社会历史调查资料丛刊》修订编辑委员会：《广西壮族社会历史调查》（四），北京：民族出版社，2009年，第22页。

至今依然如以前一样把守政府大门的两边。

盈州衙，仅存旧址，在今茗盈街后靠山脚处，古木参天之下残垣断壁瓦砾草丛，偶尔可见一些破损的砖瓦或雕花刻凤的石墩，不免令人顿生悲凉的沧桑之感。

下雷州衙，清代中晚期已建成一定规模。经清末几次民众的抗争攻打，驱逐土官，焚烧土州衙而受到严重破坏。改土后，辟为学校（今下雷中小学），已经在数次的改造重建中消失殆尽。人们只能从摘录的楹联去感受和想象下雷土司州衙曾经青砖黛瓦的幽深模样。

正堂联：

自宋受符立数百年止敬止仁之本，

至清分派开千万代为慈为孝之源。

堂前联额：

营室遵周礼所言崇其庙貌，

肯堂效尚书之训焕厥檐楹。

中堂第一两柱联：

室户堂阶凛三命之德孝慈其笑语，

修陈设荐虔一枝之烟祀洁我粢盛。

第二两柱联：

因气类通悫著音存户牖间犹闻謦欬，

即心诚感格明烟孝享几筵若见凭依。①

还有左廊、右廊、间栅门联等，优雅的文字里透出下雷土司诗书传家和家国情怀的鸿志。尽管土州衙门不再，但记录下的联句含义墨香，已透露出下雷州衙高敞庭院建筑群，错落有致中蕴含一步一境的曲巷通幽。

随着清末民国时期"改土归流"的大功告成，大新所有的土司都被打进了历史的冷宫。原先的土司衙门自然成了政权更迭后的办公场所或民屋。许多见证过去土司荣华富贵的豪宅，雕工精良的石条石墩、牌坊等也渐渐消失。现尚残余极少部分的旧衙屋或衙屋精美石雕物件，隐约在日新月异的居民巷道中。

二、圩市开设

---

① [日]谷口房男，白耀天：《壮族土官族谱集成》，南宁：广西民族出版社，1998年，第646页。

大新地处边疆闭塞之地，然而人类居住繁衍也较早。到了唐、宋代，与外界交往则开始活跃。南宋时，广州人黄玮、黄师宓到广源州与侬智高及边地土民做起了黄金生意，后来成为侬智高的军师，追随侬智高起义，可谓鞠躬尽瘁。另据下雷土司北门榕亭旁的摩崖石刻记载，清康熙二十五年（1686）广东人谭国祯到下雷做生意发财后，还捐了几块地给下雷观音庙作香火钱用。到了清代中后期，下雷土州建有粤东会馆。在太平土州、养利州等地也建有粤东会馆。随着外地商人的大量涌入，大新各土州向来单纯的农业经济开始裂变，部分向手工商业发展。明清时代，土司们除了在治所及一些大村庄建圩市外，对远离州城的一些村屯，采取免征、免夫役等办法鼓励人们开办圩市。恩城土司先后开设有新圩、龙贺、岜兰、苏屯等圩场。下雷土司的硕龙、巷口、土湖先后成圩。万承土州通往所辖的"官道"上有刘家、屏山、布泉、福隆、新民等数个圩场。安平土州有那岸、岩应、堪圩、宝圩、卢山、念斗等多个集市。太平土州的集市较多：新贵、怀阳、怀义、布龙、振兴、荣圩、榄圩、拉街等。经百姓争取，土官衙门批准，各地开设集市遍布山寨，不但方便了当地土民的物资交流，也增加了土州当局的收益，成为了当时乐官乐民的一件大事。《广西壮族社会历史调查》（第四册）写道：太平州各地市场上交易的商品种类及经营者的资本和民族成分，经营资本最多的为官族，经商者绝大多数是汉族。每圩交易数最高的只有德和一间商店，交易额150元。本州圩日以三天为期，腊月圩最热闹，赶圩的人达万多人，平时只有一两千人。附近70里有个榄圩，赶圩的人相当于太平圩的三分之一；距太平40里的怀阳圩，也较小，赶圩的人相当于太平圩的六分之一。圩日交易时间只有四五个钟头。这几个圩都是过去太平土州所辖管的。赶圩的多是附近乡村的壮族人民，购买的东西以日常生活用品为多，卖的也多是农产品、手工业品或山货等。①

可从下列《太平土州准设镇兴圩并免夫役执照碑》得到印证。

太平土州准设镇兴圩并免夫役执照碑

世袭太平州正堂加五级纪录五次记大功一次李为

给照事，兹据西团武生吴忠良、监生黄增隆、佾生梁必选、军功吴忠义、廖世昌、何尚平暨花户人等禀称：生民等世居西团阜岜、那岜、下岜、渠圫四乡，

---

① 广西壮族自治区编辑组、《中国少数民族社会历史调查资料丛刊》修订编辑委员会：《广西壮族社会历史调查》（四），北京：民族出版社，2009年，第86—87页。

均距各处圩场颇远，往来买卖甚艰，年中有粟麦牲畜，想售出易钱，或换银元，以便交纳地粮，口觉为难，且系赴龙左边之道，商贾嫌右边去龙之路较远，多有由民乡往来，而乡村房屋，俱是东向西转，参差错杂，不成行列，商贾借宿，难以稽查。生民等公同商议，将备房屋改造成行。开作圩市贸易场，既使商贾投宿有栈，又便居民买卖勿劳，稽查易而奸宄难藏，群情和而营谋益旺等情。据此，本州覆查无异，开圩原属振兴商业，为地方培植要务，应行俯顺舆情，合行给照。为此，照给尔等遵照，准尔阜邑、那邑、下邑、渠圩村地，改作圩场，取名镇兴圩，以便商民而彰贸易。所有原居四乡之民，永免其应佚等役。所有地粮公务，宜照各圩章程，每年轮充正副客长肆名，征收本圩人等粮钱，彙交完纳。立街老一人、总正一名为稽查居行民客，会商本埠公益，若有口处之人，欲来居住营生，须查其人确是安分朴实，方准居住，毋得容留歹人。所有买卖，务须公平，如属内各乡士民有愿到该圩起屋生理者，先要具禀到署核准，另口给照，方免其佚役，此照准尔等镌于碑石，以垂后世，各宜遵照。切切，须至照者。

黄奇珍 梁建朝 黄德隆 梁建余 何尚先

右照给西团原居镇兴圩绅耆民等　准此

梁克昌 黄月容 梁克麟 吴光月 吴名臣 梁希口 何尚先 梁建余 黄德隆 梁建朝 黄奇珍 黄口隆 梁京选 梁春辉 农宝田 梁玉麟 廖荣品 黄郅隆 马呈祥 黄郁锦……

宣统元年（1909）八月十五日　给[①]

三、村屯民居

土司统治时期的大新民居，正如宋人周去非笔下所描述："小民垒土墼为墙而架宇其上，全不施柱。或以竹仰覆为瓦，或但织竹笆两重，任其漏滴。广中居民，四壁不加涂泥，夜间焚膏，其光四出于外，故有'一家点火十家光'之讥。原其所以然，盖其地暖，利于通风，不利堙室也。未尝见其茅屋，然则广人，虽于茅亦以为劳事。"又"深广之民，结棚以居，上设茅屋，下豢牛豕。棚上编竹为栈，不施椅桌床榻，唯有一牛皮为席，寝室于罅牛豕之秽，

---

① 广西民族研究所编：《广西少数民族地区石刻碑文集》，南宁：广西人民出版社，1982年，第75—76页。

升闻于栈之间，不可向迩。彼皆习惯，莫之闻也。考其所以然，盖地多虎狼，不如是则人畜皆不得安，无乃上古巢居之意欤？"[1]

这种民居是由当时的生产能力及地理气候环境所决定的，即当地人所称的干栏式结构，它是壮族聚居地所特有的民居建筑风格，一直延续至近现代才逐渐被楼房所取代。

明末时的太平州，在徐霞客的笔下这样描述："数千家鳞次倚江西岸"[2]，远远望去错综交叉的茅草房就像鱼鳞般依次排开。这是明末土司统治下大新村屯民居的实况录影，至近代已渐式微。

土司统治时，大多数村庄的房子走向是根据村庄山水环境决定或报请土官批准方可，尤其土司州衙附近村屯的房屋走向，一般要与土司的衙门朝向相同，不是坐北朝南，就是坐西朝东。

同时，"土民的房子只能砌泥砖或舂土墙，不得砌青砖，不得盖瓦。房屋必须矮于土官和官族的房屋，不得从正面开门，只能从侧屋或者后屋开门"[3]。土官与土民的建筑有个约定俗成的规定，如太平州：百姓不能建筑火砖屋，屋顶不能做西牛角式，有功名的人只能起火砖屋。据传旧时有一个叫赵尚璧的是太平街上的秀才，因为起了西牛角屋，无奈被土官叫土兵用枪把屋顶的西牛角打掉。

土司时期，土民建造和居住这种干栏式房子有什么好处？原安平土司境的上甲村和原万承土司境的三联村壮族群众说：这种房子可在不同地形上建造，既可保持空气流通、干燥，又以达到防野兽防病之效果。

干栏房，一般是面阔3间，每间宽7尺至9尺，深度3丈2尺至3丈6尺，高1丈4尺至2丈4尺。穿斗悬山屋顶，斜率0.42至0.44之间。干栏房子内隔二至三层，下层养牲口，堆放杂物；中层住人，梯子从正面上或从下层左（右）开间走廊上，中层的中间正面开大门。进入大门，前两间是厅堂，堂后中柱处建有墙壁，壁前设祖宗神台，台前两边设有凳、椅数座，为全家奉祖和接待客人的公共场所。厅堂右厢房一般为家长住房或客房。左间为老人或家长的"夫人"或未成年子女卧室，厅堂背后几间及右开间倒数一二间，一般做

---

[1] 周去非著：《岭外代答校注》，杨武泉校注，北京：中华书局，1999年，第154—155页。
[2] 徐弘祖：《徐霞客游记》，上海：上海古籍出版社，2010年，第16页。
[3] 谈琪：《壮族土司制度》，南宁：广西人民出版社，1995年，第117页。

餐厅、火灶、火塘之用。餐厅左开间厢房和其他厢房为已婚子女的房间。在厢房的上面，有的用木板横条隔成第三层，主要存放一些需要干燥的如谷子、玉米苞、芋头、蒜头、花生等物品。中层地板，如是富裕又讲究卫生的人家均用木板拼紧钉实，防止污味上升难嗅。没有钱又没有木板的人家，只好铺上竹片和小木条，不让人和东西掉下去即可。

干栏式三层砖木结构房一直至近现代部分村寨还沿用。然而，时至今日，风光不再，干栏式房子已基本消失在现代化的建设历程中。另外，土民村落还有一种如刘锡蕃所说的"军营试的村舍"：此种村舍，悉含军事上防御之作用，在侬僮环居之蛮峒地方……所见甚多。除各家坚壁高棚，随处开设炮眼外；村前复建石为墙，墙外环植茨竹（一名刺竹，又一名□竹，丛生多茨），兵火不能入，竹外如有溪水，则又凌为池，只有一桥一门，可为通道。村后即倚连深险之山峒，有警丁壮御于外，老弱及妇女悉运家私于峒中。盗即入村，除焚屋外，仍毫无所得。地方稍乱，即严扃村栅，白昼不启。①

这种村落布局，在大新山区曾经比较流行，主要是防盗及防外人的入侵。一般村落背靠大石山，则在村屯前筑起两米多高一米多宽不等的石墙，两头或中间设有石门，石门又留几平方米空间如瓮城，前后两个小门不对开，瓮城内留有数个不同方向的枪眼。今龙门乡（原万承州）大塘屯前残存旧时的石墙及左右两个石门。而无石山可靠或四面敞开的村屯，则四周种满竹子包围着，或选择近村寨的石山腰山洞或山头筑起防御工事，以备防患之用。

时至今日，旧时的栏杆房仅见于名胜景区复制摆设，供游人窥视远去的历史。而村屯旧石墙几乎被拆除掉，彰示着当今社会开放和族群的和谐融合。

四、道路建设

土司统治时期，还是较为重视交通道路建设。从目前遗存的古渡口、古道、古桥看，各土州通往府治的道路宽约三到六米；各土州之间互通的道路宽约二到四米；此种道路，老百姓一般称之为"官道"或"官路"。土州通到各峒、村的道路宽约一到二米。

---

① 刘锡蕃撰：《岭表纪蛮》，商务印书馆，1934年，第49页。

（一）渡口

大新县境内山川绮丽，属于亚热带季风气候，雨水充沛，河流奔腾，人们往还其间，自然就有不少桥梁和渡口。

太平土州，渡口颇多，现择录几处。

旧州渡口，是徐霞客到大新之境的第一个渡口。他写道："十九日，晓日明丽，四面碧峤濯濯，如芙蓉映色。西十里，渡江即为太平州，数千家鳞次倚江西岸。"[①]

清初太平州移州治到今太平街。民国《雷平县志》记录该渡口"在城东，离市五里，南岸为旧州屯，北岸为赞成屯，同属中军一村，为荣圩、太靖乡往来之渡云"[②]。

路柳渡，"在（雷平）县城北郊二里，南岸为路柳屯，北岸为伦那屯，同属左安一村，为本县交通之要渡。凡往来龙州、上金、崇善、养利、万承、龙茗、左县等县必经之水道"。[③]

科渡渡口，位于太平州左安科渡屯。"在（雷平）城西八里，左安一村，居其北岸，为养利县人杰乡与本县内左安一、二村交通往还之所需。"[④]

那朝渡口，位于太平州左安那朝屯。备有宽约1.5米大竹筏，是黑水河该河段人们交往之水上通道。

恩城州，主要有三个渡口。

格强渡口，位于恩城州格强屯，备有宽约2米大竹筏，是黑水河该河段人们交往之水上通道。

爱记渡口，位于恩城州驮望屯。备有宽约1.8米大竹筏，是黑水河该河段人们交往之水上通道。

弄波渡口，位于恩城州弄波屯。备有宽约1.8米大竹筏，是利江该河段人们往来之水上通道。

安平州，渡口较多，择述几处。

安平渡口，位于原安平州旧街头。备有宽约2米大竹筏，是黑水河该河

[①] 徐弘祖：《徐霞客游记》，上海：上海古籍出版社，2010年，第161页。
[②] 梁明伦等纂：《雷平县志》，台湾：成文出版社有限公司，1975年，第54页。
[③] 梁明伦等纂：《雷平县志》，台湾：成文出版社有限公司，1975年，第54页。
[④] 梁明伦等纂：《雷平县志》，台湾：成文出版社有限公司，1975年，第54页。

段人们交往之水上通道。也是通往原恩城州、养利州、龙英州等的交通要道。明末徐霞客从安平州去恩城州时经过此渡口。

七腊渡口，位于安平州七腊屯，备有宽约2米大竹筏，是黑水河该河段人们交往之水上通道。

上利渡口，位于原安平州上利屯，备有宽约1.8米大竹筏，是黑水河该河段百判、岩垂、永屯人们交往之水上通道。

那岸渡口，位于安平州那岸旧街。备有宽约1.5米大竹筏，是黑水河该河段人们交往之水上通道。

在下雷土司，渡口大多建在险要的交通要道。

下雷渡口，位于下雷州街东，丰水期时是下雷河河段人们向东交往之水上通道。枯水期，渡口架有桥梁，《徐霞客游记》："又西北平行一里，始有村落。又西北一里，则大溪自北而南，架桥其上，溪之西，即下雷矣。"[1]

巷口渡口，位于下雷州巷口屯，是下雷河巷口河段向东边交往之水上通道。隘江渡口则位于下雷州隘江屯，是归顺河（今称归春河）该河段通往交趾（越南）之水上通道。这些渡口都备有宽约1.5米至2米的大竹筏。

（二）桥梁

地处云贵高原边缘的大新，境内属于喀斯特地貌，山多地少，沟壑纵横，奇山异水，大美天成。大自然恩赐如画风景的同时，却给人们的交通带来极大的不便。在柴米油盐都需要肩挑马驮的年代，赶一次集，走一回远亲，很奢侈也是十分的艰难，要跋山涉水顶风冒雨，修桥开路自然是每个统治者不可推卸的分内事儿。土司统治期间，尽管当时生产力低下，但路桥交通建设未曾停止，从州衙到各地的"官道"（土司境内百姓习惯把古道叫官道，土司墓地叫官墓，土司水塘叫官塘，土司田叫官田），土司老爷和官族施些银两并发动或勒令周边村屯及民众捐款和投工投劳，修筑许多的桥路。一座座石桥拱桥，犹如小桥流水人家，连接着山间也连接着村寨，更连接着古往今来世代百姓的情缘。

古桥，历经数百年，有的抵挡不住岁月的消磨而坍塌或被扩建改建。如清代万承州就有武安峒桥、玉带桥、长庆桥、驮崐桥、哃龙桥、通都桥、驮

---

[1] 徐弘祖：《徐霞客游记》，上海：上海古籍出版社，2010年，第161页。

合桥、兴良桥、仙岭桥、石痕桥、古岭桥。安平州有州后桥、会仙桥、迎恩桥。全茗州有来桥、乔兴桥等。许多古桥，如今只能在旧时的资料或者地图里追寻它的名称和地址。有的则依然承受今人的来回踩踏，发挥其原有的交通纽带功能，如太平州的青龙桥、金钟桥，安平州的迎恩桥（今称华光桥），万承州的玉带桥、仙岭桥（已改建）、武安峒桥等以及养利州的永济桥等众多古桥。

　　青龙桥，也称来桥，属原太平州，建于明代，在今雷平镇的桥来屯。双拱石桥，因两桥孔间镶嵌一龙的首尾而名青龙桥。崇祯丁丑年（1637）农历十月徐霞客游粤西时，曾经步过此桥。他看到平畴沃野稻谷金黄，不免顿生怀乡之感："西北出土壤隘门，行南北两山间。其中平畴四达，亩塍鳞鳞，不复似荒茅充塞景象。过特峰洞门之南。三里，过一小石梁，村居相望，与江浙山乡无异。"[1]

图3-1-3　明代太平土司青龙桥（又名桥来）（何农林　摄）

　　金钟桥，原名驮庙桥。徐霞客于明崇祯十年（1637）农历十月二十日路过，见桥边放置"金钟"一尊，他写道："一梁甫过，复过一梁。西岗有铜钟一覆路左，其质甚巨，相传重三千余斤，自交南飞至者。土人不知其年，而形

---

[1] 徐弘祖：《徐霞客游记》，上海：上海古籍出版社，2010年，第161页。

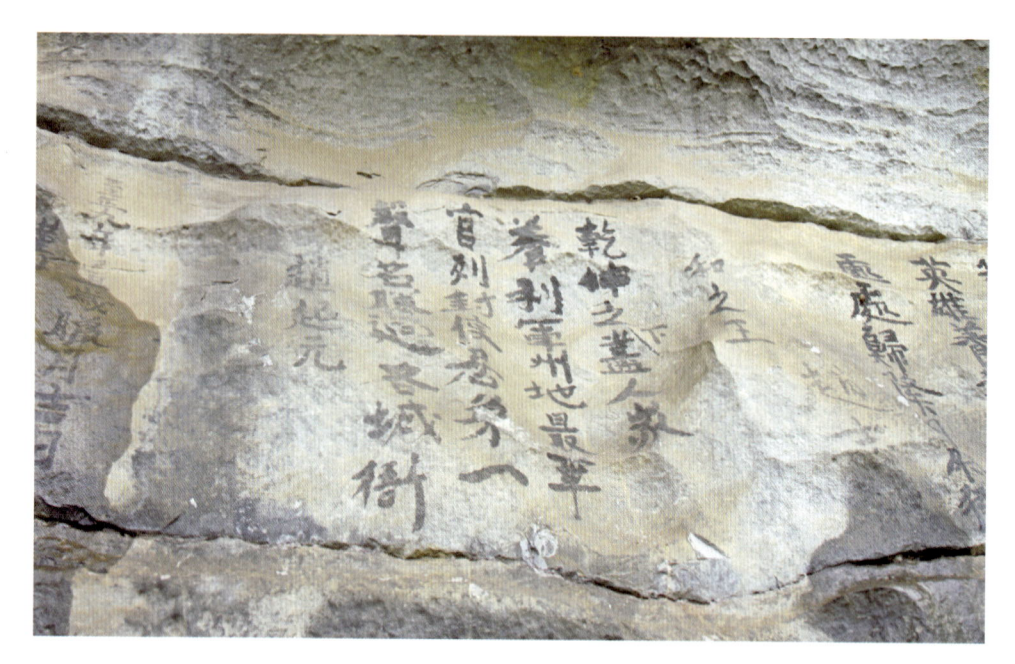

图 3-1-4 元代养利州赵氏土官族题壁诗文墨迹（局部）（农恒云 摄）

色若新出于型，略无风日剥蚀之痕，可异也：但其纽为四川人凿去。土人云：尚有一钟在梁下水洞中，然乱石光明磊落，窥之不辨也。"①该桥位于今雷平镇车站村桥来屯西北300米小河上，已不能通车，只供村民步行通过。而冗长的金钟铭文被录入民国时编写的《雷平县志》，因过于模糊而难以识读。

众多的古桥，自然是千万个当地老百姓和能工巧匠的心血，但也包含着历代土司老爷的良苦用心。

恩城土司赵福惠在明景泰年间："次氂济川桥，以利涉攸往"，逐步改善土州的出行条件。在明末"州主方筹获度……百工兢勤，数月间而成五鞏桥"。才有徐霞客进入恩城州走过的"五鞏桥"。

茗盈土州则与养利州共同出资修建两州间往来必经的"嚾绕桥"等。康熙三十三年《养利州志》有载录。

古岭桥，属万承州。在今昌明乡上古屯对面，单拱石桥。明朝万历十八年（1590）万承土司许世忠"睹桥跑废，出命修葺"。许土司夫妇带头施银两"博施济众之仁恩，而众信同德度义之惠及也"，方圆数十里如古岭、峡邓、楞伴、

---

① 徐弘祖：《徐霞客游记》，上海：上海古籍出版社，2010年，第161页。

上仙、下仙、墰岜、渌降等十几个村寨及数百民众踊跃捐资，鸠工营建"古岭桥"。也是大新境内目前尚见碑文的古桥。古岭桥碑文及书丹都由本土乡贤所作，反映当时文化教育的实际水平不见得是非常落后的。古岭桥碑今尚在，少部分文字风雨剥蚀而模糊难辨。

华光桥，安平州旧址内，建于明代，原名迎恩桥，因桥边有一座"华光寺庙"而又名，也有说皇光桥。此桥至今依然是安平人往来的载体，与千年淙淙不息的环岛流水相互坚守着，还在承载人行车马往返的功能。

要说大新境内的桥梁，不得不说第一个"改土归流"的养利州。养利州，是大新境内首个由朝廷委派流官和受到中原汉化熏陶的土州。养利州城通往东、西、南、北方向都修起不少桥梁，至今还在使用的有如永济桥、八万桥，而同仁桥、四达桥、密江桥已无所踪迹。

图 3-1-5 明清养利州利江永济桥（鸳鸯桥）（何农林 摄）

图 3-1-7 明养利州利江许公桥遗址（何农林 摄）

图 3-1-6 清养利州八万桥（何农林 摄）

永济桥，单拱石桥，明代养利知州罗爵建，现保存完好。嘉靖三十三年（1554）赴任的知州曾贯续建乃成规模。曾贯有题诗：

  万里晴空横蝃蝀，一江云影动鼋鼍。
  成功甃玉非鞭石，务重捐金为伐柯。
  彤管未题仙井柱，绿烟先奏渭桥歌。
  临流酌酒思元凯，犹愧前朝宠眷多。

  永济桥，高约五丈，宽一丈多，跨径四五丈，自桥座处起，用长条石层层排出，砌置于拱圈石上，其结构苗秀，形式美观，好像一座天然石拱。今人多称此桥为鸳鸯桥，传说拱桥建成后，每年农历七月七，成双入对的鸳鸯戏水或栖息桥下，故当地人又称之为"鸳鸯桥"，寓意爱情圆满美意。据说曾有石碑立于桥端，不知何时被毁坏。

  迎恩桥，明代罗爵所建。顾名思义，朝着府城的方向，恭迎皇恩浩荡之意而名。在今城南，始乃架木以渡，后经明、清多任知州重建而成，双拱石桥，两边砌石护栏。因难以适应现代交通而被新建的桥梁所代替，新桥旁曾有所壮文学校，故人们习惯把新旧二桥称"壮校桥"。两桥并存，一今一古相得益彰。

  八万桥，桃城镇宝新村那扬屯，曾为大新迎来曙光而承受枪林弹雨的"八万桥之战"所在地，原名"万安金桥"，桥体南面镶嵌有自右及左"八万桥"，盈尺大字。清嘉庆、同治年间重建扩建。桥体南北走向，三跨拱，料石结构，含引桥全长80米，高4米，宽3米，保护完好，至今在用。中间桥拱曾镶嵌镌刻捐款题记的石块，近年交通部门加固维修时，以水泥灌注所覆盖，让记载先人造桥的重要信息封存埋没。

  大新古桥遗址众多，有恩城清代北浮桥、南浮桥、岜兰逐内石板桥、堪圩科甲村桥头桥（称五桥）、谨汤石板桥（义谷仓桥）以及养利通往太平、左江等处同仁桥，通永康、陀陵等处的那岜桥，通向太平、左州等处的密江桥等。

  承重了几百年的古石桥，有的依然保持着厚重硬朗的身姿，有的饱经风霜而老态龙钟，但依然肩负着自身的历史使命。

  如今，来桥、金钟桥、永济桥等古桥都作为文物被加以修复保护，古老的石拱桥成为印证大新先人勤劳智慧的结晶，一头连着久远的古代，一头延伸着美好的将来。

第二节 边关风云涌

大新，地处边疆地区，时常充斥着狼烟和刀光剑影，盘踞边疆的各土司固然少不了武装一支骁勇善战的土兵（也称土勇）。土兵，由领种土司兵役的田地，世代服兵役的州民组成，平时耕作兼顾练武，自食其力。土司有事召之即来，来之能战，保家境戍边防敌。

封建王朝允许土司有土兵，而且随着各土司势力的强大而增强，南宋时安平土司"其为招马官者，尤与州县相狎……舆骑居室服用，皆拟公侯，如安平之李械，田州之黄谐，皆有强兵矣"[1]。

可见，当年安平土州在左、右江一带经济、军事的实力已经非同小可。

元代末期，大新的边境土州并不平静，偏居一隅的恩城土官赵胜保曾率领本州兵民依靠地势力回击进犯的军兵，还挥笔题诗镌刻于崖壁："戈甲相持对垒围，旗开金鼓震如雷。城池坚闭关难破，山寨高悬峰未摧……"

明王朝则用少数民族丁壮建立土兵制，左、右江一带土兵不仅有一定的数量，而且是训练有素的。"两江地方二三千里，其所辖俍兵无虑十数万。"[2]

图 3-2-1 清代安平州大炮复制品（许海萍 摄）

---

[1] 范成大：《桂海虞衡志校补》，齐志平校补，南宁：广西民族出版社，1984年，第34—35页。
[2] 汪森：《〈粤西丛载〉校注》，梁超然等校注，南宁：广西民族出版社，2007年，第1085页。

到了清代还沿用鼓励发展土兵的举措，如早在雍正十一年（1733）已经改土归流的恩城州，依然保持着"兵农古制存"的老规矩。

万历《太平府志》（卷一）载：

守城：

寅申巳亥年：万承州，兵五十名。

子午卯酉年：养利州，兵五十名；恩城州，兵五十名。

辰戌丑未年：安平州，兵十二名；全茗州，兵十二名；茗盈州，兵十二名。

征兵：

养利州，九十五名，加调一百九十名。

万承州：一百六十五名，加调三百八十名。

太平州：一百四十五名，加调三百五十五名。

恩城州：九十五名，加调一百零五名。

全茗州：四十四名，加调一百零六名。

茗盈州：四十四名，加调一百零六名。①

翻开大新千年土司历史，保境安民，内外兼顾。不仅肩负所辖之境的平稳，也服从征召对临近土州突发事件的平定。如明代正德十五年（1520）左州土人韦广明复冒黄族求复土职，太平知府邓炳将其下狱杖死，后知府邓炳奉檄征战古田，而韦广明之弟韦广隆乘虚聚众攻打左州城，并绑缚游教官胁取州印跑到下雷峒藏匿，督府檄邓炳遣派龙英州土官赵元瑶、万承州土官许世忠率土兵前往下雷峒征剿，将韦广隆逮捕下狱治罪，又将韦广隆的同党法办，左州从此平静如往常。又如茗盈州土官李柏春应征率土兵奔赴思明府协助平定土目抢夺府印血案等等。

地处边关的大新各土司及土民，与内地土司明显不同，在履行保境的前提下，还必须担起抵御外侮守疆固土的重任。随着时间推移和汉文化浸入影响，中华传统的齐家治国平天下思想已深入壮民族人心。如安平州清代所建《李家建宗祠碑记》载："明代以来，咸著勋劳甚伙，载有家乘，世职相承，不能悉数，然皆外防御蛮夷，泯其觊觎之心，内安兆姓……"②

---

① 万历《太平府志》卷三，载中国科学院图书馆选编《稀见中国地方志汇刊（第四十八册）》，北京：中国书店，1992年，第379页。

② 广西民族研究所编：《广西少数民族地区石刻碑文集》，南宁：广西人民出版社，1982年，第50页。

图 3-2-2 清代下雷土司配合边防军守疆固土的德天银盘山炮台（何农林 摄）

　　心藏家国情怀，遵照朝廷指令，义无反顾领兵征战，或军中立功归来世袭，或为国裹尸疆场。在《土官底簿》记载着大新各土官承袭系列有："准行就彼冠带袭，照旧军前杀贼，候事宁之日到任管事。"或"卒于军中"屡见不鲜。如万承州土官许郭安"永乐间，郭安从征交趾，卒于军""（许）文昌卒于军门""（许）国琏，屡立军功"，在清康熙年间的万承土官弟许嘉铨墓碑写道："自少矢志奋武，及壮智勇过人……蒙大将军赖督部院金题叙奉时钦授功加左都督仍记余功十次带拖沙喇哈。"元末，安平州土官李郭祐因失太平路印而从"太平路"退守安平"使守交趾各隘"，其中，土官李文贵"永乐四年从征安南，卒于军"。

　　下雷州所在地尤近交趾边界，历朝历代下雷州及边民时常遭受交趾越境掳掠，下雷土官为守疆固土、保家卫国进行无数次抗击进犯之敌。下雷在元及明时已是土州建制，因明初"匿印废州为峒"，也有说丢失州印而废州为峒，直到（许）应珪因有奉檄征讨，屡建厥勋，万历十八年（1590）复为州。

　　（明）《万历武功录》（罗旁瑶浪列传）："始罗旁之役，土吏从征者……雷峒（下雷）则许宗荫及其子许应奎。万承州则许国琏……全茗州则许福海……上乃赐许宗荫、许应奎金二十两，许国琏等十两。"

到了明末，朝廷疏于边务防守，交趾藩王莫多佬乘机又进犯下雷等地。地理学家、旅行家徐霞客曾因此耽搁行程多时，他到安平州后本想从安平州直走往接壤的下雷州，半日可达，"但安平之西达下雷界与交彝即高平接壤，所谓十九峒（山名）也。今虑其掠窃，用木横塞道路，故必迂而龙英"[①]。徐霞客不得不改道走恩城土州，再经过耸峒（今松洞）上龙英土州，绕路一大圈后，竟然在天等县内向都等各土州盘桓月余，才又过下雷土州往其此行目的地云南方向进发。

交趾藩王莫多佬的进犯，下雷土官许文英率土兵英勇抗击，因敌众我寡，危难之际，土官夫人岑玉音挂帅领本土女土兵头扎蓝布方巾，骑着黄牛，手拉弓箭，身先士卒奋勇杀敌，把入侵者打得丢盔弃甲。凯旋之时，恰逢"霜降节"，民众连日拥簇岑玉音巨幅画像彻夜狂欢。后来，择地修建"玉音夫人庙"和"文英将军庙"及"磨槐将军庙"（磨槐，壮语为黄牛）供人瞻仰祭拜。从此，每逢霜降节，下雷的民众都要抬出岑玉音塑像，在狭窄拥挤的下雷街道巷口来回巡行，以祭拜民族英雄。

几百年来，就有许宗荫、许宗佑等多位下雷土官为国捐躯或立战功，他们成了当地民众敬仰的英雄楷模。同时，也养育下雷一带习文练武的传统风气。在下雷境内土湖街附近的半山腰近百米的摩崖，还遗存着写满从清朝至民国时期的诗词楹联墨迹，或楷或行，或拳头大或指头小，或一字成幅，或数十句一首，以歌颂英雄、赞美边地旖旎山水和淳朴民风的诗书翰墨，流芳至今，一直鼓舞边地人民敬仰守疆固土的英雄先辈。

位于硕龙中越界河边的"将军山"，亦曾属下雷州地，山上建有"将军庙"并置放一只古老的铜钟，至今还可敲响，以警醒后人时刻不忘守疆固土的职责和义务。崖壁间也缀满经年累月书写戍边的爱国诗文和警句，记述着千年戍边的历史功勋。

清朝末期，由于闭关自守，国力衰微，世界列强发起一次次对中华民族的侵略战争，中华民族陷入水深火热之中，大批爱国志士举起抗击外来侵略的大旗，进行不屈不挠的斗争。地处中越边境的大新县更是冲锋陷阵的前沿，

[①] 徐弘祖：《徐霞客游记》，上海：上海古籍出版社，2010年，第161页。

许多土官亲率广大边民义无反顾地投入惨烈的战争中。在列强蹂躏我华夏河山之际，一代名将冯子材未雨绸缪，在取得"镇南关大捷"之前，曾领兵布防养利州并训练边民，大新就有不少土民主动请缨奔赴疆场英勇杀敌。

广西提督、抗法名将苏元春主持边防军务，在与今越南接壤的大新、龙州、宁明、凭祥、靖西等几个边境地区山峦间，兴建数百公里连接而成的"南疆长城"——大、小连城。当时，尽管生产力极其低下，苏元春可谓高瞻远瞩，不但将广西提督衙署从柳州移驻边境一线的龙州县，并在中越边境龙州水口（地名）择地建父亲的衣冠冢，以示自己戍边卫国的决心和赤诚的家国情怀。时任大清皇朝直隶总督李鸿章欣然题书联句：

久闻哲嗣最思亲即此时戚愅四夷骨樽遗训，
难得书生能报国荷当代荣封一品足慰忠魂。

正是苏提督大义凛然的人格魅力，不仅深得大清朝野的鼎力支持，也极大地鼓舞了大新等土司及土民投身抗击外来侵略的斗志。苏元春提督更是穿行于南疆边陲大地的山水丘壑间，指挥当地土司和土兵、边民战严寒斗酷暑，劈山开路，修建炮台，筑城墙山水相连，把大新、龙州、宁明、凭祥、靖西等延边地区连接起来，构成庞大雄伟的军事防御体系，以抵御南来外辱的坚强防线，被后人称作"南疆小长城"。

苏元春主持的南疆长城，在大新境内共建炮台6处。其中下雷土司修建炮台3处，安平土司修建炮台3处，炮楼1处，城墙1处。安平、下雷两个土州修筑有战壕、烽火台、靖边城，形成相互照应居高临下的不同防守的火力点。大新县硕龙镇礼贤村侧屯南500米的山岗上的靖边城，占地3000多平方米，今属于国家级保护文物，城墙料石结构，墙高约6米，宽5米，厚度达2米。中开有拱门，高和宽近2米。而靖边台，则属于炮台，平面呈方形，拱顶，料石垒砌，高达5米，内分两层，下层置有大炮，三面开有炮口，上层设式兵房，整个炮台开有一个拱券式大门，门额镌刻端庄稳健的行草书"靖边台"石匾额。在闻名遐迩的德天大瀑布景区边，巍峨险峻的银盘山上，还遗留清代坚如磐石的炮台，呈圆形状炮台基长、宽各50米，料石砌成，原置有两门大炮，炮口朝向边境对面，然而大炮已经被移到别处，孤零零的炮台今尚在，是苏元春督边时修建的一百多座炮台之一。在硕龙镇的岩应村、念典村等绵延数百里的山脉、山谷还有大小规模不同的炮台炮楼遗迹，它见证

图 3-2-3 安平土司配合边防军守疆固土的念斗炮台山炮台（何农林 摄）

了大新土司和边民长期协同朝廷官兵共同御敌的艰苦卓绝。安平州附近的岩应村底屯一直流传着这样的故事：北旗山炮台建成后，清军邀请对面驻守的法国军官到炮台来参观。法国军看到所有大炮的炮口都对准他们的兵营和往来关隘，法军官长脸色大白，回去后下令他们驻边部队全部向后撤退到大炮射程之外。乾隆十二年（1747）七月立的《安平土州永定规例碑》"应革应留各项，理合逐一开列勒石晓谕，永远遵行……一项额设土兵五百名，轮流把守九处隘口，捍卫地方，防守边界，仍照旧例"[①]。一个安平土州，每年得派出五百土兵轮流把守关隘，数百年间，区区一个土州仅把守关隘人次就是以万为计算单位的吧。

徜徉旖旎美丽的山水田园，走过星罗布局的壮乡村寨，曾经盘踞千年的大新土司，创造了厚重的千年土司文化。时至今日，大新山水间依然遗留着不少的土司遗迹，寻常百姓茶余饭后还在讲述着土司抗击外来之敌的往事和传说，那风云激荡的家国情怀，一直滋润和激励着一代代大新人的

---

① 广西民族研究所编：《广西少数民族地区石刻碑文集》，南宁：广西人民出版社，1982年，第19页。

爱国热情。

　　历史的车轮滚滚向前，数百年已往矣！如今，在绵长的南疆国境线上，那用巨大石块垒砌起来的一道道战壕、一堵堵石墙、一座座碉楼和炮台仍耸立于险峻的高山之巅——那是先辈们用血汗筑起的南方长城！这些石墙炮台历经千百年风雨沧桑，依然坚固如磐石，像一个个久经沙场的将士或土司老爷，守望着自己的寸土寸地。如今刀光剑影的冷兵器时代已经远去，但寓意和象征着"万里长城永不倒"的中华民族精神永远赓续弘扬，并无时无刻不在鞭策着我们沿着祖先的足迹，守卫家园，保卫祖国南疆河山，金瓯无缺。

图 3-2-4 清代恩城州土官赵贵炫铸造铁钟残件（农恒云 摄）

第三节 土司贤能录

　　大新八个土司雄踞边境地区千年，认真保境安民，正如明代太平府知府甘汝来撰写的《严饬土司告论》所言："及莅任后，略加廉访，除太平、安平、凭祥等数州颇能自爱，留意地方……"[①]土官们在做好地方管控的前提下，

---

① 故宫博物院编：（雍正）《太平府志》，海口：海南出版社，2001年，第291页。

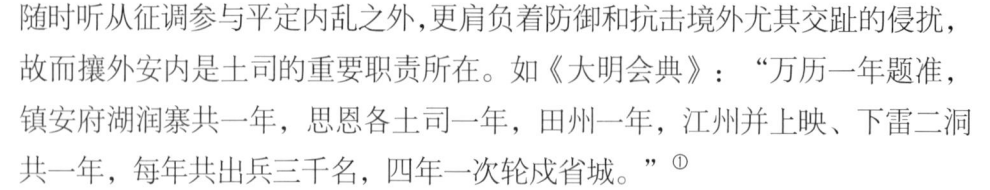

随时听从征调参与平定内乱之外,更肩负着防御和抗击境外尤其交趾的侵扰,故而攘外安内是土司的重要职责所在。如《大明会典》:"万历一年题准,镇安府湖润寨共一年,思恩各土司一年,田州一年,江州并上映、下雷二洞共一年,每年共出兵三千名,四年一次轮戍省城。"[①]

纵观大新千年土司历史,除安平州清末的土官李秉圭之外,历任数百个土官,都能守土尽责,他们在保境安民和守疆固土捍卫国家主权中做出了应有的贡献。

边疆地区的安定,关系到国家的领土完整和长治久安。历代封建王朝不断强调统一的多民族国家的理念,强化民族的融合,推行儒化教育,宣传"天下一统、华夷一家"的思想,努力提升和强化土司对国家的认同。在边疆防御方面也非常倚重土司的力量,故而允许边地土司保境安民尤其抵御外敌需要组建土兵,推行全民皆兵或亦兵亦农之策,土兵在农忙时耕田种地,闲暇时习武练兵,既促进经济发展,又强兵健体巩固边防。正如《壮族通史》所说(广西俍兵)"艰苦耐劳,骁勇悍鸷,训练和战术别具一格,故而能以少胜多,则是土司军事制度的一大特色"[②]。

安平、下雷二州辖地位于中越国境线上的少数民族聚居区,历来既受外族入侵国家领土的威胁,又有民众内部冲突的隐患。对他们来说,守护边境即保家卫国。如北宋仁宗天圣六年(1028),交趾侵犯边境,广南西路转运使发溪峒壮丁进行讨捕。邕、钦两州更与交趾为境,交趾犯边之事常有发生,朝廷常以二州的峒丁、土丁杂官军戍守。[③]尤其在清末,内忧外患,列强不断欺辱,地处边境的大新土司倍感个中滋味,也深知身上保家卫国的责任和使命,土司积极组织土民在高处设置瞭望塔,各道口设有暗哨及陷阱。"下雷富饶的山野田畴,为历代越南统治者所垂涎。壮族边民在与之长期反复搏斗中,在险隘要卡的古战场上,流传下了辉煌的战绩。下雷以它国防上的重要地位,为清廷所瞩目,终于决定加强'五隘四卡'的建置。五隘:骨隘、逐更隘、连隘、亭嵩隘、更隘。四卡:德天卡、添等卡、则卡、岩泄卡。由是,形成了一道坚固的边防屏障,进一步划清了边界,为此后外交打下了有

---

① 李东阳等撰:《大明会典》,扬州:广陵书社,2007年,第1860页。
② 张声震主编:《壮族通史》,北京:民族出版社,1997年,第648页。
③ 谈琪:《壮族土官制度》,南宁:广西人民出版社,1995年,第131页。

利基础。"①

安平、下雷土州是大新古时抵御外来侵犯的最前线，土官们向来有亲率土兵奋勇杀敌的优良传统。不少土官墓葬多选择辖区领域的边境前线上，蕴意死后在阴间仍继续戍卫国境，守护祖国疆域。充分彰显了土司们的家国情怀，并激励子孙后代永远坚守每一寸国土。

许宗荫，明代下雷州土官。据《万历武功录》（罗旁猺浪列传）载："雷峒（下雷）则许宗荫及其子许应奎（应珪）……上乃赐许宗荫、许应奎金二十两。"在任期间，其弟许宗佑勇于同来犯的交趾斗争，并设防设隘固守，后战死，土官族人将其埋葬在边境城墙边，以示誓死尽忠报国。

许应珪，明代下雷州土官。曾随父远征广东平乱及抗击倭寇，立有战功。又《镇安府志》载："嘉靖十四年（1535）得获旧印，（许）国仁及子宗荫屡立战功。四十三年（1564）改属南宁府，万历十八年（1590）以地逼交南奏升为州，颁印宗荫子应珪为土判官，流官吏目佐之。"②

许泰元。明代下雷州土官。明万历三十五年（1607）安南莫登庸兵入广西归顺、下雷等土州。许泰元率兵与安南莫登庸征战频繁、立功，朝廷加封许泰元四品服色。

许文英。明代下雷州土官。二十二岁袭父职，崇祯十二年（1639），战功显赫，名重于世。民间感怀土官许文英及其夫人岑玉音联手抗击外来侵略功绩而自发纪念的"下雷霜降节"至今仍经久不衰。

许光祖，清代下雷州土官。《下雷土官族谱》又称："时天下纷乱，（下雷土州）辖地管至安南交趾江姜口汶斐、绵次、江底；管至岩蛮、叫罕为界。因被安南'莫王'侵夺，上莫能救，苦与战，才存余地，复设以隘为界。其蛮王欲以河为界，锄岭壅河，使水溢过岜乾村前，以图取那涯村。官弟宗佑率队垣河打炮，以众沿河转战。连珠炮响，巨炮亦发，其死甚众，方才溃走，始复以隘为界。宗佑筑起石城死守，战之而毙，顺战（葬）于围城内。经朝廷明定之后，以此为界，更不复任侵夺者矣。"③

---

① 广西壮族自治区编辑组、《中国少数民族社会历史调查资料丛刊》修订编辑委员会：《广西壮族社会历史调查》（四），北京：民族出版社，2009年，第156页。
② 德保县史志办编译：《镇安府志》，2012年，第133页。
③ 广西壮族自治区编辑组、《中国少数民族社会历史调查资料丛刊》修订编辑委员会：《广西壮族社会历史调查》（四），北京：民族出版社，2009年，第154页。

图 3-3-1 明代下雷土州许文英土官（何农林 摄）　　图 3-3-2 下雷土官许文英夫人岑玉音（何农林 摄）

许绍武，清代下雷州土官，在职 28 年，殁于雍正九年（1731）。《下雷土官族谱》载许绍武在职"时逢安南王被篡，逃出边界求与助兵。如得复国，愿以前所侵之地归还。（许绍武）一时为欲得其地，而助之与兵。上宪怪其私通为罪。适值奉调出征，按取马四十匹，一时马不能凑得，又怪以抗误为罪。上欲改土归流，（土）官（许绍武）被监禁于云贵总督署内。适遇总督夫人乳上生疮，夜间哭声彻堂。绍武所闻询于狱吏，吏言乳疮事，吾祖言能医之。狱吏上告，总督令出寻药，得而归敷之止痛，久渐痊好如故。总督将金厚谢，亦不肯受，但愿复回故职。总督亦感（其）医痊好，而深悯地方边境之苦，代为奏上。雍正皇帝方准世官相承。准奏，下雷设立五隘四卡，即以本地土兵五百名，保守边邑隘卡。每处百名，奉调远地可免矣"[1]。

许海福，明代全茗州土官，明嘉靖年间袭职。其事迹见载于瞿九思《万历武功录》卷三《罗旁傜浪列传》，从征广东及沿海，荣获二等功，受奖励十两黄金。全茗土官族后裔至今传颂（许福海）奉命领本州土司兵前往沿海抗击外来侵略者，许海福冲锋陷阵，英勇杀敌的故事。全茗的许氏后裔每年集中祭祀其祖宗许海福，勉励许家后代，永远学习先祖心怀国家有难，匹夫

---

[1] 广西壮族自治区编辑组、《中国少数民族社会历史调查资料丛刊》修订编辑委员会：《广西壮族社会历史调查》（四），北京：民族出版社，2009 年，第 156 页。

有责的爱国精神。

许郭安，又名许国安，元末明初万承州土官。永乐四年（1406）从征安南，与其弟许郭泰俱各失陷。

许国琏，明代万承州土官。《万历武功录》（罗旁傜浪列传）载其遵从朝廷征调，与雷峒（下雷）及全茗土官率领土兵远赴广东平乱有功，被赐金十两。

许嘉铨，清代万承州土官许嘉镇之弟。据其墓碑文记载：康熙年间，奉命带兵西征滇黔，被朝廷授功加左都督仍记余功十次带拖沙喇哈，其级别相当于当时的三品官。功勋在身，所以，他修筑父辈之墓时，墓主体高大，护墓围炉石构件浮雕众多，镌刻大象、狮子、老虎、麒麟、朱雀、寿龟等许多瑞物花木图案。尤其在碑座前浮雕一只奇特的三头鸟，张开双翅，三头仰天，在众多土司墓葬中绝无仅有。

许嗣麒，清代乾隆年间万承州土官。在原万承州之辖地（昌明乡良泮村）尚有乾隆四十六年（1781）所立《龙章宠锡》碑文载：

奉天承运，皇帝制曰：

求治在亲民之吏，端重循良，教忠励资敬之悃，聿隆褒奖，尔许嗣麒，乃广西太平府万承土知州许健之父，祗躬淳厚，垂训端严。业可开先式毂，乃宣猷之本；泽堪启后贻谋，裕作牧之方。兹以覃恩赠尔为奉直大夫，锡诰命。

于戏！克承清白之风，嘉兹报政；用慰显扬之志，昭乃遗谟。

李维屏，元代太平州土官又太平路总管。勤政善政，爱民如子，民有病，若悉为之去。时丽江（今崇左江北）数经兵燹，民多剽，维屏出资赎以归之。民感其德，立相祀之。于元顺帝时升广西宣慰司宣慰使，加昭勇大将军。

李兴隆，元代太平州土官。于元朝初年奉讨交趾有功，加宣慰司轻车都尉，陇西郡洞兵万户衔。至大德六年（1302），又奉湖广行省右丞征上思"蛮贼"黄胜许，有功升太平路总管职。

李蕃，清代太平州土官。雍正《太平府志》载：李蕃在任多善政，爱养土民，约束兵目绝派饮，禁仇杀，地方宁谧，实土司中贤员。巡抚宜思恭荐之格于部议，提督韩良辅廉其贤，时加奖赏。知府甘汝来初抵任即调见特加优异，不以土司相待。巡抚李绂亲书"南土贤牧"之额赐之，以示奖励。蕃，虽土官，深疾土司积习。著土司说铃及蛮风诸篇，颇有见地，后以疾休。①

李文贵，又名李贵，明代安平州土官。《土官底簿·安平州》载：庶长男李贵，（洪武）二十一年（1388）四月准袭父职，永乐四年（1406）征进安南，被贼药箭射伤，残疾。数百年来，民间一直流传他的许多故事。李文贵袭职后，经常带领督兵巡防边境地带多烈隘、底墩隘、耍村隘等十个隘口，隘口虽有驻土兵，但过少，常受境外聚众侵袭。李文贵每遇冲突或战事，都身先士卒，冲锋在前。有一次一百多个交趾人闯到安平的底墩隘闹事，扬言把隘卡夷为平地，李文贵与他们论理，对方不听劝言，双方动起手来。李文贵因平日练就一身好功夫，出手便摔倒几个交趾人。对方见状，立马四散逃命。从此，底墩隘再也看不到这帮交趾人的踪影。

李天爌，明代安平州土官。在任年间交趾进犯边防，李天爌奉命阻击，战果辉煌，后论功加奖四品服色。

李明峦，明末安平州土官。文武双全，有诗文刻于会仙岩及恩城岜白山、摩斗台，引来明清诗人唱和。1637年，地理学家徐霞客过安平州游览会仙岩时对其题壁之诗亦大加赞赏并和二首。

李輆，清代雍正年间安平州土官。居官安静地方，无科派仇杀之事，雍正三年举行大计，总督孔毓珣、巡抚李绂访实同田州土知州岑应祺荐举卓异，部议不准嗣。奉特旨照流官卓异例，赏以朝服蟒袍，一时荣之。②

赵福惠，明代恩城土官。宣德壬子冬，入觐大廷，天官应允，荣膺前职，知恩城州事，其不轻而重也较然矣。自莅任来，以平易处心，以仁恕待物。越正统戊午春，政通人和，百废俱兴。尤其在州衙之后岜白山崖间开凿"恩城州土官族谱"，创下土官袭职摩崖石刻先河。其于大明正统十年（1445）在恩城土州所撰的岜仰山摩岩石刻（173个字）为广西今记载壮族歌会（侬峒节）唯一的摩崖石刻，具有较高的历史价值。

赵朝缙，清代恩城土官。为太平府庠生，知书达理，后袭职恩城土官，颇有善政，以耆德著。

---

① 故宫博物院编：（雍正）《太平府志》，海口：海南出版社，2001年，第205页。
② 故宫博物院编：（雍正）《太平府志》，海口：海南出版社，2001年，第205页。

李柏春，明代茗盈州土官，英年好学。万历三十三年（1605），土目陆祐赶走思明府土官知府莫应雷并夺其印。而后陆祐又率兵抗拒官军，官军失利，最后两广总督戴耀"调集（广）东（广）西两省汉、土兵"，分四道并进，破思明府，陆祐自刎。茗盈土官李柏春率七年素练之士，一鼓而擒元凶……当斯时也，左右两江莫不畏服，三院总兵功加服色。

另外，还有茗盈州明代土官李时骄、李显奇，太平州清代土官李褆、李庆荣等，能武能文各显其才，都是大新土官中的佼佼者。

又說古風意曰

龍州流倚未清平 衣錦規模快活城
閑步遊岩逢古字 填筆岩前重刻成
恩城世代文官瑰 舉筆成章透上青
入木三分未為重 蘭亭柱上七分興

第四章
遗迹：骆越边地的民族文化

  千百年来，大新那镌刻着土司文化遗址遗物，壮实饱满的石狮子、敦厚圆润的石础、构图奇巧的石雕及各种建筑物，尤其遍藏山野间的摩崖造像诗文石刻，更隐含众土司与流官诗情画意的雅集唱和与诗人情怀，昭示着与中原一脉传承的风雅文化在骆越边陲大地的广为流传，经过与当地文化的融合，展现出独具特色的民族文化色彩。

第一节 边关土州遗存旧迹

大新文化历史悠久，可以追溯到春秋战国时期甚至更早的年代。在大新境内出土的一些古代文物已经佐证和支撑这一观点：榄圩乡康合村距今四五千年的大石铲，桃城镇新石器中晚期小石铲，昌明乡交岭的战国双方格交叉纹陶罐、双耳青铜矛、青铜鼓残片以及桃城镇大岭村大塘屯东汉至南北朝的冷水冲型铜鼓，安平的战国青铜钺等许多文物。所有这些都可证明大新这块边疆神秘土地，早就有人类繁衍生息，并较早进入人类早期文明时代，尤其印证大新较早就是中华文明不可或缺的组成部分。回望远去的千年时光，大新各土司纵横驰骋在这片奇山异水的神秘家园，肩负着内治、征调重任的同时，也进行卓有成效的地域性基础和文化建设：州衙廨宇、防御工事、宗教寺庙等。千年流逝，江山易主，许多遗迹已经灰飞烟灭或半颓半废。如今，人们只能从仅存的一些遗迹里寻找和领略大新土司各方面的成果和赋予地方特色的文化韵致，领略壮族先民的勤劳勇敢和聪明智慧，进一步增强民族文化自觉与自信，为挖掘保护土司文化提供翔实史料与依据。

一、千古岩壁画

大新县境内有多处古代岩画，这些岩画也是左江流域花山岩画的重要组成部分。有专家考证，大新岩画创作时间跨度极大，自秦汉至唐宋数百年之久，

图 4-1-1 恩城土司岜字山（岜白山）元明清摩崖石刻山崖全景图（何农林 摄）

而且风格迥异，大小不同，虽然历经风雨洗礼，但依然饱含赤色的鲜活灵动，阐释着不同时期壮族先民对大自然及民间信仰的顶礼膜拜，充分展示了先民朴素的艺术审美与文化追求。可以说，这些充满野性意象的岩画是大新文化艺术的滥觞，这种绘画形式可能具有初始的文字记事功能，记载各部落在恶劣的自然条件中敬天地求生存的集体智慧。同时，又是先民通过长年累月观察和劳动实践而创造的绘画艺术珍品，也昭示着壮族先民对人类文明的不懈探索和实践。大新岩画分布在各个土州的辖地内，既有濒临河岸的山崖，也有远离河流的深山崖壁。低者居于山脚岩石，高者数十米峭壁。都是用赤色的原料涂写，以人物为主，配以动物及一些刀具等，人物形象大小穿插，高低互补，结构简单，比例得当，构成一幅幅大小不一而富有动感的神秘画面。

岜娅山（又称画山）岩画，位于原恩城土州那望屯半山腰上，十几个画像，皆正身人像，排列颇有规律，中间是一个体高大、腰佩环首刀的正身人，其左右两侧及下方排列着众小人。"这些人像的形态有二种，上部5人为细方头，细长身，胸略大于腰；下部二排小人则为小圆头，颈部明显，身较小，且上下匀称。但两种形态的人的手脚姿势基本相同，皆曲肘上举，有的肘略外撇，手端无指……在整个左江岩画中，其个体高度仅次于宁明花山最大的一人像。"[1]属原安平土州辖区的名仕田园风光附近拔浪村那角屯岩画，大小人物都裸露着男性生殖器，甚至有些特别夸张的突出特写，整个画面呈现了古时神秘繁缛的生殖崇拜意识，表现了先民朴素的与众不同的生命价值观。榄圩乡仁合

---

[1] 广西壮族自治区民族研究所编：《广西左江流域崖壁画考察与研究》，南宁：广西民族出版社，1987年，第122页。

图 4-1-2 恩城土司岜字山（岜白山）元明清摩崖石刻（局部）（何农林 摄）

图 4-1-3 恩城土司岜字山（岜白山）元明清摩崖石刻·明代赵福惠手掌印诗（何农林 摄）

图 4-1-4 安平土司（今堪圩乡明仕村）那角古岩画（何农林 摄）

村岩画，原属太平土州辖区，画面人物及狗、马等穿插其间，生活气息浓厚。全茗镇政教村上伴屯猴山（岜灵）岩画，属原全茗土州，人物与狗等动物和谐相处，画风与左江流域花山岩画相去甚远，但却与远在云南沧源的崖画风格相近，各种有何种关联的缘由不得而知，但这些都是人类文明的向往与进步的烙印。

　　大新各土州辖区，残存的这些不同内容和形式的岩画，几乎涵盖了现今整个大新县之境，它可否证明大新原住民各部落土酋之间，同属有着共同生命血缘的族群？只是随着时间的推移和空间的拓展而逐渐分化，各自为政。虽然历经了漫长岁月的洗礼，他们依然遗存着相同的文化基因和文化背景，他们这种割舍不断的血缘关系及其相近的审美因子，孕育和支撑起大新千百年来的文化脉络。

诚然,左江流域包括大新境内的岩画,是壮族先民集体创作的伟大艺术杰作,但不可否认它包含了与中原文化相互交融的有机成分。正如有学者认为:"一种文化的发生和发展,往往不是孤立或与外界隔绝的,它需要有内因和外因两方面的条件,缺一不可……在左江流域崖壁画中,有一些器物图像也反映了汉文化的朦胧影响,例如正身人像腰间佩挂的长剑和环首刀以及钟类图像等,都与汉人有关。"①

二、土司衙门双石狮

大新境内的八个土司各据一方,山川迥异,民风有别,他们出现和存在时间也不尽相同,但都比较崇尚文化的建设,集中体现在衙门、宗祠、社坛、庙宇等方面,这是大新不可多得的历史文化遗产。尽管时变境迁,多处已经被彻底改造或人为破坏而渐渐消失,但山野和村落间尚存在不少的土司石刻遗物遗迹。在衙门旧迹逐个拆除后,唯有那些固态的记载——昔年雕龙画凤的石刻,多散落于衙门故地的民居坊间,成为寻常百姓茶余饭后聊天叙旧的坐垫或猪圈牛栏的座基。还有那残留山野间土司及夫人的古墓穴,在经历大自然的风吹雨打后,多少还残余着曾经奢侈荣华的历史印记。它们铅华落尽,却依稀固守曾经的风华和威严,同时也彰显出中原文化对边疆地区少数民族文化的至深影响。从某种意义上看,这是边疆少数民族对中原文化的吐纳之迹,也是边疆少数民族对中央王朝的归附和中华民族认同的历史见证。

石狮,自古以来就是中国人观念里衙门权贵的象征。

大新各土司衙门成双成对的石狮子,与内地其他地方一样,都承载着沉甸甸的象征权威的重责,体现出边疆土司深受中原文化的熏陶影响,并主动接纳中原文化。每个土司衙门一雄一雌的石狮子,高大威猛,如猛虎下山,势不可挡,半蹲者后腿微弯蓄力,前腿呈前跃态势,张开大口仿佛要扑向每一个步入衙门的官员庶民,让人们感受威武与庄严的气氛,在心底里产生对土司权力的敬畏。

时至如今,各土官衙门早已"萧瑟秋风今又是,换了人间"。只留下一些残垣旧址,还有太平、安平、万承等土司衙门的石狮子倒是得到较好的保存。

---

① 广西壮族自治区民族研究所编:《广西左江流域崖壁画考察与研究》,南宁:广西民族出版社,1987年,第199页。

图 4-1-6 清代下雷州印（何农林 翻拍）

图 4-1-5 明代安平州土官李天爢捐资设立的石制香炉（农恒云 摄）

图 4-1-7 太平土司衙门石狮（何农林 摄）

太平土州的石狮子现存雷平镇政府大门的两旁，据说是宋代的，石狮表皮随着时间推移略显粗糙而更具沧桑感。石狮子高大威武，肥硕雍容而威猛，雕工精细，韵足神完，四条腿张力十足，一股地动山摇的架势正奋力前扑，两只眼睛炯炯有神，狮子口适度张开宛如吼叫后雾气缭绕，让人不由避而远之。

万承土州的两只石狮子与太平土州有异曲同工之妙，但体型略小，精瘦而长，动感十足，然力道、精神、气势、威严并未逊色。今尚摆放在龙门乡政府大门两侧，尽管有些破损，被磨得乌黑发亮的狮身，更具质感，整体神形仍不减当年的雄风。

安平土州的双石狮，造于清代雍正初年，原置于安平土州衙门两侧。在20世纪80年代被搬运到县城的西门岛（古称瀛洲）上，守护着烈士纪念碑。

不凡的雕工，体型高大，线条飞动刚劲有力极其富有力量感，前撑后蹲给人跃起的动势。而尚留在安平的一对小石狮子，原置于安平小学门口，小巧玲珑、动感可爱。几年前却被人偷偷运走了一只，另一只现存土司衙门遗址内。

恩城州的石狮子则较小，肥胖敦厚、温文尔雅，没有那种咄咄逼人的霸气而显谦谦君子之风。

茗盈、养利州的石狮子，有存留下来的几乎残缺不堪，无以让人一览全貌。全茗州石狮子娇小可爱，已被当地百姓移作土地神庙的守卫物。

下雷州的石狮子已难觅踪迹，但早些年出土的墓葬泥塑像，小巧而比例均匀，线条优美，表情丰富，具有较高的生活气息和雕塑技艺。可以想象下雷土州的石狮子工艺水平也不差到哪里的。

三、奇花瑞物残照壁

大新各土州衙门的布局结构，基本都沿用内地府衙的规矩建就。尤其到了清代，随着各土司实力的不断壮大，土司衙门（包括宅居）的规模和档次也随之提高，还时兴建设的照壁，因地制宜，规模大小不同，大者近十米长，小的也有四五米，高度则在两三米间，基本上是就地取材，使用本地的石头加工而成。通过雕刻各种奇花异草、飞禽走兽，石头不再冰冷坚硬，而是呈现出生灵的形象和灵魂，同时承载着烙印土司历史文化的重要使命。

安平土州照壁长约两丈六，纯石块雕工而成，石厚而宽，体面较大，所雕刻的龙、虎、马、鹿、麒麟等各种瑞物图像，栩栩如生，活灵活现，至今部分闲置在古城隍庙门口，仅供路人望"石"兴叹李家土司昔日的繁荣和辉煌。

万承土州照壁，残存在旧衙门遗址中轴线两侧的低矮台阶上，尚有些瑞物花卉浮雕石刻。大部分已破损，但依稀可观瑞物奇花的奇妙构图造型模样：有狮子踩球、麒麟乘云、马上封侯、节节高升等。从内容上看，也都与吉祥幸福、圆满美好的中华传统寓意相吻合。线条饱满充盈而富有张力，无不给人以美的感触。下雷土州的照壁也随着土司衙门的拆毁而散落民间，好在当地有心人多方寻找，汇集于北帝庙内一个不起眼的角落，总计二十多块，块头不大，但却雕工精美，线条流畅。据说雕琢的内容是对应二十八星宿，以大象图居多，占三分之二，或卧态或奔跑或蹲式或腾跃或俯冲，动静结合，形象逼真可爱，各尽其态之美。大象，寓意如意吉祥，大新各土司虽都有石雕像，但没有下雷州刻的数量多且形象优美。下雷州以象为主的石雕，不免引发人们联想秦始皇统一岭南后所设三郡中的象郡，象郡就在今崇左之境。

北宋皇祐年间，地处桂西南的侬智高因长期受到邻国交趾的盘剥欺压，三番五次上书北宋朝廷派兵助力，其多次提出要以"象"朝贡。清雍正《太平府志》载："洪武十八年（1385），十万山象出害思明府（今宁明县境）稼穑，命南通侯率兵二万驱捕，因立驯象卫于郡城。"[1]因为驱捕糟蹋百姓农作物的野象而派兵二万余，农田受害之大，用兵之规模可想而知。因此又设立一个特别的"驯象卫"机构专门负责预防和处理人与野象之间关系，可见当时崇左境内大象之多，也反映朝廷与地方州府是何等重视大象与自然及人类社会和谐共处的问题。这更能说明古代左江流域曾经是野生大象的大乐园，长期居于此地的民众驯服与使用大象也是平常事。而下雷州不仅地处中越边境，雨量充沛，深山野林更是大象的好去处。曾经踏足下雷的清代著名诗人赵翼《树海歌》：洪荒距今几万载，人间尚有草昧在。我行远到交趾边，放眼忽惊看树海……诗文中无不感慨下雷州边地崇山峻岭中，原始森林的壮观和大自然的造化。

太平州的壁照远比其他土司规模宏大，但随着州衙历经多次的改造已被破坏殆尽，所残存的不少遗物也散落民间或被倒卖他乡。

全茗、茗盈州仅残存零星不完整的石刻。总之，这些壁照石刻都带有十分浓郁的地域特色和汉壮结合的文化烙印。

四、承载霸业石柱础

大新地处亚热带，常年雨水充沛，湿度较大，自古以来许多民居都采取干栏式结构。土司衙门厅堂也多采用石墩作基，以防柱子受雨水侵袭易损坏。

各个土司的衙门居室，极尽彰显其实力与富贵，以显示官衙威武尊严。那些曾令人望而生畏的土官大户门宅，已在历次拆除改建中消失殆尽，人们已难饱览当年宏伟气势，只能从史志的平面图了解，或通过残留的石墩去感受过去它的承重和规模。

石墩，又称为石基子，是土司衙门和宅房柱子的基垫，起到保护柱子离

---

[1] 故宫博物院编：（雍正）《太平府志》，海口：海南出版社，2001年，第229页。

地、防水防腐的作用。同时，石墩也是彰显主人身份和地位的装饰物之一。根据其不同的用途、位置、承重、石材等因素，施以相应的图案，或珍禽走兽、奇花异草，或多层多面多图，一般成双入对，对称摆设使用。总之，石墩是用完整的石块凿成，形状各异，大小规格不同，都尽可能凸显土司的审美意图和能工巧匠的高超技艺。

八个土司残留的石础，风格大致有些相似，上圆下方，中间有一两层或多层雕花或刻龙凤麒麟的图案，顶头石鼓形状的四周多数雕刻荷花瓣等，显得精致典雅而赋予艺术的魅力。功用及承重不同，个头不尽相同，功夫粗糙与精美也体现了各土司实力的差距。

太平、安平、恩城、万承土州的石墩，高而粗大，图案复杂丰富多样，体现了这些土司历史久远和文化底蕴深厚。全茗、茗盈土州则是比较娇小玲珑，工艺简约，图案简单，与其狭小地域和经济实力不大倒也相当匹配。如今，安平的巷头街尾家家户户的门前屋后，几乎都摆放成双成对的石墩石条，有的完整如初，有的破损不堪，但无论如何都让人感受到安平土州过去的不凡规模与别样豪侈。

图4-1-8 万承土司衙门石柱础（何农林 摄）

图4-1-9 恩城土司衙门石柱础（何农林 摄）

图4-1-10 太平土司衙门石柱础（何农林 摄）

第四章 遗迹：骆越边地的民族文化

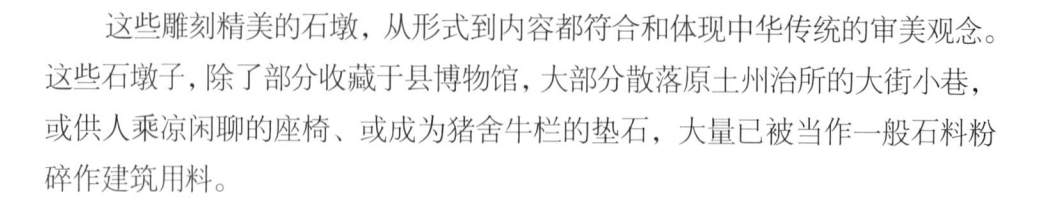

这些雕刻精美的石墩，从形式到内容都符合和体现中华传统的审美观念。这些石墩子，除了部分收藏于县博物馆，大部分散落原土州治所的大街小巷，或供人乘凉闲聊的座椅、或成为猪舍牛栏的垫石，大量已被当作一般石料粉碎作建筑用料。

五、"官墓"尽显竞豪侈

边地百姓对死亡的态度和丧葬习俗鲜有文字记载。随着明、清时期大量流官的莅临治理和土官墓葬改进，才有些文字记载的传世，给后人提供比较翔实可信的史料。明代以前，大新境内盛行崖葬和火葬，清代太平知府甘汝来的《条陈土司利弊》写道："火葬之恶俗宜严禁也。查各土司旧俗凡遇父母及尊属卑幼病故，不行棺殓即举火焚化，拾灰骨瓶……革此恶风不异枯骸被泽矣。"①

桂西边地土司及土民都有自己的民间信仰，尤其敬重自己的历代宗亲祖先，也敬天神、山神、地神、鬼神、树神。崇尚自然也崇拜佛、道，深信人死后归阴就得道升天到极乐世界，并福泽保佑后裔。所以，一方霸主的土司后人都想方设法把土司老爷夫妇厚葬。一来尽显对前人的尊重和孝道，也给自身将来百年留下一个可循规矩。二来彰显一方土司的实力与权威。故而土官坟墓的选地、设计、规模、碑文、图案、材料、雕工等，无不精心谋划。也十分讲究土官墓碑文字的撰写书丹，甚至个别土司老爷亲自撰写，如茗盈土州李以仁破天荒亲为其子"皇清待赠应袭世知茗盈州事李长男（李赞朝）之墓"撰写碑文，还不忘加上"思之请车为椁，乃见天性，有棺无椁，益觉人伦至当，古人有行之于前，我独不效乎于后"，给自己开脱和拔高。而大多土官碑文则重金邀请汉堂流官或乡绅名士、文化名流操笔，尽溢美之词记录死者的生平与功绩。还重金聘请地师（仙）挑选风水宝地和良辰吉日安葬，以期汲取天地灵气，永世泽绵。茗盈、万承州土官及夫人墓碑都镌刻上地师、撰文者姓名，以示对文化人的一种敬重。

1977年在原安平州的安民村一墓地出土完整不腐的土司时期夫妻尸体，

---

① 故宫博物院编：（雍正）《太平府志》，海口：海南出版社，2001年，第247页。

轰动一时，女尸体现存放于广西医科大学，足以证明边地土司也有过人的防腐技术。安平的土官墓地主要分布在上利村的那白土司墓群，现尚有几十个，远远看去，一个个硕大的土堆凸出于杂草丛生之中。据说原先都立有高达两米、厚度四十公分的墓碑，书丹精良。20世纪五六十年代被当地民众砸烂筑水渠，今只剩下一堆堆高大的土垛，分不清墓主及年代。太平土司也是不惜耗费巨资修筑土官墓碑，可惜许多墓碑也已被破坏殆尽。

茗盈土司的侬茶岭墓群，从万历四十年（1612）土官李时骄的神道碑及明清部分土官及孺人等十几座也尽显奢华。其中土官李时骄墓围最大而豪华，封土分三层，第一层为八棱体，高约一米，底座对角线长约三米。棱体的正面是碑文，其余七面为镶嵌浮雕石刻飞禽走兽。第二层是半圆体，半径约一米，用弧形的石料，第三层即是墓顶，高约四五十公分，为石雕莲花。这些墓碑有的还挺立，有的碑帽掉落，有的碑文风化而难于辨识。

万承州的明清土司墓，大部分也被破坏或破损，尚存少数较完整的，如在武安村新兴屯后山侬陇岭许文钰土司父母墓，结构与茗盈土司墓基本相似，棱体三层结构，墓地周边则由精雕的石条、石柱铺设。清代土司许祖兴妻子赵氏及黄氏之墓均在福隆乡营旺村内坟屯，规模大，用料精，图案多，雕工好，碑文齐。土司许嘉镇岑夫人之墓，在龙门乡三联村，占地约四百平方米，墓封土料石，三合土结构，八棱面镶嵌石质浮雕。墓围垆镶嵌石质浮雕二十八面，墓碑前往山下铺有设百米的长条石阶，工程量大，中间又建有几十平方米的平台，全部用长石条铺设，两边摆设有石狮子、石鼓、石柱等等，蔚为壮观。而早于岑夫人而殁的土官许嘉镇五女瑛之坟，虽规模没有其母宏大精雕细琢，但也是非富家子女所能比的。尤其，其父许嘉镇含泪写下情深意切的碑文，也是绝无仅有的。

万承土官许嘉镇之墓，则葬在原属州地屏山乡刘家（今属隆安县）的泥岭间，同样早被盗墓贼挖盗和自然破败，但从遗散一地的各种雕工精美的石件看，建设规模与工匠水准并不亚于其母其妻之坟。值得一提的是清代万承州土官及夫人的众多古墓，在石碑下两边雕刻龙凤相拱着居中的栩栩如生的"三头鸟"图案，三鸟头引颈向天好像冲天鸣叫，不知其之源头及用意。且仅见于清代万承土官许祖兴、许嘉镇及其夫人之墓，万承其他土官甚至周边的土州均无类似图案。许嘉镇之弟许嘉铨尽管曾征召远赴云贵，并立有战功，除了墓碑的规格及镌刻工艺无差别外，其墓地规模则无法与其兄长可比，墓围简单的不规则石头垒砌，显得比较简陋朴素。更没有墓碑之下端的"三头鸟"图案。这兴许就是土官与土官族的地位差别所决定的吧。

下雷土官明清古墓，分布在土州的东西南北四方，宣示着下雷土司所辖领地。尤其葬于中越边境线上的许宗佑等多位土官族墓群，具有誓死捍卫每一寸国土的深远含义。可惜，大多土官墓碑被风化或残破，使得藏于石碑上的许多土司历史更是扑朔迷离。

六、勒石晓谕遍山村

千年的土司，有行使千年的特权，上对朝廷归附，下对黎民管制。各朝代各地区少不了清规戒律的颁布实施，应革应留的官样文告：税赋夫役、山林土地、边界勘定、乡规民约、治安管理、水利资源分配等。作为国家、土官与土民之间带有"契约"作用的一种关系，必须要进行"勒石晓谕"。在古代，桂西南山重水复，交通险阻，信息闭塞，各式条文的刻石晓谕既庄重又威严，且不易风雨剥蚀，是长久有效的最佳途径。故而明、清以降，大小不一的石碑就肃立于各土州衙门前或百姓往来要道及村屯口。有"万古不朽""告示碑""开圩免役执照碑""应留应革年例碑""永定规例碑"等，凡此种种石碑，1米至2米高，1米左右宽，按照不同内容而采取不同的文体排布镌刻，大多楷书也有少许行书，刻工精到。虽经风吹雨打岁月磨砺，至今有的还是清晰可辨。尽管许多石碑已经失去了它原有的功能效用，但却是人们研究当时政治经济文化的历史物证。这些明清石碑，是见证一段远去历史的文化遗产，也是文物。有的至今还耸立田间地头、村屯树下，有的则横竖杂草丛中，更有用作桥路的基石，或置水池沟边搓衣石板，镌刻的文字被打磨抚平已经不知所云。时过境迁，铅华落尽，曾经威严的石碑，曾经象征法律文书权威的一行行精致的文书，已经被一点点地弱化消失，也湮灭了曾经叱咤风云的一桩桩往事。

广西博物馆根据20世纪50年代石刻调查所编印的《广西少数民族地区石刻碑文集》[①]一书共151通碑文，其中大新县就有72通，从明清到民国，

[①] 广西民族研究所编：《广西少数民族地区石刻碑文集》，南宁：广西人民出版社，1982年。

时间跨度近五百年，涵盖八个土州，尤以太平州居多。近年，又发现不少明清时期的土司碑文，更加丰富了大新土司文化的内容。

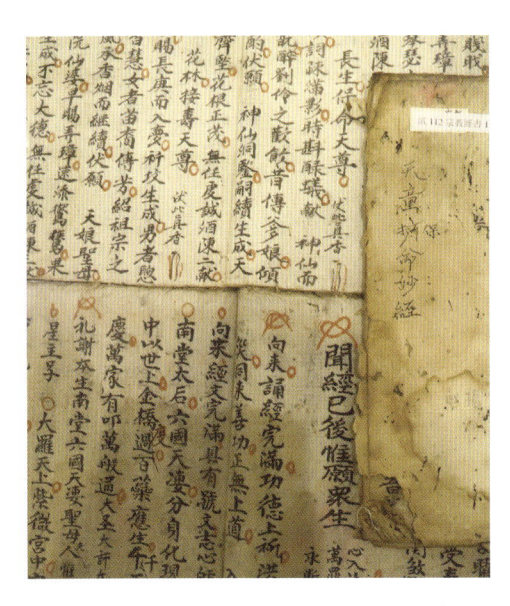

图 4-1-11 大新县古代道经手抄本（农恒云 摄）

图 4-1-12 1987年版《广西少数民族地区碑文契约资料集》（何农林 摄）

恩城州：

清雍正八年（1730）二月十二日《恩城土州革除蠹目及禁各项陋规碑》，为恩城末位土官赵康祚所立。

清光绪十七年（1891）《恩城分县重建维新书院碑》。

明景泰四年（1453）《重新恩城州治之碑》：

创业垂统，世袭爵禄，显融后先者，遵明制，循世功也。若恩城州，山川迥合，风土人物为诸州最。奉训大夫土官知州，姓赵氏，讳福惠。天资浑厚，心平气和，功光列祖，业垂后裔，尤其善者焉。自大父讳雄杰，爰及其先父讳智显。前后相继，咸未实授，惟时食于土者，器宇有哲愚，公宇未暇构，创庐侨居，以掌州事。爰其叔讳智辉者，绍其兄智显之绪。钦蒙实授知州职，亦因循其旧也。迨夫赵侯应期而生，不幸幼岁而孤，大夫人黄氏节守，居家嗣徽音，克勤俭，以长以教，俾至成人，目老赵八辈交荐，侯之长而且贤，白所司以其事闻于上，宣德壬子冬，入觐大廷，天官应允，荣膺前职，知恩城州事，其不轻而重也较然矣。自莅任来，以平易处心，以仁恕待物。

越正统戊午春，政通人和，百废俱兴，乃相其旧宇陿临弗称，于是鸠工集材，琢石陶甓，复营治之，厥土燥刚，厥位面阳，厥材孔良，首创堂室户牖，以攸跻攸宁；次甃济川桥，以利涉攸往。故莅政有堂，闲室有舍，庖廪有次，巨川有济，百尔器备，并手偕作，材出素具，疫不及民，厥功迺完，落成且有日，走价礼聘征予纪其成于碑，以传后世，庶使其后之子孙知其所自也。嗟夫，尽创业于前者固可美，善继述于后者尤可嘉。然而贤侯今日创始如彼，而贤嗣后日继述如此，殆见由子及孙，从一代至于百代，固未艾矣。诗云：子子孙孙，勿替引之。此谓也，予重其命，谨摭其实，遂刻于石，用期其弈世簪缨之盛，与天地日月相为悠久云。

大明景泰四年岁次癸酉春二月既望日太平府儒学训导玉田林叡撰，识字土人赵昌书，奉朝大夫世袭土官知州赵福惠正妻许氏妙珠次妻梁氏善景颢立[1]

图 4-1-13 太平州清末万古不朽碑文（农恒云 摄）

---

[1] 广西民族研究所编：《广西少数民族地区石刻碑文集》，南宁：广西人民出版社，1982年，第4页。

太平州：

明天启四年（1624）五月《左州养利奉断在太平筑坝灌田碑》裁定太平、安平、恩城与养利等州之间农田灌溉的用水纠纷。

清光绪五年（1879）《广西巡抚禁革土司地方科派告示碑》。

清光绪六年（1880）《广西巡抚部院严禁土汉官吏籍端需索土民碑》。

清光绪十三年（1887）《广西布政司札发太平府饲养俘象事项晓谕碑》。

《太平土州五哨新旧蠲免条例碑记》涵盖乾隆四十九年（1784）十月至嘉庆七年（1802）九月繁杂条款。

民国七年（1918）《太平土州给驯村开圩免役执照碑》即《万古不朽碑》。

安平州：

清光绪三十三年（1907）《安平州格峎等村重修庐山岩庙置产办学碑》。

清宣统元年（1909）《安平土州批准五处向定规例碑》。

民国六年（1917）《安平土州蠲免南化团官吞番穀等项碑》。

清乾隆二年（1737）七月《安平土州永定规例碑》：

广西太平府安平土州，为檄委查审军事。本年七月初二日，奉本府正堂李驿、盐道宪张准、藩宪杨奉督、抚部院鄂、扬批准本署司会同贵道呈详安平土州每年规例银两、米谷，以及长短夫役，应革应留各项，理合逐一开列勒石晓谕，永远遵行……①

全茗州：

清雍正三年（1725）《全茗土州禁革碑记》、乾隆五十二年（1787）《全茗土州呈准照章应留应革地粮等项碑》《布政司禁革土司地方籍命盗案苛扰告示碑》，密密麻麻刻满"各宜遵碑内条款办理，毋得滥派抗违……"共二十几项条文规定。

茗盈州：

清乾隆五十一年（1786）《茗盈土州奉批详定应办额规款项碑》。详细列出一项项应革应留的苛捐杂税、应劳役工日、鸡鸭等数十项。

下雷州：

巴偅村清光绪三十四年（1908）《奉宪示》，至今依然孤零零地竖立在村口，

---

① 广西民族研究所编：《广西少数民族地区石刻碑文集》，南宁：广西人民出版社，1982年，第19页。

供路人端详品评，戏说几百年前的税赋劳役往事。

万承州：

清嘉庆十四年（1809）《太平府详定万承土州夫役名额告示碑》将太平府审定的各村屯夫役定额及折缴银两等勒石晓谕"万承土州九甲六村民人知悉"。还有《万承土州土官家族头目等分占官田碑》《万承土州冯庄壏岜两村乡规碑》。

其中《严禁土民赴州县衙开越诉告示碑》：

兵部侍郎兼都察院右副都御史巡抚广西等处地方马□为严禁事，照得粤西各土司地方，遇有寻常案件，往往不服土官传问，辄赴州县衙门控告，该州县即派官亲丁役前往提案，任意向土官需索供应差钱，土官遂转取偿于民，其扰害不可胜言，除饬该管知府随时查参外，合行出示严禁，为此示仰汉土各官知悉。自示之后，凡有土司所属田土户婚等细故，遵照定例，由该土司审理，若非审断不公，及未到土官呈告，即赴州县衙门越诉者，不得轻准传提，如有必须提审之案，只许派差协同土役提解，不准派官亲家人前往，致滋骚扰，其派去之差，应与土役赴原告家传唤，不得安坐土署需索，该土官亦不得籍端科敛钱文，尚敢玩违，一经查出，或被告发，定即严参究办不贷，各宜懔遵。特示。

光绪拾陆年（1890）四月初二日

告示

勒万承土州晓谕[①]

清末，内忧外患，地处偏僻边地的大新，民众意识逐渐觉醒，官民的矛盾日益冲突，夹杂在官府与百姓之间的各土官也是左右为难，不得已而开始革除部分苛捐杂税或无偿夫役。

太平州境内至今还保存不少的石碑中，除了应革应留、开圩给照等之外，也有多通"免夫役捐资建校"或封山留林、水利纠纷处理之类碑文。

这些石碑，大小不一，庄重而伟岸，有些至今屹立在郊野，让人审视曾经肩负的历史担当和风雨洗礼的厚重沧桑，涵盖政治、经济、文化等方方面面，可以说是大新土司文化的一部固化的史书，也是大新古代和近代社会经济的活生生的教科书。

---

① 广西民族研究所编：《广西少数民族地区石刻碑文集》，南宁：广西人民出版社，1982年，第62—63页。

图4-1-14 清代太平府知府查克檀题写恩城岜翠山"小玲珑"石刻（农恒云 摄）

第二节 蛰伏于山水间之风雅

大新县发端于春秋战国而分布于原各土州的崖壁画，也是左江流域花山岩画的组成部分。从画面蕴含的内容上看，包括大新在内的左江流域先民，早已同中原文化有着千丝万缕的联系，自然也已是深受中原文化的润泽和融合。

自从秦始皇平定岭南而设桂林、南海、象郡。桂西南一带的大新为象郡属地，大新的壮族先民自然是中华民族的一员。壮族人继承其先祖骆越文化精髓，又秉持包容、开放、交流的心态，吸纳来自周边各民族的先进文化，尤其是中原汉文化影响至深。

当然，在漫长的历史长河中，各民族文化之间的相互影响与吸纳，有的如春风化雨润物无声地慢慢衍化，有的则是以律法方式轰轰烈烈强制推行。比如，秦始皇灭六国统一后而推行同车同轨同书同文政策等，那是以国家的强制力量不可逆转的，能在短时间收到行之有效的结果。有的则不然，不仅受制于时空，更因思想意识的差距，需要时间累积和磨合而水到渠成。大新壮族先民接受汉文化影响与融入，更多属于这种渐进式的。

　　始于秦汉的封建中央王朝对包括八桂等边疆地区少数民族推行羁縻制度，即"因俗而治""以夷制夷"政策，也是中原文化对边远少数民族文化潜移默化的交融形式。到元、明、清演变而成为完善的土司制度，在确保中央王朝的统治之下，也充分保护了少数民族的"自治"及其民族文化特性的成长与发展。一些溪峒"土酋"早已景仰并欣然接纳汉文化的熏陶。引进中原先进的生产技术，极大地推动了边疆地区经济社会的发展。经济得到大发展的同时，也必然加大中原先进文化的交融渗透，促使边疆少数民族的文化得到空前的活跃和繁荣。边地原先较为单一的文化生态结构，逐步形成壮、汉等多元文化的融合，表现在当地居民日常的生活起居、节俗等也逐渐融入了汉文化的元素，出现了壮汉等民族文化和谐发展的良好现象。从安平土州会仙岩、茗盈土州穷斗岩等诸多的摩崖造像看，土司老爷及侍者都兼具汉式官服和壮族服饰融汇一体。这种融合，不仅是政治、文化上的认同，更是从思想灵魂深处真正归属中华民族大家庭。

　　当然，汉文化在大新的传播和融合过程中并非一蹴而就的，而是一个艰难而循序渐进的漫长过程。

　　唐代西原州（辖左、右江一带地区）黄氏父子为代表长达一百

图4-2-1 明清时期恩城州岜白山崖壮汉文字混用的诗文墨迹（局部）（农恒云 摄）

多年的农民起义，再而到宋代侬智高的起义，虽然最终难逃失败的结局，但对唐、宋王朝的冲击是不可小看的。唐、宋对这些起义的平定，大量内地官兵涌入是不争的事实。随着这些农民起义的失败，唐、宋王朝必然加大对岭南羁縻州的管控，下派汉官数量也理所当然增加，使得汉文化传播也随之加快。彼时，大新境内的几个羁縻州都属于西原州的势力范围，也必然较早接受汉人的调遣和汉文化的熏陶，主要表现在汉字的使用与汉诗文的出现等诸多方面。当我们随着"大新八大土司"这根维系着祖国南疆绵延不断的历史文化之线，穿行在大新宏阔的历史文化时空里，就能深刻地体悟壮乡先人蛰伏于古典诗文的审美追求和饱含的浓厚家国情怀，也可了解大新土司文化的精神内涵。那自然是一件快意不过的乐事，犹如一场汉与壮两个民族思想碰撞和融合的文化之旅。残存的一些摩崖石刻，被粉尘掩盖了数百年无人问津，许多诗文无从掀开历史封存的幕布，自然也不被世人所赏读，这是历史的遗憾，也是有负于先贤的初心。

曾两知邕州（南宁）的湖南永州人陶弼，在宋熙宁二年（1069）仲冬，以"六宅使"的官服风尘仆仆巡抚今宁明、龙州、凭祥、大新，一边跋山涉水体察民情社意，一边赏幽访古作诗，在龙州、宁明、凭祥欣然吟咏题壁。当巡察至养利州（今桃城）万礼"贝岩"石壁，他饶有兴趣地挥笔写下"六宅使陶弼抚边过此，曹春卿、李时亮从行。熙宁二年仲冬二十七日指使龙遻、马仲谋、程瑰、邵先。贝岩"。七行字，由左及右排行竖写。这脱胎于唐楷的正书，书丹于凹凸不平的岩壁之上，坚挺硬朗的笔触铿锵劲健，透露出"颜筋柳骨"的风采。"尚意"书风盛行的宋代，这几行楷书倒是显得有些突兀持重且不合时风，此乃目前大新甚至崇左市境内所见遗存最早且保存完好的汉文石刻，这刻石无疑是汉堂流官在大新境内最具有代表的留迹。不仅昭示大新接纳中原汉文化洗礼的启端和历史经纬度，也是壮族先人包容大度用心呵护的绝好见证。

陶弼与李时亮既是官场挚友又同为诗人，时有诗词唱和。然而路经山水旖旎的大新，除了刻有以上几个字聊作抚边记载之外，没有留下赞美大新自然人文景致的只字片言诗文，不免有些遗憾。倒是后来的明、清时期墨客流官，发端于养利州而辐射周边的土州。

养利州，因明代宣德初年土官赵文安"侵暴邻境，弑戮良民"被官府捕杀而改土归流。打响大新土司改土归流的第一枪，也是官府打入大新众土司的一个坚实的楔子。作为首个改土归流的养利州，也是最早接受中原文化的浸润的地方。朝廷派来的汉堂流官掌管了养利州，加快汉文化教育和建设，加大对周边土司的文化辐射。尤其明代流官治理力度不断强化，大批来自内地既有文化又兼通诗才的流官，给这片孔孟之道先天不足的水土注入厚重的汉文化因子。许多从大江南北而来的汉堂流官，不仅带来先进的生产技术，更是传播汉文化的倡导者和亲历者。如安徽六安的罗爵、云南临安的王之绪、福建福清的叶朝荣、广东的许时谦等等流官，他们修水利、建学堂、兴教育，教民从学，开养文风。因此，养利诗文渐渐隆盛日昌，尤其以养山叠翠、观音峭壁、悬崖仙杖、金印奇峰等为养利州十大胜景，流官骚客，登临题咏，留下许多脍炙人口的诗词佳句。养利城西的金印奇峰开辟"印山岩"，镌刻大量的诗词歌赋，成为历代文人墨客雅集唱和的绝佳之地。

　　　　许时谦《萃绿亭》
　　　吏事边城少，探幽得自吟。
　　　构亭倚白雪，伴客憩浓荫……

明代淮安人胡思忠进士，其诗作《送邵太守赴任养利知州》写到：
　　　万家烟火蛮夷靖，千里风霜瘴疠销。
　　　知尔此身堪报主，岂因歧路叹蓬飘……

　　明清时期，纷沓而至的许多流官（诗人）以诗文传颂与教化，极力推动作为汉文化精髓载体之一的诗文润泽边陲，沁入人心。使得边地也兴起诗文的吟诵唱和，催生不少的本土诗人诗作，如安平土官李明峦，恩城土官赵斗清、赵芳声、赵贵炫，太平土官李蕃、李禔及养利州的土人赵天益、钟裔，恩城州的赵瑶、赵宗显等以诗文传世。可以说，大新千百年来文化的发展，与土司制度及其经济条件是相辅相成的，与壮民族的勤劳好学特性是极其吻合的，更是与汉民族的人口迁徙影响息息相关的。在一次次文化碰撞交流中，相互的汲取、融合、完善，也较好地保存和形成了壮民族的特色文化。
　　还有途经大新的流官或文人触景生情而频出佳句，如清代两知镇安府的

图 4-2-2 大新恩城土司岜字山（岜白山）元明摩崖石刻·元墨迹（何农林 摄）

"性灵派"著名诗人赵翼，路经养利州而作《于役养利》四首，记录当时养利的山水风貌和风土人情，"不知二月春犹浅，已似江南五月天"。"知是夜来春雨足，争向山头种芋魁。"尤其所作《树海歌》洋洋洒洒绘声绘色地描述了由下雷往云南方向一带山区原始森林的郁郁葱葱奇景。山东高密诗派代表之一的李宪乔（少鹤），乾隆年间曾两知归顺州（今靖西市），政声卓著，公余吟诗作赋，收徒布道，多次询风当时尚属镇安府所辖的下雷土州，有"山行入番接，月色与华同"佳句传唱。

至于大新境内何时开始出现汉诗文，因史料的缺失很难做出确切的时间界定。从现存的恩城及养利州诗文石刻墨迹推断，最迟也发端于宋、元时期。元末恩城土官赵胜保题于州城后山崖的《至正九年闰七月二十四日有路官军兵攻围州城题》就是最好例证。

其实，在没有改土归流之前，养利州也已有汉诗传唱。让我们把时光溯回到将近七百年前养利州土官的题诗。同是至正九年（1349）夏天，恩城州城刀

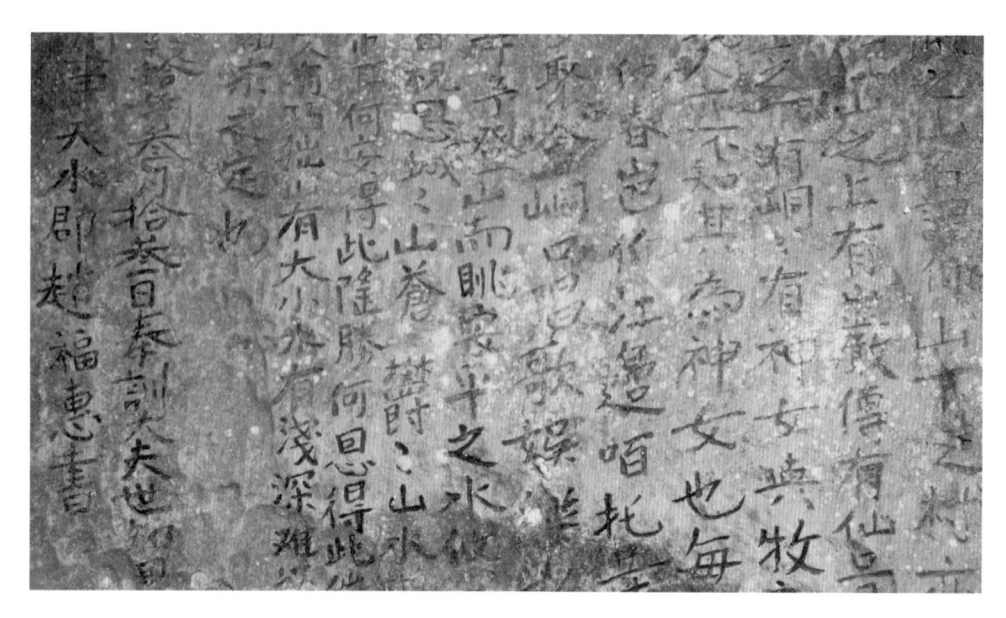

图 4-2-3 恩城州明代赵福惠土官岜仰山游记石刻（局部）（农恒云 摄）

枪剑影战火连天，而近在咫尺的养利城免遭殃及，一派祥和，令养利赵家土司们欣喜不已，欣然结伴在养利州衙附近山间吟咏题壁，留下一定规模的诗崖，可惜不少诗作墨迹已经被岁月无情碾压或尘俗所覆盖，能见者寥寥无几。其中：

赵志龙《赞养利州》
（至正九年乙丑腊月吉日）
东南西北已万家，楼台鼓角度年华。
英雄养利州州进，处处归降相府衙。

赵起元《和之王》
乾坤之下尽人家，养利军州地最华。
官列封侯居第一，声名胜过各城衙。

元至正九年（1349）乙丑腊月吉日，养利州早已从今那岭乡的旧州迁徙新址（今桃城镇），数年的卧薪尝胆，苦心经营，州城渐成规模。

这些诗作，虽然文辞直白略显俗陋，但发自赵土官内心的情深感慨，已包含儒家那些齐家、治国的思想成分。抱着为政一方的雄心壮志，并非一般土民所能的，在当时瘴疠横行荒蛮偏僻之地，其二人能吟出这样的诗句，没有良好的汉文功底是不可能的，反之，也恰好证明汉文化在闭塞的桂西边陲早已广为传播和被吸纳。

时光又过约六百年之后，养利州治所（今桃城），应验了赵土官诗中所寄托"声名胜过各城衙"的愿望与理想，成为管辖曾经平起平坐的其他七个土州的政治经济文化中心，即现今大新县的县城——桃城。

恩城州，赵家土司。夹在安平、太平及养利诸州之间，地幅不大，然其碧水青山间却分布不少明清时期文化旧迹，尤以岜仰山、岜白山、摩斗台、小玲珑等著称。赵家土司老爷诗文存世较多，亦不乏可咏之句。

元末明初恩城土司赵斗清曾发出"恩城世代文官现，举笔成章透上清"的铿锵豪言，饱含着满满的文化自觉和自信。又"入木三分未为重，兰亭柱上七分兴"。更说明诗书等中华传统优秀文化早已影响地处偏僻的荒蛮地区，深深地烙印在土州时人崇贤好学的思维中。

立于明景泰四年（1453）的《重新恩城州治所碑》，撰文者为太平府儒学训导玉田林睿，而碑文则由"识字土人赵昌书"。到清光绪十八年（1892）《重建恩城维新书院》的碑文，是恩城本土廪生赵英翰所撰，两个赵姓都为恩城的本土人士，体现和印证了恩城赵家土司一直尊师重教的独到眼光与举措，与恩城赵家先贤崇尚文教是一脉相承的。可见，大新土司及一些土民，很早就深受汉文汉诗的熏陶。大新土州现存较早的诗文，是元至正九年（1349）腊月——养利州赵家土官的摩崖石壁诗文墨迹。同年夏月，恩城土州也发生一起大事件，一股官兵攻打恩城，土官赵胜保率领土兵土民英勇迎击，击退来犯之敌，保住了恩城州衙，并以诗歌的形式纪实题写于衙门后山的石壁。

（元）土官赵胜保《题岜白山诗》
戈甲相持对垒围，旗开金鼓震如雷。
城池坚闭关难破，山寨高悬峰未摧。
心上文韬论军政，胸中武略使兵回。
从今州治平安兆，相业中兴民物归。

赵胜保，又名赵圣保，元代中后期恩城土官。其诗记录元代时期的恩城州抵御外来入侵的战事，褒扬恩城土司遭遇顽敌而指挥有方，英勇痛击来犯，永保州衙城池坚固不摧的喜悦之情。

当然，这一石刻是其子孙（赵斗清）于明朝初年命工匠镌刻的，其诗文墨迹在相距不远的崖壁上，六七行的跋文还若隐若现。尽管随着时光流逝且又被烟熏泪没，但至今依然可见赵胜保当年笔下铁钩银画的森严气概。

赵斗清《题岜白山二首》
《赵君得回》（其一）

（洪武三年（1370）暮春中旬日，知恩城州赵斗清游岩曰）
一旦天开袭祖城，囚机说略治民平。
自从衣锦规模壮，身佩天恩世世兴。

《又谈古风意曰》（其二）
龙州流倚未清平，衣锦规模快活城。
闲步游岩逢古字，顿笔岩前重别成。
恩城世代文官现，举笔成章透上清。
入木三分未为重，兰亭柱上七分兴。

赵斗清，元末明初恩城土司，系赵胜保之孙辈。诗成并刻于明洪武三年（1370），时尚在土官位上。他把自己和祖辈的诗文分别镌刻于石壁，以期金石同寿，流芳千古。这样，祖孙两代土官给州城的后山赋予了人文的意义和文化的灵魂。

赵福惠《题"手足"石刻诗》
遗迹存形在后岩，留名千古子孙看。
愿惟地久天长永，保守宗基若大山。
天顺八年（1464）十二月十一日致仕知州赵福惠题

因身体原因而知仕（退休辞官）已有十一年的老爷土官赵福惠，还是没能闲下心来，每每瞅着赵家庞大而威武的土州衙门，联想自身病老一身而无

图 4-2-4 大新恩城土司岜字山（岜白山）元明摩崖石刻·明岩画（何农林 摄）

不感慨地发出心声，突发奇思异想，明天顺八年（1464）于岜白山石壁上，按一比一惟妙惟肖地阴刻"一掌一足"并赋诗期待"保守宗基若大山"。手、足的关节纹理都被精细地镌刻，至今清晰可辨。当地民间传说，古时候赵家土司曾将一大批金银财宝藏于岜白山的山洞里，每次欲打开山门得找一个与土官手足相吻合的人⋯⋯赵福惠于手足旁边赋诗以记其盛："惟愿地久天长永，保守宗基若大山。"明成化八年（1472），还是赵福惠，在手足石刻的右侧，凿平一块不易被风吹雨打日晒雨淋的石壁，镌刻恩城赵家土官族谱，将其之前的赵家列祖列宗有序排列。而其中宋至元朝赵家土官正确与否难以考究。这土官族谱摩崖石刻，不仅是大新县境内唯一镌刻在摩崖上的土官族谱，也是左江流域众多土司乃至广西土司史上绝无仅有的创举。恩城土官后之继任者，都自觉在这石面上自豪又小心翼翼地镌刻自己的芳名，以期永远"子孙相继，承受祖业，传知后嗣，耿耿不泯"。可是，土官族谱镌刻仅占石面三分之一，便戛然而止，这个作品却永远是个不可能完成的半成品，最后一位作者却没能在画卷上提笔续写便悲情地收卷，永远地留下一大片似云似水的幻化空白，任由后之览者的想象揣测。那是清朝雍正十一年（1733），土官赵康祚的"奸妹杀叔"一案，恰好碰到正在磨刀霍霍进行改土归流的刀口上，便成为继养利州后的第二个"土改流"的土司，从此，恩城州就成了崇善县一个分丞，直到民国七年（1918）才划归养利县。

明代土官族的赵彭贤、赵芳声均在"岜白山"崖镌刻诗文，被尘土苔藓所覆盖，然而数百年一直深藏而不为世人所识，近年笔者公余寻幽稽古，有幸得见而收录并公诸于世。

赵彭贤《咏观音寺二首》（其一）

寻幽独步观音寺，揽胜频登兜率宫。
满目云山罗法界，诸天洞雁迥尘踪。
忘机林鸟迎人语，引兴岩花向客红。
抚景挥毫题岩壁，诗联留待碧纱笼。

万历元年岁次癸酉年春王正月哉生明镌刻，恩城三山道人赵彭贤题

赵彭贤，恩城土官族，诗文成于明万历元年（1573），字不盈寸，点画精到，草法规范，体势飘扬生动。

作者自署"恩城三山道人"，生平不详。曾见恩城土官世袭有赵彭年，两人应是赵家土官同辈之人，也可能是亲兄弟。在那个世袭制度森严的土司年代，兄弟、嫡庶是不可跨越的"红线"，否则会偷鸡不成蚀把米，惹来杀身之祸。在赵彭贤的诗句里，我们可以感受到他的一心佛事之寄托。

赵芳声《登观音寺》

不胜槛外频游客，谁识丛中有卧龙。
幽谷云迷松顶鹤，鸣蝉音冷寺边钟。
烟深汩没碑文暗，香篆增华璧翠浓。
觅雅起尘登胜地，来参象教觉愚蒙。

赵芳声是与安平州李明峦同时代的恩城土官，掌权于大明江山风雨飘摇的崇祯年前后。只是，两人的土司任期时间长短不同罢了。赵芳声在摩崖土官族谱自身的名字前，诚惶诚恐地添上"子"字，这个本来不难理解的单体字，

却隐藏着常人难以看穿的奥秘。赵芳声并非前土司那个郡庠生的赵朝缙嫡子。《太平府志》里一句"自（赵）彭年至应极（芳声之次子）未详其世系"道出了玄机所在。因为他前任赵朝缙有个继位的"江南女优"赵天锡，成了承袭无嗣夫君（赵朝缙）的土"女皇"也无继而终。不得已只能从赵家官族里，举荐族人赵芳声荣登土官宝座，赵芳声名字前只好加一个"子"字，没有像其他土官名字加以"生子"作界定。

赵彭年、赵芳声诗文刻石，每字皆为一寸见方，草书，草法尚较为规范，几乎字字独立，但笔迹飞动有势，虽历经年久仍依稀可辨读。其诗文意境较为含蓄有味，皆借景而体悟佛道清凉之境。赵彭年诗文早于赵芳声36年。徐霞客1637年农历10月21日到恩城时所见："而州帅赵芳声病卧，卒不得夫，竟坐待焉。"赵土官当时重病在身，否则，会热情款待远道而至的江南墨客，说不定还偕同信步"岜白山"的观音寺烧香拜佛，谈诗论道，唱和抒怀，不至于徐霞客匆匆别离且对恩城下笔惜墨如金吧！只怪两公缘分太薄，天公不作美。赵芳声此诗成于万历己酉年（1609），能吟咏出此水准诗句，自然不是个毛头孩童，应该年及而立了，距离其荣任土司时的天启年已有十多年，与徐霞客1637年到来相距约三十年。而徐霞客过恩城时，赵芳声已袭位二十年了，其时年龄也该是六七十岁了。

岜白山壁间，还有明、清时期的桂林、蓝浩、陈有成、陈有才、赵玉、赵宗显等流官墨客和乡贤绅士登山吟诗作赋，挥笔作画罗列数百米的诗书画崖等的诗文字迹，不仅诗作押韵，对仗工整，诗意清幽，而且书法功底不浅，尤其陈有成、陈有才以草书题壁，草法准确，行笔流畅，一气呵成，可谓深得草书意趣。故后人改而称之"岜字山"。

李明峦《恩阳白山岩次司马第四六钦使韵》

星轺何幸陟巍屼，目尽穷边此日难。
稚子无能拜青雀，丘民应赖睹华冠。
篇诗芋王遗发寺，一律如春遍小峦。
我意亦从文斾动，商量共把早霞餐。

安山晋阳李明峦

李土官此诗文未署具体时间，楷书，书写风格与摩斗台相近，都刻得比较浅而细，加之使用一些异体字或俗字，比较难以释读。

岜白山石壁上至今还留下明清时期，当地秀才或歌手以《春日登岩》同题的数首汉字与壮族俗字结合一体的"山歌诗文"墨迹，这种只能用本土壮语朗读传唱的特殊载体，具备诗歌格律的平仄和押韵要求，是山歌民谣趋向雅化诗歌的渐变，可以说是大新民族历史文化融合的奇葩和典范。

在岜白山的另一侧有个摩斗台。阳刻的"摩斗台"三个行书大字，略带颜真卿书体的伟岸庄重而丰盈饱满。岩洞内洞口顶上也写有盈尺的"灵岩"两个楷体大字，阳刻施以白粉而显得别样夺目。洞内原置佛像数尊曾经被破坏又重塑。洞两侧崖壁间错落有致地镌刻有十几首明清土官诗人的诗文。最早者为明末安平州土官李明峦题咏《摩斗台》五律、七律各一首。

(其一)

鹤啸空山振，林阴燥念降。
鸟迎新客调，梦卷晚风幢。
只此哀余迹，都来愁满腔。
天龙何处食，孤月冷云窗。

李明峦此诗刻，应该为摩斗台最早的题壁，算是摩斗台的开山之作。李土司在恩城的诗文落款，都署"安山"或"安阳"表明其安平州身份，也添几分谦和儒雅古风。

还有来自湖北、山东、广东远赴恩城为官游览的清代文人胡光琼、赵凤池、农宗儒诗刻。其中，随其父辈远到恩城的楚人年仅十二岁的孩童胡敬铭，居然吟唱出"欣随杖履步云梯，最上峰头日影低。洞里仙人不可见，退心时往太华西"的豪迈之句。可惜，这个年幼聪颖的小诗人后来成长如何不得而知。

众多诗作中，有恩城州赵贵炫土官唱和二首。

赵贵炫《和李明峦（摩斗台原韵）》
（其二）

摩斗岩阿筑一台，台名摩斗隔江开。
凭高醉唱梅花笛，济胜斟倾竹叶杯。
赋就怀人还自箴，兴浓游骑谩相催。
休言地僻无题咏，太史曾经物色来。

赵贵炫，是个颇有才情的恩城土官，深得其爷辈明末土官赵芳声的衣钵，诗中既"醉唱"又"斟倾"，大呼"休言地僻无题咏，太史曾经物色来"，呼出了土司老爷的傲气霸气。书法也见功夫和风骨。足见恩城州历代土司还真的乃武乃文，出口成章，下笔成文，正如其祖辈赵斗清所言"恩城世代文官现，举笔成章透上清"，令人信服并非虚言。

赵贵炫不仅腹有诗书，治理州事也是井井有条。但是，作为祖父，他却不甚称职，偏偏出个"孽种"孙子，即一手将恩城土州拱让出去的赵康祚，他成了恩城土州的罪人也是末代的土官。当然，从另一个角度看，赵康祚却是恩城获得新生的"救星"，是他让恩城土州一夜之间成了崇善县的一个分丞。又在恩城被废州约三十年后的乾隆年间，引来同为京城皇族的太平知府查礼、查克檀先后巡游偏僻的恩城，当他们拾步原州衙后蕞尔之山——岜翠山，都欣然命笔吟诗题字。尤其查克檀的"小玲珑"深受百姓所乐道，被称为清代恩城土司后花园的岜翠山，又多了一个朗朗上口的新名称——小玲珑，并从此以小玲珑扬名后世。

而查礼也不失斯文，作了较长诗作《岜翠山》流传乡间。

蛮荒多奇山，处处足幽讨。
爱此一拳石，嵯峨丘壑小。
邃窦颇玲珑，绝涧亦深窈。
飞梁悬峰间，陟险步履棹。
苍苔延寒绿，老树挂萝茑……

岜仰山，属恩城土州，与安平州一水之隔。耸立在一年四季奔流湍急的安平仙河岸边。赵福惠在正统十年（1445）攀游岜仰山而饶有兴趣地挥笔写下简短精悍的散文游记。

赵福惠《岜仰山记》

恩城之山，名谓仰山。下之村亦谓岜仰，山之上有岩，传有仙骨藏于之上；山下有峒，峒有神女与牧童狎玩，人亦不知其为神女也。

每年三月仲春，岜仰、江边、哃托等村男女聚会峒口，唱歌娱乐，以冀丰年。

予登山而眺，安平之水悠悠洋洋，回首视恩城之山，苍苍郁郁，山水相隔一衣带耳。

何安得此隆胜？何恩得此微饶？从者曰：人有巧拙，山有大小，水有浅深，难以一概而论也，祖宗之定论也。

大明正统十年（1445）三月十三日，奉训大夫世知恩城州事天水郡赵福惠书。

赵福惠，乃明代恩城土司，"天资浑厚，心气平和……迨夫赵侯应时而生，不幸幼岁而孤。太夫人黄氏守节，居家嗣徽音，克勤俭，以长以教，俾至成人。……自莅任以来，以平易处心，以仁恕待物"。这是赵福惠的两位妻子，即正妻许氏妙珠、次妻梁氏善景，在明景泰四年（1453）岁次癸酉春二月所立《重建恩城州治所碑》对夫君赵福惠的颂词，碑文由太平府儒学训导玉田林睿撰文，本土识字人赵昌书。褒奖文辞恐怕有些言过其实，但也折射出赵福惠的勤恳持家操守。

赵福惠此文，短小精悍，集叙事、写景、议论于一体，景情相融。"传有仙骨藏于之上"印证明代前的大新盛行火葬、崖葬、洞葬习俗。文中描述当地青年男女三月踏青对歌，是目前大新仅存最早的壮民族传统山歌对唱及其"侬峒"的石刻文字记载。

清代康熙年间，又有两个文人相邀到岜仰山游玩，对酒兴酣之后也分别作诗题留石，每每抚石读诗，不免羡慕诗人的仙风道骨潇洒出风尘。

至今，恩城街道中间有依原石简单雕刻的卧牛图，颇有抽象手法的一头健壮黄牛，横卧路中，瞪着双眼朝向一年四季湍流不息的恩城河。这只似牛非牛，似马非马，粗看似工非工，细看匠心独运，称得上一件石雕艺术品，也有传说是旧时恩城土州的镇河妖之物。

安平州会仙岩，本是土官族人礼佛修静之地。明代地理学家徐霞客曾经探访并写入其游记。会仙岩曾辟为佛堂道观场所，石壁上数尊菩萨塑像，位于岩洞后壁五六米高的石龛里，至今依然保存完好。洞内四周岩壁有五处二十多个人物造像及佛龛数尊。不同时期的诗文石刻二十多首（篇），墨迹（朱砂）几处已经湮漫不清。从会仙岩洞残存的诸多遗迹推断，此洞开辟于元末明初。

会仙岩依岩石而雕刻造像有：

坐朝问道。土官坐于案前，表情端庄而专注。左边站立的书童，双手捧胡琴；右边站立一侍女，手持文书，都面朝土官。

贵妇抚琴。一贵妇人端坐琴台，双手指尖在拨弦弹唱，一副怡然自得的神情。

仙宫夜乐。众多人物分上、下两列。上列六人，头戴乌纱帽的土官居中，两侧坐拥着几位贵妇人，盘发于头顶。一小侍女手持灯笼引照。下一列浮雕则是两个贵妇端坐对弈，神态专注。另一贵妇则独自弹琴，侍女手持灯笼照明，构成一组土官歌舞升平的生活画面。总体看起来造像雕刻细致，比例得当，体态丰腴，神情自若。

仙人对弈。雕刻在天然石帽上，高浮雕，两个仙人对弈，可惜仙人头部已被损坏，棋盘右侧仙人身后一个小孩斜靠醉仙全神贯注地观看棋盘。

醉入洞房。雕琢在天然的石龛中，一男二女。男主人端坐床边，微笑里好像带有醉意，一女子紧挨男子右侧，男子右手拉住女子之手，两人含情脉脉。背后一女子露出后脑和手，头发稍乱，好像正在梳妆。整个雕刻线条粗放，但神态刻画自然，反映出对花好月圆的憧憬。

会仙岩崖壁遗存的明清文人墨客诗文石刻，不乏安平土司老爷的墨香锦句及远近云游骚客的唱和辞章，有军爷如蔡震，流官如沙纶、涂开元，有远道而来的邕州吴良鼎、金陵徐匡胤、南海梁杰明、小金山邹洙衍，也有临近的太平府壶城文人麦士奇等。如"大明朗宁远怀大将军蔡震"题诗作跋"仗剑按本州，公余适州守东山公攀游短述"诗刻，诗书可嘉，那庄重伟岸的一手颜体字，气势轩昂，令人起敬。而蔡震所题岩洞中钟乳巨石柱"一柱擎山岳，春秋几万年。我来应未晚，梅与雪鲜妍"之句，铿锵有力，催人振奋，隐含其博大的家国情怀。

清代流官指读涂开元题诗而跋云：同治甲戌季秋月，予捧判波州，与三公子华甫、故人萧正斋同游会仙岩，指读石刻涂公诗，取原韵索和。夫以风尘尘俗，更既无淹博之才，日晷催人，已增迟暮之感，怅十年之戎马，未遂鸿勋，慨千载于隙驹，永怀羊传。惭非大雅，歌咏名山，勉就俚词，殃灾珉石，亦适足贻笑山灵已耳。

这些简短意赅的文字里，透露安平州千百年间并不平静的信息。

文官武将一时乘兴的吟咏，却给安平也给大新留下浓重一笔的文化记忆。会仙岩最早诗文石刻，则非沙伦《会仙岩游记》莫属。沙伦，明代，祖籍华东一带（长洲），远赴太平府任"经历"一职，他到太平府上任（经历职）的次年即正德辛巳年（1521），不辞辛劳远赴边地安平土州，拜会坐朝问道的土官"雪之"先生，在乘兴游览会仙岩后洋洋洒洒写下《会仙岩游记》，赞叹会仙岩：

岩在州治南二舍许，其中空洞廓焉有象。岩之前，有方塘数亩，鳞甲鸥凫，浮沉潜跃，可钓可弋，日光山色，荡漾于波间，闪碧铄金，灿烂炫目。岩之上，有石横亘若门阙，然绿萝垂阴，而猿鸣之声，杂沓闲关呜咽，闻之者，可喜可悲。中垂石乳，异形诡状，虽工于写染者，亦不能尽其妙。

沙伦还不忘费些笔墨大赞特赞李土司：

是夫今而雪之栖息于兹，盘桓于兹，日邀宾客邀游于兹，而岩之名始著于天下，传于后世，是非岩之遇耶数耶？虽然三山辽绝，神仙渺茫，雪之之素所嗜好者，亦云得矣，何必舍此而有他求哉！适暇方而获观，胜雪之之赐，亦云厚矣！

沙伦，风尘仆仆赴边境之安平土州并登崴尔之山——安山，有感于安山之奇境也有感于土官"雪之"之厚道而挥笔写下五百余言游记，并书丹于崖壁，算是给原本自然生态的会仙岩赋予了人文的关怀，可谓会仙岩开山之作。

会仙岩仅存的一首土官诗作，即明末安平土官李明峦《题会仙岩》招来明清骚客的题和，使得会仙岩宛如寂静的幽潭，忽然泛起层层涟漪，冲破磨镜般的平静。

李明峦《会仙岩诗刻》

不解仙流第几邦，洞门高敞碧云窗。
无声梵乐神犹在，脱化天龙骨已降。
风入竹林敲木铎，月来萝薜挂银釭。
登临欲驭摩空鹤，假我何年翩一双。

晋阳子李明峦题

数十年来，大新县出版史料中所载此诗，作佚名处理。同时，诠释均有不少谬误："天"误作无，"铎"误为锋，"摩"误为毫，"翩"误为翩等。土官李明峦的题咏乃会仙岩的点睛之笔，引来一拨明清骚客邹泩衍、梁洁明、徐佳胤、麦士奇等的唱和诗文，尤其著名地理学家徐霞客也竟然"余亦和二首"。只可惜，徐霞客的和诗没有在他的游记里着墨留迹，也没有在会仙岩冰冷的崖壁上留下蛛丝马迹。

李秉圭，安平土州清代末期土官，道光二十一年（1841）四月二十四日奉旨袭职，也是个好学之人，从小受到很好的文化教育，仙迹道踪多有题记，颇以诗文自显。其撰文《安平土州修庐山岩神像楼阁》及李家宗祠碑记等文采飞扬，文墨俱佳，显示作者良好的文学和书法功底。书法兼具初唐欧阳询和虞世南的风格，铁钩银画，端庄娟秀，颇有文人那种潇洒飘逸之气。

李秉圭《安平土州修建庐岩神像楼阁》

尝闻层峦耸翠，妙景奇峰。吾邑褊小，固无有焉。惟西南隅山岩中生成洞府，名曰会仙，次则南化庐岩，颇颂超凡。得军功黄生全倡首，暨各信善兴修，塑玄天上帝、文昌帝君神像于其间，外建文星楼阁，壮一化之观瞻，培一方之胜迹。俾各子弟悉归肄业，将见文风蔚起，礼乐勃兴。百代壮巍峨之观，千家仰威灵之感，虽此岩天然景象，实人力美举落成也。爰众信芳名，泐石以志。

安平州知州李秉奎薰沐拜题。（各村捐款人姓名略）

咸丰八年（1858）三月二十日辰时吉立

此文是李秉圭继位十八年后所作，石碑保存在庐岩文星阁内。

太平州，李家土司，与安平土州同为一脉，因时分治，各自为政。太平土州向来也是重视文教并多有所成，然太平土司老爷诗文多已散佚，能留下来的已是凤毛麟角。仅存清代李蕃及其子孙后代李禔、李荣庆等的碑刻诗文几首（篇），其中太平州清代土官李蕃撰写《蛮风》被收录雍正《太平府志》。

李蕃《蛮风》

溯予家世裔兮陇西，随官辙驰驱兮提携。
爰卜居山左兮易畦，予闻之故老兮可稽。
维宋室皇祐兮役劳，乃擒厥巨魁兮智高。
酬庸而锡阶兮示褒，藩篱可化围兮设笼。
永不返故国兮鲁乡，承家而世守兮保障。
历二十三代兮年长，黑齿变我俗兮荒蛮。
诗书渐消亡兮习非，男女共混同兮闱闹。
鸟群而兽聚兮蒙衣，世远而习固兮莫讥。
仇杀其报复兮何为，同室而操戈兮可悲。
昏暗以长夜兮无期，纪纲徒虚张兮羁縻。
凶横纵其暴兮谁援，牝鸡而雄鸣兮当轩。
茕茕其向隅兮含冤，疾呼而不闻兮何言。
岂天亦助虐兮不然，胡为遗此民兮堪怜。
其谁能拯溺兮属贤，予心何扰扰兮愁煎。
漠视而永叹兮微官，寝食时俱忘兮仇奸。
狐兔哀相吊兮鼻酸，抗激而东归兮国安。

李蕃土官，有善政，不仅百姓爱戴，还得到官府的褒奖。尤其受广西巡抚李绂大人的抬爱，欣然命笔给题写"南土牧贤"悬挂太平州衙大门，可谓风光至极，一时传为佳话。李蕃善文辞，作文亦颇有见地，以上《蛮风》可见一斑。

又过约百年后，李蕃的孙子李禔于乾隆年有《哭祖母陈太宜人诗并序》：

禔，少而失怙，早已罹忧，幸重庆庇以慈颜，冀藉孤绳其祖武，乃遭家不造迭闵既多诿于母也。免丧辄以孙而承重，方恨报刘日短，日竟坠于西山，何堪泣皋风寒，风更凄乎古木。余哀未歇，梦魂犹缭绕；松楸新痛，忽樱血泪复。

沾濡苦卤，恸不自抑，悲岂成声。其词曰：

> 三载肝重裂，哀鸣忆训词。
> 和丸谆劝督，遗砚嘱恩慈。
> 自凛中闺正，尤防外侮危。
> 巢成劳伏翼，锦制苦抽丝。
> 慰我终天恨，增余抢地悲。
> 花荣萱忽谢，星暗婺潜移。
> 不定风号树，频惊月照帷。
> 虽将方丹血，一酹九原知。

此碑文是李褆为其祖母"陈太宜人"所立所写的，"宜人"明清五品官妻或母亲被封之称号。

此碑书文并茂，诗里充满感激感恩和缅怀之情，而书法功力颇佳，风格酷似二王，得魏晋之遗韵。笔法与字法结体十分类似王羲之《圣教序》。如"寒风""抢地""惊""难"等字可谓形神兼备。由此可知李褆自幼受到良好的文化教育和书法训练。虽然碑文石面较为粗糙，刻工不甚精到，加之年代久远长期风雨剥蚀及人为磨损，但仍不失为大新县境内所存摩崖碑刻有书法研究价值的石刻之一。

至嘉庆初叶，李褆的孙子李庆荣则在太平州辖地逐桐村附近开辟的山洞塑佛和作文题诗，并将该岩洞命名"灵隐洞"供后人畅游。李庆荣土官"游灵隐洞序并赋诗二章"颇见文学风采，也颇有诗性，其在诗文上肯定没少下苦功。李荣庆，太平土官，雍正初年袭职。有资料显示，此公品德欠佳行为不端，多有诉讼缠身而被罢官，然与其撰写的序文所述："予以疾乞身得解组余闲。"截然相反，个中缘由真假难辨。

李庆荣《游灵隐洞序并诗二首》

饱名胜壮，居乎八景厥美，亦云备矣。自昔臻兹未闻有其他者。辛未冬，忽有言州治之南隅，距三十余里，有佳山，山腰悬洞别透两重，状若层楼，邻村士民咸以厥异，遂刿棘修衢而登，塑神佛于其上，祈禳游观者殆无虚日焉。

予闻而疑之，谓苟有是者宁不传之凤昔载诸志册乎？胡待之于今也。欲一至以验其实者久矣,缘王事鞅掌不果。遂迨壬申夏,予以疾乞身得解组余闲,方于是春驾言出游。比至,果然洞天菩提端现,宝象庄严,琉璃照耀,金鸭香飘。纵眸迥瞩则千峰缭绕,万树苍茫。平畴村落隐显如画。继以禽声清耳,云气侵衣,恍若员峤于焉,有出凡之想,徘徊而不忍去。

予因之有感焉,夫山水胜概,莫不传诸古而垂名也,洞奚独出之晚耶。当予入仕之初而洞不出,逮予之将致仕也,洞辄出焉。得非山灵知千百年后,有一脱簪好雅之吏者出,故以洞秘之。俟其将罢之际,始遣洞超然而出,以供其游而适其意耶?假使洞出与八景同时,亦只随例入志而已,乌得显而与吏邂逅,纪为胜事者哉!此非山灵为人物存意之深者,岂至是乎?忆昔陶通明、白太傅之退也,一喜句曲而栖,一乐香山而隐,俱各得其所焉。兹予之罢也,而得斯洞之游不亦幸已,仿古人欤,予虽弗若古人之贤之高,而时与二三子优游以乐于此,一觞一咏,笑傲烟霞,克遂平生之志,则与古人乐趣亦庶乎其不远矣。因名之曰:灵隐。盖以其灵而隐者也。

继援笔而为之序,并赋诗二章,镌诸其石,后之游者,辱赏野音以博一粲焉。

其一

满山云蔚与霞蒸,洞府非缘见岂能。
一瓣香清传晚磬,数篇经静泠禅灯。
斜阳野鸟啼春树,峭壁轻烟锁翠藤。
快脱名场风浪远,托身已在最高层。

其二

云衢叠叠了登攀,直体凌霄非等闲。
不为凡情来乞佛,惯由诗癖爱看山。
峰回翠陌烟村外,水拥平畴野树间。
一点红尘飞不到,逍遥尺地即仙寰。

李庆荣的序言及诗文,得到当时来自广州、太平府城及龙州同僚的附和并刻石。而太平州末代土官李珆是个附庸风雅之人,他特地邀请宁明清末民初的诗人崔毓荃给太平州八景赋诗润色,也算是给太平土州乃至大新县的自然景致留下风雅文采的一笔。

明代嘉靖二十六年(1547),茗盈州在任土官李显奇,曾抽暇微服闲游,不禁感慨这是个难得的隐逸之地，便捐出银两命能工巧匠莫氏兄弟夜以继日开凿大小三十多尊石刻造像。洞口两侧布以青龙、白虎。洞内则依石乳状雕刻醉仙、乐人、舞女、鹿子。还将土官自己与业师并坐之像镌于岩石诸像正中，前有繁花似锦寓意前程无量，上有祥云环绕以期吉祥胜意，左右两旁金童玉女手持书卷葵扇伺候，突出土官高高在上的显赫地位。整体造型准确，线条弯曲流动，表情祥和欢乐，各造像的尺寸大小有别，主次分明，并粉饰彩绘，栩栩如生，至今还隐约可见蓝红色彩。每组造像之下都凿平一块石面，邀请同来游玩的文人雅客挥笔题壁，写下溢美华章，不禁让人遥想当年浙江绍兴的兰亭雅集。这也是大新土司遗存石刻较多、刻工复杂、线条优美曼妙的石洞造像。尤其壁画上许多造像手持琵琶、笛子各种乐器，载歌载舞，姿态飞动婀娜曼妙。也难怪茗盈州千百年来盛行吹拉弹唱的风气传承，直至20世纪末才开始式微。穷斗岩内原置佛像供奉，香火不断。后来佛毁香灭，风光不再。明嘉靖二十六年夏日的那次雅集，李土司也仿着当年书圣王羲之，乘微醺醉意摇晃着脑袋，挥动手中七寸管毫，饶有兴趣作短文《穷斗岩记》并勒石。

予郡古辖地名穷斗，山下奇出此岩，岩石参差突兀。水由内泄澄清，虽旱不涸。冬暖夏凉，鸟蹄留迹，堪为隐逸玩游之所。

予恒到此，四顾徘徊，意欲粉饰仙侣，因宦羁务冗未遑。迩获致，遂邀业师壶城梅园方公暨诸贤宾底（抵）是，诗书兴乐，皆奇异之，始命工镌石，上绘观音，中则仙人，下则醉仙。并方公与予之像，以豁然游。自工就文，以为远之识云。

嘉靖二十六年（1547）岁次丁未夷则月穀旦，瑞峰主人立。

下雷州土官则少留有诗文，但从家传土官族谱所附录州衙廨舍的诸多楹联还是让人感知许家土官向来充盈浓郁文风的一面。

万承土官亦如下雷一样，几无存世文章诗联。倒是出自清代土官许嘉镇哀悼其夭折爱女之文，从悲哀的字里行间可窥见千年万承土州的文化底蕴。

许嘉镇《哀五女碑文》

呜呼，五女死，甚可哀。原念汝母愈可哀甚，哀汝之母固非溺情，哀五子女岂舐犊邪？

忆余童年，文定汝母，迨完婚，而汝母之年两纪有五。春入余门，冬生汝兄鸿业，既生汝姊字龙英赵郡侯，再生汝，仅受聘于明江黄郡侯。

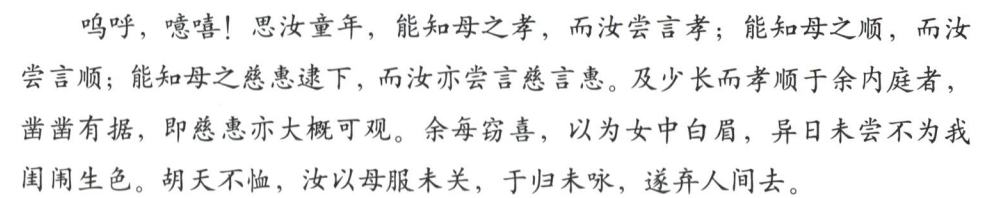

呜呼，噫嘻！思汝童年，能知母之孝，而汝尝言孝；能知母之顺，而汝尝言顺；能知母之慈惠逮下，而汝亦尝言慈言惠。及少长而孝顺于余内庭者，凿凿有据，即慈惠亦大概可观。余每窃喜，以为女中白眉，异日未尝不为我闺闱生色。胡天不恤，汝以母服未关，于归未咏，遂弃人间去。

汝生于康熙丙午年十月初四酉时，殁于康熙癸亥年九月十二日戌时癸午，登年十有八岁，笄何速耶。

呜呼，五女死，甚可哀。原念汝母不容不哀，哀汝母子，哀今世之人也，哀今世之罕睹其人也。纵世有人而于余罕睹，不容不哀汝母子之甚也。哀子甚，哀母尤甚；哀母甚，哀子不得不甚。哀虽实甚而于溺情舐犊，余庶几其免于讥乎？今卜定汝于绿嵩山之阳，坐寅向中庚寅庚申分金之原，正祔母茔之侧，俾汝母子神灵相依，而永仝享祀用。

是作志铭于墓，曰：哀子及母，哀母及子，处汝胞兄，念虑何已。

许嘉镇此短小碑文，与其说是哀悼其"登年十有八岁"之女，不如说是他给千百年大新土司命运的一首挽歌。

清末民初，改土归流浪潮席卷而来，如秋风扫落叶般摧枯拉朽，势不可挡，偏于一隅的左江流域土司随之土崩瓦解。

第三节 镌刻在石头上的历史

由于历史的原因，土司时代的相关文献资料流散较多，但我们可在大新县内现存的碑文中，管窥土司社会婚姻、丧葬习俗、妇女地位等方面的情况，从中可以搜寻到那个时代的点滴历史影像。

一、碑文中的土官族史与婚姻记忆

在土司时代，从立墓碑的资质来看，只有土司和土目家族方有资格立墓碑，土民再有钱也不能立碑，否则将被视为"僭越"而受到处罚。只有到清中后期一些土民在获得朝廷某些功名后才获立墓碑的资格（如昌明乡新民村更邓屯的农禹贡是在获得武状元后获得了立墓碑的资格，修建了较壮观的墓碑）。因此大新土司时代留下的墓碑主要是土司、土目家族的墓碑。墓碑的碑文也是严格按照当时的规矩格式镌刻，许多碑文除了记录墓主人生平业绩、

图 4-3-1 万承州清代土官许嘉镇夫人岑氏墓碑（农恒云 摄）

品德风范等外，还罗列夫人、侧室所生儿女的名字顺序，子女婚嫁、子嗣，土官承袭等等。可以说，一座或者几座土官墓碑就是一个土官族一段历史的记录。以下以田野调查所见的万承州土司与土目家族的墓碑碑文为例。

1. 万承土司家族的墓碑

（1）明故太土官妣黄氏讳妙容之墓①

天命庚申年叁月贰拾柒日戌时生，寿阳陆拾陆岁。于嘉靖乙丑年拾壹月初叁日寅时故。万历四年（1576）岁次丙子拾贰月辛丑叁拾戊子日壬子时安葬，坐寅向申兼甲庚。

孝男知州土官许文钰冠带孝孙许国琏新立

（2）清万承土官（许嘉镇）故妻岑夫人之墓（碑文）②

吾妻岑氏，系归顺州知州岑公继纲长女也。生于崇祯十一年（1638）戊寅玖月拾肆日亥时，助我家事抚育子十二。长子鸿图，年二十九已亡，有孙。二鸿基，三鸿勋，四鸿猷，五鸿业，六鸿谟，七鸿功，八鸿度，九鸿纪，十鸿纲，十一鸿珪，十二鸿璋。抚育女十三：长女遂茸未适。二女遂瑶，适茗盈州知州李缵鼎。三遂灵，适上映州知州许弘祚。四遂婧，适龙英州知州赵振纲。五遂瑛，年至十八岁而殇，葬山右傍。其六遂贞，七遂宁，八遂瑕，九遂仙，十遂文，十一遂妧，十二遂禾，十三遂春。余皆未字。

吾妻殁于康熙贰拾年辛酉拾贰月拾肆日巳时，计享阳寿肆拾肆岁，卜于康熙贰拾叁年甲子拾月拾伍日未时安葬，娜村山名曰禄龙，甲龙□首坐寅向申内局丙寅丙申分金，外局庚寅庚申分金。勒以永记。

---

① 农辉锋：《万承土司的世袭、墓碑及民族学意义》，《广西地方志》，2008年第6期。
② 农辉锋：《万承土司的世袭、墓碑及民族学意义》，《广西地方志》，2008年第6期。

康熙贰拾叁年甲子拾月拾伍日未时，原万承州知州今致仕许嘉镇偕袭万承州知州事嫡男鸿业，二男鸿基，三男鸿勋，四男鸿猷，六男鸿谟，七男鸿功，八男鸿度，九男鸿纪，十男鸿纲，十一男鸿珪，十二男鸿璋。

侄男鸿艺，鸿德，鸿典，鸿策，鸿韬，鸿略，鸿裔，鸿烈，鸿达。

嫡男长孙嗣琳，长男长孙嗣荣，长男次孙嗣爵，三男长孙嗣琮，三男次孙嗣璜，四男长孙嗣瓒合建立

（3）清代万承土官许祖兴太太夫人赵氏之墓（碑文）①

太太赵太夫人，英阳世爵大夫赵公讳□□之女也。正配万阳许世爵奉直大夫讳祖兴，号调鼎，袭万承州知州事。有男五：长男嘉镇，袭州职，年老致仕；二男嘉铨，钦授功加左都督仍带余功十次；三男嘉福；四男嘉禄，官至守备，年至四十七岁亡，生男孙一人；五男嘉寿。女二人，长女适田州知州岑廷铎，次女适思明府知府黄戴乾。

长男嘉镇生男孙十三人，正媳岑氏生嫡孙鸿业，现袭州职；长孙鸿图年至二十九亡，生有曾孙二人；二孙鸿基，功授随征官；三孙鸿勋，年至二十五岁亡，生曾孙二人；四孙鸿猷，六孙鸿谟，七孙鸿功，八孙鸿度，九孙鸿纪，十孙鸿纲，十一孙鸿珪，十二孙鸿璋，十三孙鸿参。女孙十三：长孙女遂茸，适思明州黄玉中；二遂瑶，适茗盈州知州李缵鼎；三遂灵，适上映州知州许弘祚；四遂婧，适龙英州知州赵振纲；五遂瑛，年至十八岁殇；六遂贞，七遂宁，八遂瑕，九遂仙，十遂文，十一遂妧，十二遂禾，十三遂春，俱年幼。二男嘉铨生男孙五：长孙鸿志，十九岁殇；二鸿德，三鸿艺，四鸿韬，五鸿略。女孙八：长女遂琳，适下冻州知州赵乘龙；二遂昭，适太平州知州李开锦；三遂玄，适下雷州知州许绍武；四遂廉，五遂婷，六遂婵，适结安州知州张天祚；七遂娟，八遂妯，俱年幼。三男嘉福，生男孙二：长孙鸿典；二鸿烈，女孙五：长女遂严，适龙州知州赵国梁；二遂威，适向武州官弟黄嘉德；三遂争，适太平州官弟李友棣；四遂逐孕，未适；五遂赞，适安平州官兄李子宴。四男嘉禄，生男孙鸿慈，女孙三：长女遂姬，适安平州官李长略；三遂罗，四逐周，俱年幼。五男嘉寿，生男孙三：长孙鸿策，二鸿训，天；三鸿裔。女孙二：长女遂慈，二遂威，俱年幼。

---

① 农辉锋：《万承土司的世袭、墓碑及民族学意义》，《广西地方志》，2008年第6期。

我太太大夫人生于辛亥年五月十二日寅时，享阳七十四岁，于康熙二十三年八月二十一日□时寝故。是岁丁卯年十月念五寅时卜葬于金龙山，系艮龙入首坐丑向未辛丑辛未分金嘱予为千万世铭，因铭之曰：

天地之英，聚而成形。夫人懿德，永受其祯。

皇清康熙贰拾陆年丁卯拾月贰拾伍日寅时，孝长男承袭知州事许嘉镇。

长男嫡孙袭州职许鸿业，长男二孙功授随征官许鸿基，长男四孙许鸿猷，长男六孙许鸿谟，长男七孙许鸿功，长男八孙许鸿度，长男九孙许鸿配，长男十孙许鸿纲，长男十一孙许鸿珪，长男十二孙许鸿璋，长男十三孙许鸿参，长男之长孙曾孙长孙许嗣荣，二孙许嗣爵，长男之二孙曾孙长孙许嗣永，二孙许嗣祥，三孙许嗣显，长男之三孙曾孙长孙许嗣琮，二孙许嗣璜，长男之四孙曾孙长孙许嗣瓒，二孙许嗣汪。

二男授左都督府许嘉铨，

二男二孙许鸿德，二男三孙许鸿艺，二男四孙许鸿韬，二男五孙许鸿略。

三男许嘉福，

三男长孙许鸿典，三男二孙许鸿烈。

五男许嘉寿，

五男长孙许鸿策，五男三孙许鸿裔。仝建立

原柳州协中营厅驻柳州游击署司金书事眷晚任周朝瑞顿首拜撰

2. 万承土目家族的墓碑

（1）清故醇厚兄受职抱父李老大人之墓①

吾嫡堂兄廷任系堂伯父讳英泰之子也生于雍正甲寅年八月十九酉时不料于乾隆四十五年十二月初四日辰时正寝兹念吾兄性笃□讵□绝嗣后庇适寂无绵今择璋生母坟傍□地葬坐壬向丙兼子午壬亥辛已恰分金勒碑永垂不朽

元配孝妻杜氏

奉州主批接服弟李植弟媳黄氏

长女顶凤嫁盛全坊录陇婿许以隆

次女顶陈嫁盆坊婿赵国仁

三女顶麻嫁武坊婿黄扶轮

外甥赵应□麻善常

---

① 农辉锋在广西大新县龙门街（原万承州治）田野考察收集整理。

乾隆四十五年（1780）十二月十七日巳时安葬植立

（2）皇清待赠温恭正直羽化登真李老先生墓①

父讳歌相系祖常俊之五子也原命生于康熙六十一年（1722）二月初一日亥时寿阳六旬有六终于乾隆丁未年九月三十日丑时正寝今择于丙辰年癸巳月丁丑日乙巳时葬于弄裕念之阳酉龙入首庚山罡向酉卯分金□云其吉后昌厥裔永垂不朽

阳居永邑岁进士候选儒僚左堂苏荣显拜题

兰次冯瑞英秀廷

长男凤栖媳冯氏孙佩鸿媳冯氏曾孙金爵长婿计东山甥孙文子俸簪三农慕高伯仲

次男凤朝媳张氏

侄男李璠凤裾侄孙迎阳达阳佩英孙塝冯君□

蔚丰

外甥何正括农慕

花定

点岱地师首老张国宪

主葬侄翘

嘉庆元年（1796）四月初二日立

我们从墓碑碑文可以看到土司时代基本的婚姻制度，那就是要门当户对。

首先，朝廷对土官及其子女的婚娶都有规定，《大明会典》卷一百二十一载：

（嘉靖）三十三年（1554）题准，土官土舍嫁娶，只许本境本类，不许越省，并与外夷交结往来，遗害地方，每季兵备道取具重甘结状。如再故违，听抚按官从实具奏，兵部查究，量情轻重，或削夺官阶，或革职闲住，子孙永不许承袭。②

因此，土司家族在婚嫁时一定要官族对官族，也就是土司的夫人要从相邻的土司的女儿那里寻找，其女儿也是要嫁给门当户对的土司或其家人。比如，我们从岑夫人之墓碑看到：岑夫人本人是归顺州（即靖西）土司岑继纲的长

---

① 农辉锋在广西大新县龙门街（原万承州治）田野考察收集整理。
② 李东阳等撰：《大明会典》，扬州：广陵书社，2007年，第1745页。

女，其养育的第二个女儿遂瑶嫁给茗盈州土司李缵鼎，第三个女儿遂灵嫁给上映州土司许弘祚，第四个女儿遂婧嫁给龙英州土司赵振纲。我们从许祖兴大夫人赵氏的墓碑中看到，赵大夫人本人是英阳（即龙英州）世爵大夫的女儿，其养育的第一个女儿嫁给田州（即今田阳区）土司岑廷铎，第二个女儿嫁给思明府（即宁明）知府黄戴乾，这里的知府黄戴乾是刚刚由土官改为流官，实际上也是土司。赵大夫人的大儿子许嘉镇的正媳岑氏也是土司的后代，许嘉镇的大孙女遂茸嫁给思明州土司黄玉中，二孙女遂瑶嫁给茗盈州土司李缵鼎，三孙女遂灵给上映州土司许弘祚，四孙女遂婧嫁给龙英州土司赵振纲。

二儿子许嘉铨的长女遂琳嫁给下冻州（今龙州下冻镇）土司赵乘龙，二女儿遂昭嫁给太平州土司李开锦，三女儿遂玄嫁给下雷州土司许绍武，六女儿遂婵嫁给结安州土司张天祚。

三儿子许嘉福的长女遂严嫁给适龙州土司赵国梁，二女儿遂威嫁给向武州官弟黄嘉德，三女儿遂争嫁给太平州官弟李友棣，五女儿遂缵嫁给安平州官兄李子宴。四儿子许嘉禄长女遂姬嫁给安平州官李长略。

其次，我们从万承土目李氏家族李老大人之墓碑也看到，土目阶层的女人也只能在本阶层内或向更高一层的土官家族流动，也就是只能在许、冯、赵、李、黄、麻等家族内流动。比如，李廷任的长女顶凤嫁给盛全坊录陇的许以隆，次女顶陈嫁给盆坊的赵国仁，三女顶麻嫁给武坊的黄扶轮。

这种"官族对官族"的婚姻习俗一方面使土司（或土目）之间结成联盟，另一方面也让土司（或土目）保持他们所谓高贵的血统，故一般只有高一级的阶层从下一阶层娶妾媵，而其女儿若找不到合适的人选，即使独守空闺到老，也不会嫁到更低的阶层。同时我们也看到，碑文上均把嫁进来的女人的姓氏与来源和家里女人嫁到何方讲清楚，而嫁进来的女人在死后她的墓碑上还是称她的原姓，强调了她们的来源。土官许嘉镇及其岑夫人的墓葬，在规模、用料、雕工上基本一致，在那个男尊女卑盛行的封建社会里，是难能可贵的。甚至给他十八岁就去世的女儿瑛也立了个墓碑，说明妇女在当地社会文化中具有比较高的地位。

明朝嘉靖年间土官许文钰给他父母立的墓碑上仅有简单汉字，而到康熙年间土官嘉镇给他的父母立碑时，碑上文言文的行文已比较成熟，五女瑛的碑文已有文学抒情的色彩。这在某种程度上说明明末清初，汉文化对壮族的影响加深了。另一方面我们看到，在这一历史时期，许家子弟有的官至"守备"，有的"钦授功加左都督"，有的中了举人任"梧州府训导"，也有的女儿嫁"桂平县训道杨参桂"，这都说明这个时候远离中央王朝的万承土司与汉族的交往越来越密切。

二、不可磨灭的劳役印记

除了墓碑，民间还保留有大量用于记事和规例的石碑。现存有许多"减免夫役"的碑文。

乾隆五十一年（1786），茗盈街立有一块碑文，是上级官府准许两化村头人黄高罗、观苏召、农韦业等联名请求减免夫役的碑文。碑文奉准《应免款》条文列下：

一免本州赴府人夫；

一免官署来往人夫；

一免头目娶亲人夫；

一免送竹箧花草银；

一免擅用百姓马匹，如用给长短夫价；

一免本州床桌板凳；

一免嫁女妆奁银两；

一免亲友及头目赴府求用人夫；

一免管城管柴不许下乡收棉花米；

一免本州修整塘城人夫；

一免两化道士法童不取；

一免官兄官弟起屋耕田；

一免官府头目人夫；

一免黄麻芋头银；

一免马头人征芝麻米；

一免禀事仓人府夫；

一免围园种棉花；

免耕官田地人夫；

一免本州起衙署帮人夫；

一免本州人取猪鸡鸭；

一免本州取蔑竹、青竹、桂竹、金竹；

一免土兵不许收价。①

而同碑文又列有应办事项共33款，其中征人夫、民工、兵役者达18款之多。

另在茗盈旧街中立的碑文，乾隆五十二年（1787）二月太平府批准土官向百姓征收的夫役银两，共18条，原文如下：

一项每年应征解正项地粮银一百零九两四钱八分五厘六□一忽，三征应照乾隆五年奉颁印册征解。

一项每年征加耗羡银十两□钱四分八厘五毫□□□应照乾隆五年奉颁印册征解。

一项遇闰之年加征解银三两八钱五分应照乾隆五年奉颁印册征解。

一项三年黄马一匹额解折价银八两，水脚银三钱六分，贴黄银一两。

一项每年应办年例并柴马共银六百三十二两三钱二分，应明乾隆五年奉颁印册征收。

一项上中下三甲每年办纳本官米九千六百斤，照乾隆五年奉颁印册征收。

一项本官上府及来往邻村用夫定额三百四十名，如上遇宪经过或婚丧大事所用之夫不能额内供足数用，惟有多寡难齐，亦应通融办理，嗣后每年夫额如有剩余留归下年，如三百四十名之外，要归下年通算，不许折价，民间有不能亲身应役者，亦自另行雇觅，管夫头目不得滥包，土民亦不得故违。

三、土司时代的契约

契约，是指双方或多方共同协议订立的有关买卖、抵押、租赁等关系的文书。20世纪50年代在大新县开展的民族社会调查收获了相当一部分清代中后期的契约文书。这些文书可以分为两方与多方之间的契约。

（一）多方的土地契约

大量的土地契约文书中，我们以较为集中的安平土州的土地文书来了解一些历史的事实。在安平土州，较早的一份土地文书出现在乾隆早期，这是

---

① 广西壮族自治区编辑组、《中国少数民族社会历史调查资料丛刊》修订编辑委员会编：《广西壮族社会历史调查》（四）北京：民族出版社，2009年，第139页。

一份名为"谢案照文"的文书，为安平土司所发，其全文如下：

安平州正堂李□为准给田照事，乾隆十二年（1747）六月二十二日，据五处芭贺村民农桃禀称：因民堂兄农高，原充北内丁役田一召，于去年五月内病故无嗣。本年二月内，民叩恳蒙恩准民顶充在案。奈因民堂兄农高在日，将役田向该村管田员典卖，取七色银一十七两正。今民顶充，愿赔还明白。不意于本月蒙恩怜，准将内丁役谢纳。但今民兄农高所典卖之田价银两，民情愿每年纳利谷四斗，其准民陆续赔还，恳减作城田一子，即当遵例谢名谢田普丝银六两，印色普丝银五钱正，纳堂谢案。等情据此，除批准照外，合行准给，为此照给农桃收执。自给之后，尔宜遵照，后开田名管耕，永为尔业，类众上番供役可也。须至执照者。

计开：北处那马田一子，递年纳普丝银三钱五分正。

右照给北城芭贺村农桃收执

乾隆十三年（1748）七月十六日州给[①]

这是一份欲将"丁役田"改为"城田"的文书，即农桃既需要赎回农高的"丁役田"（因已卖给管田员），又同时需要将其一次性折买成"城田"，经过这一程序后，该田成为农桃的世业。值得注意的是该田的役可免，但还需要"类众上番供役"，即"役田"的改变只是免除了附着在土地之上的"役"，而并没有免除附着在个人身份之上的"番役"，也就是说这一时期土民本身的"番役"身份并不因土地的买卖而完全免除。

到了乾隆后期时，这一情形就发生了改变，乾隆五十二年（1787）的一份文书如下：

安平州正堂李□为给发执照，以垂永久事。

本年六月□日，据五处农村赵有成呈称：切民永买得李松太老膳田那密一召，民曾备办谢纳减作下城田一子，给照供役无异。兹蒙令民加纳上城免番，共纹银六两正，缴堂请给印照，父殁子承，兄终弟接。等情据此，除批准外合给执照，为此照给赵有成遵照事理。嗣后上番一切，概行准免。所有田业，永为尔世代子孙管耕。倘日后无人，田即归公。田名列后，须至执照者：

计开：北城那密一子，递年纳普丝银三钱五正。其钱粮盐饷婚丧礼，仍

---

① 广西壮族自治区编辑组：《广西少数民族地区碑文、契约资料集》，南宁：广西民族出版社，1987年，第9页。

类众办纳毋违。

右照给北城农村赵有成，男赵兴收执

乾隆五十二年（1787）六月初九①

这份文书提供的一个重要信息是土地性质随着购买者的身份会发生改变，即赵有成即便购买了官族的土地也只能"减作下城田"，仍须供役。在交纳一定现金后，"下城田"转为"上城免番田"后，"上番一切，概行准免"，只是一些规定的费用还需缴纳。

但按照清政府的理解，耕种"六置田"的土民应该归类为土司的佃户，因此，到了清代晚期，安平州的土民谋求的目标是将役田变更为"六置田"。这一过程我们可见下面一碑文：

世袭安平州正堂李□为批准勒石以垂久远事。照得本年十二月初十日，据食化龙贺村总管农文贵、郎首农文章、农生富等，比谐通村花户人等禀称：民等自祖上充当本衙门开小木匠、畲，免收粮项，以作工食，每年轮流上班，佣工不敢抗误公件。兹民等愿将所给之木匠田、畲改为六置田、畲，每年照例纳粮，请免木匠番役。伏乞恩施格化，俯准给照，恩批准勒石永为免等情。据此，查食化龙贺村通村花户人等，平素所供木匠番役，不敢公口。兹愿将所给之田、畲，改六置田、畲，照例纳粮，解免木匠番役，即准口请。除给照外，为此批准食化龙贺村总管农文贵、郎首农文章、农生富等，并通村花户人等遵照勒石。嗣后所年中来衙门供小木匠之役准免尔一切等项，永为世代子孙不供木匠番役可也。所有六置田、畲开列于后：

计开六置田、畲共伍拾召，递年纳粮外钱壹拾千文。计开通村名人等一共合通村谢到堂银伍千毫。总管农文贵、农金宝、农成业。郎首农文章、农文炳、农善财、农生富、凌贵荣、农有才。花户农日光、凌贵士、农生金……凌贵禄。

光绪十六年（1890）岁次庚寅冬月十五日立碑②

太平土州有关类似的通过购买方式免役与脱籍的文书里还直接将考试资格的获得写入石碑之中：

---

① 广西壮族自治区编辑组：《广西少数民族地区碑文、契约资料集》，南宁：广西民族出版社，1987年，第10页。

② 广西壮族自治区编辑组：《广西少数民族地区碑文、契约资料集》，南宁：广西民族出版社，1987年，第65页。

世袭太平州正堂加三级纪录五次李□为给执照事。照得本州自古以来，原有岜零村置丁一处，以便本堂有小工之夫役。兹据该村凌高云、梁作清、农光文、李启智等到堂禀请：民等居乡，勤苦耕种，日不暇晷，人丁单薄，不能分应小工之役，情愿备款以助办公。恳请准民等解置免役，俾得专心力农而便应税纳粮。伏乞给照，以杜后累而舒民困等情。据此，本州覆查无异，体恤民艰，应给照。为此，照给岜零村凌高云、梁作清、农光文、李启智等遵照，准尔本身以及世代子孙，永远一概全免大小工之夫役。并准尔等后来之子孙出应考试，如有开办学堂，亦准尔等送各子孙入学堂肄业，以开风气而进文明，一概与平民无异。在前尔等所耕之田地，亦仍准尔等耕种纳租，不要尔等之后人出应夫役。给照之后，如有何人妄行催派夫役者，准尔指明禀究。并准将此照（竖）碑，以垂永久，切切毋违，须照实。

右照给岜零村：凌盈廷、凌瑞廷、李启瑞、凌攀云、何乐安、农光文、李启义、李启仁、凌高云、梁作清、梁作华、凌显光、岑启安、农甫仁、李启智、李启富、凌丁山、李培山、梁作礼、农光殿准此

光绪十八年（1892）九月十六日给州行[①]

（二）村规民约

土司时代，土司地区还没有建立起正式的司法系统，也没有正式的法律法规，为维护社会的正常运转，人们必须遵守相应的村规民约。因此，各村屯自发制定出村规民约，而为了使条约具有权威性、神圣性，人民在制定条约时一般都让村民代表参与，并且在神庙面前立约，然后将制定的条约镌刻或者公布在村屯最显眼处。仅以万承土州冯庄、墰峝两村为例。

《万承土州冯庄、墰峝两村乡规碑》：

尝闻国有法而乡有规，盖国法明而后善良安，亦乡规立而后盗窃息，是乡规者亦国法之一助也。如我冯庄，与墰峝村接壤而居，往来多有无耻之徒，只图利己损人，日夜肆行偷窃，上逆天理，下败风俗，莫此为甚。为此，众等当神合议，铭碑立禁，各宜安分守己，父教其子，兄勉其弟，自庄内以至田原，物各有主，道不拾遗，典之钜也。倘有不法强蛮，置若罔闻，一遇拿获，立即当众罚规追赃，更有公然抗拒者，众等呈上理论治罪，仍照禁规追赃还物，已儆将来，义正风俗。谨以各项禁规开列于后：

[①] 大新县地方志办公室编：《大新土司志》，南宁：广西人民出版社，2013年，第40—41页。

偷家、仓并牛马、鱼塘，罚乡规钱四千文，送官钱三千六百文。

偷杂粮、棉花、鸡犬猪，罚乡规钱二千文。

窝藏赌贼、偷田禾，罚乡规钱三千文。

偷布衣服、开水坝并菜果一切，轻重俱系族长公议。

偷外境经鸣坡长者，即罚。不论何人拿得贼赃者，奉花红钱一千二百文。

牛马不得乱放，若踩食田禽，俱要问赔。

道光十六年（1836）八月初八日冯庄并墰岜村仝立①

（三）两方之间的契约

土司统治时代，特别是到了清末，大新境内民间交易比较常见，为了保证双方的权益，人们通过立约的形式给予保障，我们从这些保存下来的文书也可以看到大新县土司统治时代的一些风俗习惯。比如，人们在出卖东西时要先问家族内有没有人买，家族内没有人买才能卖给他人，同时人们在立约时都要有一个中保人。这些契约涉及方方面面，下面举三例。

1. 土地买卖契约

黄陈卖地契约

立永远卖地人黄陈，系西化新圩村，因为急中无银使用，自问到本村黎召处取七色银一两正，就日亲手领银回家使用。两面言定：其畲地一片，从落色哗，交如（于）银主，世代子孙不得争心夺耕。如夺耕者，任从银主执出文契赴官陈告，甘罚无辞，仍追赔还。今恐无凭，人心难信，立约存照。

天里（理）人良心。

立约人黄陈

请人依口代笔

乾隆九年（1744）三月十五日②

（此契约原存于广西大新县宝圩乡新圩屯，1956年11月，广西少数民族社会历史调查组搜集）

---

① 广西民族研究所编：《广西少数民族地区石刻碑文集》，南宁：广西人民出版社，1982年，第51—52页。
② 广西壮族自治区编辑组：《广西少数民族地区碑文、契约资料集》，南宁：广西民族出版社，1987年，第39页。

2. 民间借贷契约

赵云借钱约书

立约借钱人赵云，系五处托村住，今因急中无钱应用，母子商议，不已，向到同村堂伯农甫田处，实取出本铜钱十千文正，即日亲手领钱回家应用。当面言定：其钱每千每月行利三分正，限至本年十月内本利还清，不敢过期少欠。如有越限悬欠者，钱主任从到家追问，拖缚物件牛只赔还，借主不敢狂言诐语，异论生端，反悔是实。恐后靡凭，世俗多诡，人心不古，立约一约交与钱主手执存证为据。

中保胞弟　赵武

立约借钱人　赵云

咸丰十一年（1861）七月二十日①

（此约书原存大新县雷平镇安平村托村屯，1956年11月，广西少数民族社会历史调查组收集）

3. 买卖地基契约

袁莅麟卖地基契约

立约卖地基一所带石人袁莅麟，系茗盈州旧街住。今因家贫无钱生理。不已，母子商议，愿将祖父遗下地基，连带石头，左近廖家，前后长八丈到街，横三丈，凭中立约问到同州住表兄苏贵奇处应承永买，取出本钱二千文足，即日钱约两交。三面言定：其地基交过钱主世代管耕起屋为业，父殁子承，兄终弟接。此系明买明卖，并非偷盗买卖，并非折债情弊。倘有日后年久月深，同堂叔任敢冒认退赎，系在契内有名保人承当，再无异言。今恐无凭，人心不古，为此，立约一张，交与钱主收存执据是实。

中保　袁莅杞

立卖永远地基袁莅麟自亲的笔

通引李玉林

同治十一年（1872）二月十二日②

---

① 广西壮族自治区编辑组：《广西少数民族地区碑文、契约资料集》，南宁：广西民族出版社，1987年，第78页。

② 广西壮族自治区编辑组：《广西少数民族地区碑文、契约资料集》，南宁：广西民族出版社，1987年，第84页。

四、土司时期的诉状

历代土官对辖区的治理水平较低，导致统治者与被统治者之间充满矛盾。特别是清末民初，土官与百姓的矛盾趋向尖锐化。人民群众在层层压迫和剥削下，生活难以为继，于是官民之间的冲突时有发生，这种冲突以诉讼的方式表达出来，这样的斗争每个土州都时有发生，《广西壮族社会历史调查》（第四册）：在太平土官统治时代，人们诉讼除赌博、盗窃等较轻的民事案件由土官审理外，如奸、拐、命盗及民事在三百两以上的财产诉讼案，归左州承审，土官无权审判。但土官审理本区范围内的案件，如偷鸡、偷竹笋或风流案件等，论起来是极小的，但犯罪的人往往受到极重大的处罚，因被处罚而破产者有不少。由此可知土官司法是极专制而残酷的。土官没有成文法的规定，审案时随他怎么讲就怎么办，有钱理长，无钱理短。他随时可以颠倒是非，陷害人民，真是"衙门八字开，有理无钱莫进来"。

清乾隆四十九年（1784）十月十三日碑文有这样记载：

一件审事通堂钱免。

一件乡民有盗窃争斗报验来公回复，毋得需索票取钱。

一件衙役奉票往村，不许索取鞋钱。准告状系一月讯夺不许过月。

一件告状原告通堂鞋钱一切免。

一件递送不论大小事钱五十文。

一件通堂钱四百文，鞋钱一百文。

一件衙门差役乱上村私索取钱准斩。[1]

由此可见当时吏目压榨百姓的残酷现状。

在万承土州矛盾尤其突出，1956年我国开展了全国少数民族社会历史情况调查，其中广西组分为壮族组和瑶族组，壮族组以大新县为试点。当时参加大新调查组的王昭武先生（原中国社会科学院副研究员，现已退休）收集到了万承州丰富的诉状，这些诉状后经韦顺莉整理已结集成书《万承诉状》。这些诉状为我们研究大新土司时代的政治、经济、社会及文化具有特殊的文献价值。这些诉状比较详细地记下了清末时期万承土州九甲人民联合控告土官的事件。

---

[1] 广西壮族自治区编辑组、《中国少数民族社会历史调查资料丛刊》修订编辑委员会：《广西壮族社会历史调查》（四），北京：民族出版社，2009年，第78页。

同治初年（土官许可均统治时）福隆区中华乡律屯许廷连（秀才）及屏山乡黄生勒（秀才）等为首发动九甲群众联合控告土官，直告至龙州和桂林等上司去。控告土官贪得无厌，加丁加派。状文内说："民宁为汉区之狗，不愿为土州之民。"当时上司有人来，查明真相，但后土官行贿乃被袒护，而土官对许廷连及黄生勒怀恨在心，设法加以谋害。黄生勒被土官邀去以平良开会的名义，杀害于平良庙；许廷连也被土官设计放毒致死。九甲人民虽失去了反土官斗争的领头人物，但未忘记土官对他们的血腥镇压。

至昌明何旭如读书考中功名"廪生"懂得写状纸时，又联合九甲管洞及群众起来多次控告土官许绍纲，如三矿村赵文开，内邑村潘思达，中古村民达三，上甲平良附近陆科元，福隆四达许廷章等，其中以赵文开许廷章等最坚强，他们曾先后几次由何旭如亲写状纸呈递上去。但土官一方面对上官派来查案的人员行贿，故所递之状纸犹如石沉大海；另一方面土官又派其走卒将到省城避呈之人拘留起来，加以杀害。逐捧屯农经三为告官赴省城而死于桂林，北甲赵王连也同样被杀。所以，控告没有什么结果。

随后，何旭如又与各甲管洞共同商讨控告土官的办法，决定用六十贯钱（该钱是由九甲群众捐出的）去左州康任屯请清先、清三（姓氏不知）二人另写状文。今将此状文内容摘录如下：

具呈系下太平府万承州上甲□□各村人民等，为三虎同恶，罪杀无辜，暴虐荒淫，吁天札饬提参，以正国典，而苏民命事，祸因许荣父子兄弟三人，残酷成性，同恶相济，横征暴敛，宿淫民间妻女，夺买民妻，种种妄为，不守官箴，其祖自宋朝封赐以来，父子接二十八代，取民陋例甚繁，至乾隆年间，通氓赴诉各大宪经蒙约规定例无有加增，至老官许可均，渐行加派，民虽因苦，尚可偷安，至许绍纲为官，加征益甚，淫虐苛政，敛剥啄民脂，法外行凶，种种非为，致使其族许□□二人，同行反逆，与绍纲漏窝藏叛匪……①

缮好了状文，由各管洞暗传备甲有众望之人，郎头和部分群众签章，后推人赴省（桂林）递呈。府官传讯管洞为何告官，答："民不告清官，火不烧青苗，三虎同恶，罪杀无辜。"土官许绍纲在九甲管洞及群众屡次控告下，被上级派差传提到太平府去对案，土官许绍纲做贼心虚，见势不妙，畏罪潜

---

① 《万承诉状》，南宁：广西人民出版社，2008年，第191—192页。

逃，后来在赴府途中，至崇善县丰目乡那颜村住宿时，即服药自杀。但结果因何旭如是廪生，位属上司之流，上官认为他发动群众告官，犯有充军之罪，故将他流放于甘肃，而九甲管洞也因联合签名，不敢在家留宿，唯恐土官陷害，仅有赵文开顽强不怕，后给土官兵差捕去关起来，并加以鞭挞，又于街日拿去打锣游万承街，赵文开边游街边喊道："谁人和我一起去告官，我屁股痛便不去告官，我的屁股不痛又告啰。"后因赵家赤贫如洗，无钱交官，故监禁几年后便释放了。许绍纲死后，其子许荣及其妻行贿上官，上下沟通，狼狈为奸，上官在他们行贿之下，代为辩护说父过不能由其子负担，土官职位，仍由许姓（许荣）承袭。

自从何旭如充军到甘肃后，又独自偷逃出来，沿途求乞充饥，回到家园。事隔不久，他又联络各甲管洞告官。土官许荣这时正用勒索人民得来的钱买了一班戏，天天唱戏作乐，为此就被何旭如借题控告，说许荣浪费国家人民的钱财，将状文呈上府去，土官许荣也因此而被革职了。此时恰逢改流，故以流官代替了土官的统治。土官下台后，许荣对于何旭如怀恨在心，有意诬害何旭如招匪，欲攻打太平府城……于是府官即派黄富（得许荣贿赂）率兵捉拿何旭如及其二子何之宏、何之行父子三人，以莫须有之罪名加以杀害。

到了清末民初，土官、土目与土民之间的矛盾越来越激化。百姓的维权意识也在逐渐觉醒，故而民告官的事时有发生。除以上事件外，还有以下控告土官以及官族恶目的四款诉状（《万承诉状》）：

谨录土主，颠末恶款附粘呈电：

一款，老主许绍纲，豢贼盗为勇役，纵使官族许可观等同为党羽，残害百姓，曾经冯宫（官）严偷（谕）勒激，悁匪官族许□□在案，后蒙徐府宪督饬，将许□□缴出正法，随将老主许×檄参。今主许荣袭职，概袭父知，秦贼仍昔。父子兄弟官母，一衔四官，无恶不作，惨毒万状。遇案不分曲直，各遂其欲，怡已属民。而虫民等历遭恶主，两代相沿，残虐拔（迫）害。灭门者无人伸理，避祸者逃越邻封。民等因庐墓难抛，强忍强受。于光绪□年迫得九甲村民，始敢冒死联名上控，李抚宪粘呷在案：钱粮定额，加倍勒收，一也；有例倍勒，无例勒派，二也；豢养盗贼，充当勇役，三也；纵勇为盗，焚劫善良，肆也；见色纵淫，污民妻女，五也；酷刑无罪，毙命愿尸，六也；贪贿纵盗，反罚失主，七也；擅卖民妻，逐夫奴子，八也；纵使族目，霸民田产，九也；拆民房屋，添营私室，十也。此尤著者，恶款列十，每款必有数见，其余贪枉，不堪枚举。曾经民等，摹结在案。蒙前抚宪李核实，立将许荣革职，另委弹压，未蒙审讯，乃恶主愈延愈幻愈毒。日与刁棍赵□□等串计谋害，四捉平民，逼押复保，民因摹结罪干反坐，不肯复保，而土官与党怀恨不保之故，愈起狼（狼）毒心肠，更复招募四境匪徒数十人，以为爪牙，暗出赏格，谋杀九甲父老，劫掠村民以及商，嫁祸地方。不已，再复上控，票请提案讯明。迨今案情在三大宪分断，卓夺不知，如何情弊突然土官回任复职，于本月□□日升堂。该族目等面票土官，剿除村民，如刁棍赵等、□□恶目冯□□等，夜周入衙面票许土主，招集党匪，四终格杀。倘如九甲村民住（往）府道省票控，格杀无论。再有何甲何村，不即道（遵）从，请兵剿洗无留，为民如此等。而许荣听信，拨其心肠，毒过其父。民等闻知各皆胆落魂飞，惊荒畏避，磋磋（嗟嗟）进退无门，置身无所，民将辗转离散，付诸沟壑中矣！

二款，如刁棍赵中禄，平日奸猾成性，品行不端。自历年以来串入衙门，充当讼棍，卫护土官，包人告状，或串官害民，或勾差诈索，包匪害良，无中生有，陷害村民。种种非为，难以胜数。而土官宠用恶党，纵使刁棍恶害等，招集若州著□□匪廖三和咟教村赵、同□□的第三子儿，许九满之儿子，养利州等一四爪牙，互相救应或搔扰境外，或焚劫属中，鱼内（肉）乡愚，偷牛盗马，抢劫幼女，掳取家物，而赵窝贼□□销赃，坐地分肥。同土官回任，而贼匪更复得势，横行无忌，又得土官赏格，焚劫掳杀。该匪恶势弥天，巡乡探索，名为公差，实则盗数。又使赴□□村凶恶汤，各□□召茗盈州党匪数十人，平良圩□□带一二十人到土官衙内领承赏格，恶目□□各自招募匪徒，并六坊刁目一二百人，肆分蜜（密）扎，谅必虏杀。爰请汪□□为军师，党谋助计。唆使土官打通龙（隆）安著匪杨□□与□□、全保刘□□、方挺扬、陆□□共计十三人等人，均系的先锋□□党匪，请以同来助力。况此等匪徒于同治□年老主许绍纲与周□□结纳深交，且有瓜葛，（与）今主许荣如最知好，吃过血酒，明言遇事，彼此相援，互为救应。于光绪□年七月内属民等人□□，焚劫杀死，烧毙耕牛，掳卖二女并□□之妻。屡次呈诉土主，追捕详办。即闻周某有信（说）情，求和了事，土主故不力追。邻团不忿，因共此联名上控，呈叩前抚宪李□□，札饬隆安县，捕获著匪杨解□□案，供出土主勇役勾串焚劫如此，后窃解养利，供招相同。迨今回任，仍恣贼扰害，民难安生。

三款，恶族许□□、刁棍等□□，依势压民，扬言土官升堂，复票差下乡，催收数年来的钱粮总数、米谷一切公项收完。倘何甲村民违抗不解，亦不遂从，请兵剿除，格杀无论。请外境入地。而恶目□□四甲差用，以及恶目许□□均言："此州城无地挂头。"一概恶目官族，肆分下乡，势如虎狼，提拿平民，满口格杀。各皆仍言如此。民等闻之，不胜泣涕悚惶。忆自数年以来，弹压管辖，民赖安堵，又蒙禁赌，出示各圩，并无聚赌。今许荣回任升堂，各老赌崽仍复闻知，故俾新圩官族许天洗、平良圩汪□□、赵□□、州城官族□□、首匪□□、刁目□□等，首同场聚赌。如街老、团总等不聚赌，他云："我奉许荣来赌，倘尔团街不肯与我开，即见祸。"民等只得俯伏，敢怒不敢言。伏乞仁宪，察蜜（密）拿办，庶几刁恶不致横行，则民始得免祸临身，均感大德于没世不忘矣！

四款，今主许荣袭职，毒过其父，四境著匪，皆其爪牙，缘鱼肉良善，虑弓上控，辄暗遣党羽，或劫或杀，必使民畏，不敢多言，多走一步，无辜死者，不知凡几。故受害者曾经摹结，票呈前抚宪李□□，可稽。于光绪□年，劫案太多，承审汉堂，通禀府道，设办团绅。因札谕庠生何等□□，严拿盗匪。□年□月间，□□等拿获著匪许□□，解送汉堂承审，皆供招出等。旋奉札陆续拿获所诸匪到案，逐一招出，皆奉恶主暗使害民，供状可凭。迨九甲村民则款举呈恶主参革，另委弹压。恶主钉恨众民益深，马统领纯兵来办善后，恶主即贪求，随转辕办事，暗录合邑绅民姓名，证指如匪意者耸听，乘隙雪恨。幸马统领不信，惟严拿著匪□□及□□父子二人。兹二人皆恶主得力心腹。恶主知音，辄与土募覃□□、包讼棍□□、赵□□串计，暗使匪党农□□率党多投援，李匪逃脱。抗敌官兵，斫伤哨民官，几毙数勇。马□□大怒，立督总何□□、赵□□等，限期年捕拿，务获始休。何□□等遂同大人跟踪追捕，次拿获首农□□、赵□□□□□等四名，此时送案，承审汉堂均皆当堂讯明。恶主许荣无顾（故）潜退避去。旋遑毒计，暗使党羽，黑夜潜伏各村，嘱遇马□□兵勇，凡夜起解手，一二单行，杀害，嫁祸地方村民。幸马□□统领早有所闻，下令严谕兵勇，不许夜间出外小手、大便，遂杜甚（其）谋，以未捉其确证，则宪不即追究。然已获之匪党，堂拱招及，未获之匪李□□尚均窝藏恶主募两处，固合州共闻者也。今恶主回任，仍然如此横行，势必尽置民等于死地，其心始慰。无有爱民，决属仇民。若不恳恩垂怜，转详存案，以及查核，并严拿首匪李□□父子以及赵□□利光该匪等究办，而其所为真伪亦并洞悉。蚁等摹结在案，倘在（再）有一事虚诬，甘领反坐，虽死瞑目；亦或骗官，蚁等付诸邻封，或再委弹压，从此专属弹压管辖。剀切谕知，绝念复袭永远，土官不能妄干公事，或格外示恩，别筹安置。俾民等出此水火，蚁等生死皆朝廷赤子，并非土官奴仆，尔在敢有区别。官长之心，爱若赤子者，即戴若父母。至于土官，有如此，平民已不堪命，况历代相沿，历恶加倍者乎？合州九甲，曩计万户，今余其半。盖可迁避者，举室逃亡，散处邻封。倘蒙稽查历可证，惟蚁等势不能徙，情又难安，兹又许荣遣使恶监黄集先□□锋百余人，黑劫杀附生黄□□。如此之言，况伊附生何干罪事，而恶主如此诡计，民何能联生乎？明知上控一次，愈触土官深恨一层。岂知实区此迫进倒悬除劫，上诉宪天，则立待鱼麋有子遗矣。如此抱告赵安赴辕，哀哀冒死粘附续呈。①

第四节 大新土司的文化教育

至元明清时期，出于对边疆地区管理和统治的需要，统治者一方面对土司地区的官员施行儒家文化的教化，强化中央政府的权威；而另一方面，统治者担心土民入学应试会脱籍而出，不利于中央集权管理，因而对土民实行特殊政策，土民极少能接受汉文化教育，故教育则成为土司家族才可享受的特权。

一、对土司子弟学习儒家文化给予帮助

元末战乱不断，严重破坏了经济文教事业。明朝统治者加大对土司地区教育的扶持，明太祖朱元璋尤为强调学校教育对礼仪教化的作用。洪武二年（1369），朱元璋谕中书省臣曰："朕惟治国以教化为先，教化以学校为本。"②

还规定"夏六月壬申，诏诸土司皆立儒学"③，为了进一步巩固对多民族国家的封建统治，进一步强化封建专制主义中央集权，在土司地区建立官

---

① 《万承诉状》，南宁：广西人民出版社，2008年，第145—163页。
② 张廷玉等撰：《明史》，北京：中华书局，1974年，第1686页。
③ 张廷玉等撰：《明史》，北京：中华书局，1974年，第52页。

图 4-4-1 养利州古代书院遗址（今桃城镇中山街）（何农林 摄）

学、书院、社学等多种学校，还任命土司当地的本族人为教职人员，即"土教官"，方便进行双语教育，更好地对土司及家族子弟进行礼仪教化。此外，中央政府要求各地土司子弟进入最高学府国子监学习儒家文化和礼仪，或就近入官学读书，否则，不予承袭土司之职位。《明史》记载：弘治十六年（1503）规定，"以后土司应承袭子弟，悉令入学，渐染风化，以格顽冥。如有不学者，不准承袭"[①]。

在此带有强制性的规定背景下，各地土司不得不重视对子弟的儒学教育问题，大新县的土司也不例外。《广西通志·教育志》记载：明代开始在广西土司地区设置官学，太平府下辖17个州3个县，有府学1所，州学4所，共计4所官学。其中明洪武三十年（1397），知府陈惟德创建的太平府学是广西土司地区的第一所官学，之后各地官学纷纷建立。明万历三年（1575），知州王之绪创建于北城外二里建养利州学，二十七年（1599）迁入城内西隅。清顺治十八年（1661）知州傅天宠重修，后崩毁，康熙三十二年（1693）重建，乾隆三十一年（1766）改建于城内东隅。清雍正二年（1724）建立了太平土州学。这些学校主要招收官族子弟，鼓励他们学习儒家文化。为了从思想上和文化上进一步加强对土司地区的控制，这种强制土司子弟入学的举措，在很大程度上促进了土司地区儒学教育的顺利开展。明朝统治者对土司地区儒学教育的重视，对于促进土司地区文教事业的发展，维护民族地区的社会稳定起到了重要的作用。

[①] 张廷玉等撰：《明史》，北京：中华书局，1974年，第7997页。

第四章 遗迹：骆越边地的民族文化

在教官的配备上，广西地处边陲，人才匮乏，教官配备往往不足。元代，地方的教官分为教授、学正、学录、教谕、训导等级别。明代府学设教授1人，训导4人；州学设学正1人，训导3人。明朝洪武三十一年（1398），广西只选派了11名教官，可见学校教官缺员情况十分严重。明弘治年间曾经对广西各地官学实行大量裁员，导致教官更加不足。

清代边境各地方官学主要是为了养贤才以供朝廷之用。清代府、州、县学生员的待遇：廪生由政府支给银两或米，无论廪生、增生、附生，均免其家差徭二丁。具体的补助标准因地区不同而有所差异，如太平府学廪生"岁支银五十两，遇闰加银四两一钱六分七厘"；养利州学廪生"岁支银是四两，遇闰加银一两六分六厘"；太平土州学廪生"岁支银四两，遇闰加银三钱三分三厘"。历代教官的任职资格、待遇、考核晋升方式也有所不同。清代府、州、县学的教材有《御纂经解》《性理》《诗》、古文辞、校《十三经》《二十二史》《四书》《五经》等，多为讲授儒家文化。

表4-4-1 清代官学学额及贡额一览表[①]

学校名称	招生名额	廪生	增生	岁贡	武生学额（招生名额）	备注
太平府学	20	25	25	一年一贡	20	
养利州学	12	7	7	四年一贡	15	嘉庆五年武生额进裁为12人
太平土州学	4	2	2	四年一贡	4	

民国三十五年（1946）《雷平县志》列举雷平县（原太平州、安平州、下雷州）清代道光至光绪年间举人、拔贡、贡生、庠生共计144名。有土州土官，也有州所在地的街上人或乡下人。

除了官学之外，土司官族经常在家中设立私塾，请先生到家里授课，或开辟一间学馆，每年开馆半年或七八个月不等，上课的童生上交一些粮食或银两，派人挑至塾师家中，作为私塾先生的酬劳。

除了学校教育，土司地区还有包括家庭、家族、宗族、村寨、社会、宗

[①] 广西壮族自治区地方志编纂委员会：《广西通志·教育志》，南宁：广西人民出版社，1995年，第29页。

教等方面的传统教育,这些教育更充分地说明了土官对中原儒家文化的重视。许多土司家族通过修谱牒重构祖先记忆。在修订族谱时,祖源大都挂靠中原地区,以体现本家族管理土民的合法性。例如明成化八年(1472)恩城土州知州赵福惠所镌刻《恩城土官族谱》摩崖石刻:

> 赵仁寿,本贯系山东青州府益都县人民,跟随总兵官狄青来征邕州南蛮侬智高。获功绩,得水土一方归附。祖赵仁寿特令恩城州世袭土官知州职事,子孙相继,承受祖业,传知后嗣,耿耿不泯。故刻此石以为之记。[①]

在家规部分,体现了尊老爱幼、睦邻友好的"和"文化观,这些充分反映了中央政府在土司地区办官学对推动国家主流价值在土司地区传播的重要作用。通过修族谱、建祠堂、请先生教学等,土司后代在日常生活的言传身教中潜移默化,在知识文化、思想道德等方面深受儒家文化的影响,土司阶层的思想得到了提升,在与土民交往过程中,其思想也会潜移默化地影响土民子弟,有助于促进土司阶层和土民对国家的认同,维护土司地区的稳定。

二、对土民教育政策的转变:实行特殊政策

土司地区的官学有一些特殊政策,如准许土司子弟就近入学、严禁别处土民冒籍入学、本地无应试的童生则准许外省及本省别府的人(查无过)入籍考试、优待在学生员、专设少数民族学额、优待土司地区教官(缩短任期、撤回内地升迁等),因此地方官学入学的大多数为士绅和地主子弟。土司对土民则实行限制入学和限制科举的政策,规定:土民凡三代以内有前科,以及从事清道夫、唱戏、阉鸡阉牛阉猪等三教九流职业的,其子弟不准报名应试。而即使有资格参加科举应试的土民也要土官知县出具证明其家史清白,才能报名,而土官也常常找各种借口阻碍,因此在土司统治下的土民根本没有机会入学应试。嘉庆十年(1805),清廷重申,番哨隶置等项土民,身充贱籍,向不准报考,嗣后仍照旧规办理。这项规定在太平土州一直沿用到清末,如太平土州岜零村、岜朝村的人们为了子孙能获准出应考试,不得不筹款上交土司,请求解置免役。此规定剥夺了土民的受教育权,阻碍了土司地区教育的发展。

明洪武八年(1375),中央朝廷诏令推行社学制度,请名师教导民间子弟。

---

① 大新县政协编:《大新文史资料》(合订本),2015年,第401页。

养利知州王之绪于万历三年（1575）建有社学：养圣、养正、养蒙三所。①

清朝开始鼓励土民参加学习。清朝前期推行鼓励土司、土民学习汉文化和科举入仕的教化政策，在具体措施上采取了兴办义学、单列招生名额、另编试卷字号考试等手段，为西南边疆民族融入主流社会提供了制度保障。弘治十七年（1504），又令各府州县设立社学，民间蒙童十五岁以下者皆可入学就读。雍正十一年（1733），清政府下令各省省城设立书院"化导士子"。

表4-4-2 清代大新县书院设置情况表②

书院名称	创建人	创建时间	备注
羊城书院	广东商人建	乾隆二十三年（1758）	下雷土州，道光二十六年（1846）倒塌
养正书院	知州麻永年	乾隆二十八年至三十年（1763—1765）	
瀛洲书院	知州高攀桂	嘉庆二十年（1815）	养利州署知州高攀桂捐资倡建，在养正书院旧址建
瓠萌书院	太平土州设	光绪十三年（1887）	太平土州（1896年改称瓠阳书院）
维新书院	知县、土民捐资	光绪十七年（1891）	恩城，原为义学

以上表中所列的养利州养正书院为乾隆年间知州麻永年创建，其实应是在明代万历三年（1575）养利知州王之续创建的养正书院的基础上重建的。

太平土州《重建黉碑记》

吾邑地属偏域，俗近蛮方。荷蒙先祖康侯公，体圣天子崇儒之心，痛众黎民冒昧之俗。曾于雍正三年，咨部奏请设立黉宫于州治之西。维有历年至于咸丰年间，盗贼侵扰，庙貌崩颓，仅存其迹。幸徽庭刺史承袭莅位，慨然以重建，是举于同治十一年约齐邑绅开捐工资，移建于州治之东，而鸠工庀材，吾父母官造就人材之至意何深且厚哉，使命部勒诸贞珉何以识其端绪耶？但因近年来事务纷纭，未获如愿，至光绪九年，复修甬道，即行镌碑，合众议章程，自此以后凡属境内举监绅耆及花户人等，悭吝未肯捐助而碑上无名者，

---

① [日]谷口房男、白耀天：《壮族土官族谱集成》，南宁：广西民族出版社，1998年，第405页。
② 广西壮族自治区地方志编纂委员会：《广西通志·教育志》，南宁：广西人民出版社，1995年，第48页。

后子孙应试，众所攻讦，不准混考，庶不负州主父母焦劳之意也。

是为序。

太平州知州李光猷捐千文……

光绪九年（1883）岁次癸未孟秋月谷旦

首事李勋等[1]

李光猷，为清末太平州土官。此碑文拓片现藏广西博物馆，原碑已经被损坏。从碑文中也可知太平州瓠萌书院，是在清代雍正初年的黉学堂重建易名的。

恩城《重修维新书院碑》

粤考恩城之立书院，创始于乾隆元年（1736）之夏公，复振兴于嘉庆元年（1796）之李公。此二公也，启□盟，开草昧，都人士咸有赖焉。迨至咸丰初年，盗贼（指太平天国时期农民起义军）频兴，烽烟迭警，致使书院荡然而空。及夫妖氛既□服，先畴犹幸得所，食旧德每饬无依，虽后之权斯土，抚斯民，书院亦未及修葺。不意于光绪十六年（1890），分宁斯土者李公也，公籍系湖南宝庆新宁人，当其下车伊始，怅四境之萧条，忧亿民之顽梗，遂不禁瞿然曰：养既能遂生，教然后复性。由是谋诸绅者，谓是邦书声何阒寂无闻也？对曰：昔有书院，熏陶共赖，今则瓦砾无存，是以业儒者鲜。……于是传谕合境，劝为捐输，善士仁人靡不争先而恐后，一月未及，数报有成。……重新择地，别自经营，是举也，公躬亲督匠周惮勤劳。工兴于光绪十七年（1891）冬，告竣于次年夏至。……书院落成，延师又苦无资，不已，创及巴赖圩之新规，复还那敏村之旧项，年中尽做延师之费。……皆云：书院昔名叠翠，今号维新，殆作新民之意乎。……

掌院廪生赵英翰撰，郡城李鼎魁书丹。[2]

从碑文中可知维新书院在清代乾隆年间设置。

同时，碑文上还约定收回的官田和圩场税收作维新书院经费：

一项那敏村义学田九信（每信为五半，每半为五亩）共四十五半二百二十五亩，承耕人梁祖建等。每年应纳租钱二十四千文。日后田有丢荒，仍问该村交纳。准于两期交清，如有逾期，禀官追究。

---

[1] 梁明伦等纂：《雷平县志》，台湾：成文出版社有限公司印行，1975年，第214页。
[2] 广西民族研究所编：《广西少数民族地区石刻碑文集》，南宁：广西人民出版社，1982年，第106页。

一项巴赖圩规，每年应纳钱拾捌千文。

一项书院前塘一口，每年归书院收租，作春秋祭祀所用。

乐捐芳名列后

特授恩城分县加三级记录五次李（继纲）捐钱贰拾千文。

监生冯毓均捐钱肆拾千文……

为筹办书院经费，恩城当地的官绅人士等提议并经批准《太平府批准恩城义学年租款项碑》规立：

窃恩城改土归流后，初建义学始置义田，有碑可考。嘉庆年间，前分县主李公续修，亦有碑存。自咸丰初年，屡经兵燹，瓦砾无存，田租已骗。迨至光绪十六年分县主李公（继纲）到任……传之职等劝捐殷实，凑钱七百余串，派职经理钱项，督修义学两进，中间游廊，左右横厅，俱系砖砌瓦盖，□年巩固。然义学落成，延师赖费，幸得查出赵氏绝产，有充作义田之田，久被那敏村民所瞒骗。亲往是村踩看，除荒芜外，尚得三分之一，饬村民梁祖建……六人承领耕种，每年交租谷钱二十四千文，按两季送交。又峎零圩场离衙甚远，平时历来收猪肉抬规。蒙谕兴起，责成近邻村外内庄、柳零、峎表三村，轮流选派圩长，每年收此规钱拾捌千文交归义学。又衙门首大塘一口，久未出租。今蒙捐归义学，责成街民出租，每年交钱八千文。共三款钱五十千文，作为延师之费。……窃恐李公升去，人心不古，日久变迁，是以职等除禀崇善县外，只得联名叩恳……上禀署理太平府正堂王批准：

据恩城本街赵必先通地人等，禀为义学既成，乞恩立案勒石由。据禀，该县丞李继纲捐廉兴复义学，并查出赵氏绝产义田与官塘圩规，均归入义学，为延师之费，殊属留心勤职，培植人才……

特授崇善县正堂袁　批

据从九赵必先等据呈分县李……

光绪二十一年（1895）十月十四日　具禀[①]

三、清代为边疆地区的少数民族子弟设置义学

康熙四十一年（1702），清政府决定在京师崇文门外设置义学，义学是

---

① 广西民族研究所编：《广西少数民族地区石刻碑文集》，南宁：广西人民出版社，1982年，第68页。

为边疆民族地区的少数民族子弟而设置的教育机构，具有启蒙教育的性质，"尤重在开化夷民"。康熙五十九年（1720），清政府规定，"广西土属共二十五处，各设义学一所"，由广西巡抚在本省的举人，贡生中选择品学兼优者，每属发往一员教读，如果教学成绩显著，广西巡抚可以"据实保荐，酌量议叙"。[①]在清政府的政策推动下，广西土司地区的教育有了较好的发展。

因义学是属于初等启蒙教育，辐射范围较小，因此统计范围可能较官学有限，据《广西通志·教育志》记载，大新县共建有4所义学，分别是雍正元年（1723）建的下雷州义学、光绪二十年（1894）建的安平土州义学、乾隆年间建的养利州义学和恩城义学。这四所学校具体存在的时间及生员人数等数据，暂无翔实资料可查。政府开设义学的主要目的是开启民智，而不是参加科举应试，因此在教授的内容上，主要讲授《三字经》《百家姓》《千字文》等日用、明理的篇目，让学生多读、多写、多背，以培养学生识字明理的能力，普遍提高土司地区人们的文化水平。

四、土司文化教育对大新的影响

综上可看到，大新土司对土官家族和土民实行了不同的教育管理政策，鼓励土官及其子孙入学读书及参加科举，而对土民则限制其读书应试，封堵其科考入仕的道路，同时对土民实行了以儒家忠孝思想为核心的社会教化以便维护自己的统治。土司地区的教育发展，的确对社会文明的发展起到了积极的作用。首先，提高了壮族的文化水平。学校教育取代了家庭教育为主的传统教育制度，较广泛地传播儒学文化，培养了一批受过汉族文化熏陶的土司和拥有较高文化水平的上层知识分子，他们对土司地区生产力的发展和对民族团结、守疆固土等方面起到了积极作用。其次，推动了大新文学艺术的发展。随着汉文化的传入，一些有学之士在原有民风民俗的基础上，吸纳汉族传统文化，创造出具有地域特色的文化元素，比如独特的墓葬建筑、石刻作品，还修撰家谱，丰富了民间史学文献。最后，通过儒学教育，向边疆地区传播了更多的封建伦理规范，加强忠君爱国观念的渗透，构筑统一的多民族国家共同体意识，使边境土司在面对外敌入侵时能召集土民反击侵略，有效地维护国土统一，巩固了封建中央政府在边境地区的统治。

[①] 素尔讷等纂修：《钦定学政全书校注》，霍有明、郭海文校注，武汉：武汉大学出版社，2009年，第287页。

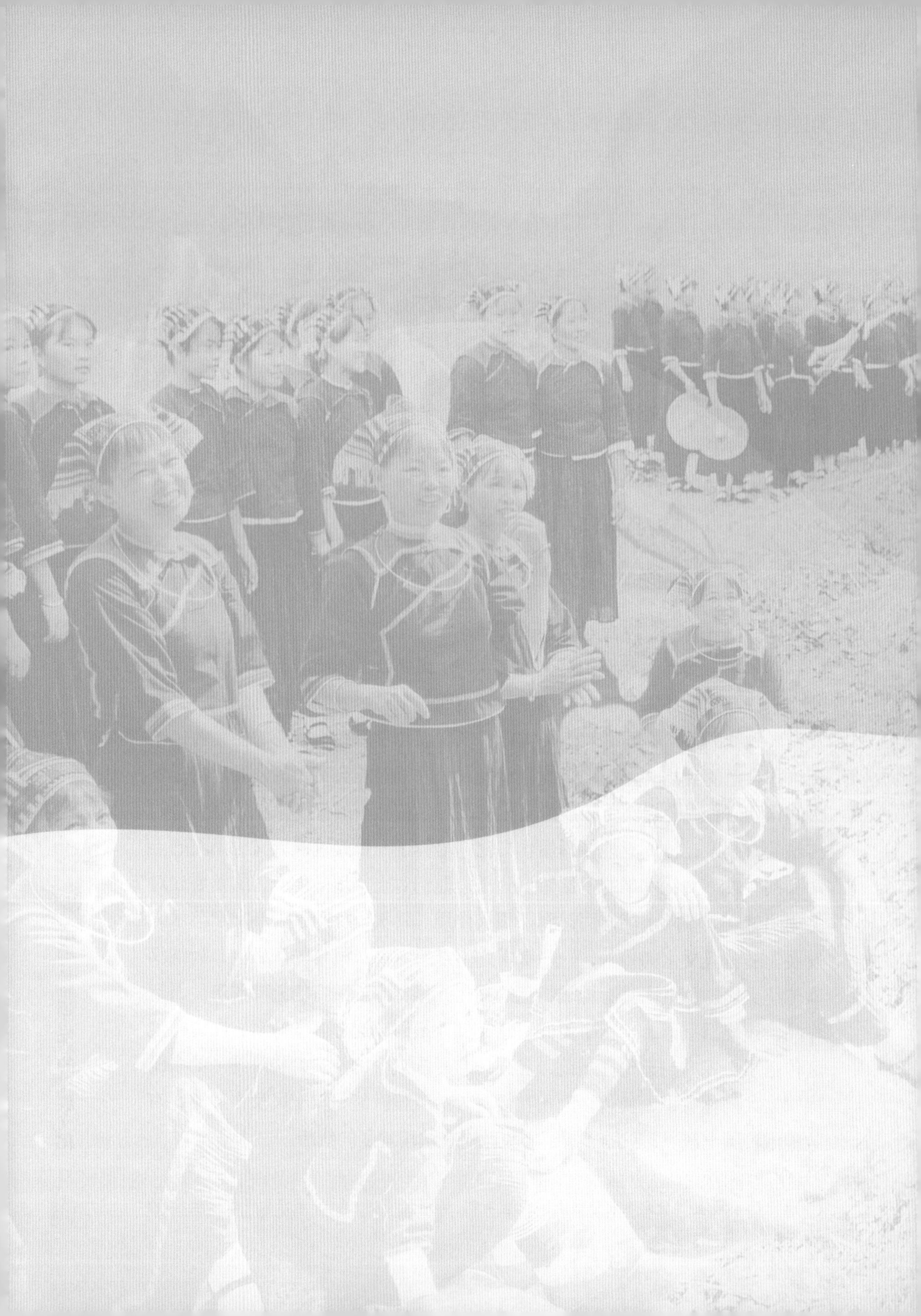

第五章
延续：久远的民族习俗

民俗是一个民族所创造的世代传承的特有的社会生活和文化，反映了这个民族的审美取向、文化价值观和民族心理特点。大新的壮族民俗自古源远流长，在多姿多彩的民俗背后折射出一个勤劳、善良、诗性和烂漫的民族。

第一节 约定俗成的节庆

大新壮族人民传承下来的传统节庆中有侬峒节、春节、"三月三"、端午、中元、中秋、重阳等节日,近年来,大新县注重侬峒文化、土司文化与旅游融合发展,已然取得了不俗的成绩,2017年,大新县荣获"中国侬峒文化之乡"和"中国土司文化之乡"。大新县的民间习俗和民间信仰多受中原文化影响,认为一些自然物和自然现象具有生命、意志、灵性,具有神奇的能力,并且能影响人的命运,因而将其作为崇拜的对象,向其表示敬畏,求其保佑和降福。

图 5-1-1 大新侬峒节·赶歌圩（何农林 摄）

一、侬峒节

大新侬峒文化淳朴鲜活,深受外地人喜爱。侬峒节在大新历史悠久。据记载,侬峒节始于唐代,是以对歌为主要内容的民俗活动,大新境内壮族俗称"侬峒","叩岩"（叩,壮语即进去,岩,即岩洞）,也有叫"巷单"（下雷镇一带的叫法）,是县境内壮民亲朋好友相聚、联络族群关系的民间习俗。"侬峒节"活动遍布大新全县村屯,以宝圩二月十九观音诞、龙门三月十三祭祖节、硕龙三月十五、下雷霜降节等最为典型。每年农历正月初四至十月十五日,

图 5-1-2 大新侬峒节·对歌（何农林 摄）

图 5-1-3 大新侬峒节·对歌（何农林 摄）

图 5-1-4 大新侬峒节·对歌（何农林 摄）

图 5-1-5 大新侬峒节·观众（何农林 摄）

各村屯侬峒节均按各自历史沿袭日期举办。侬峒节期间，人们从四面八方赶来，带着自家的桌子和祭祀品，前来参加求苍天赐福禳灾活动，祈求来年风调雨顺，五谷丰登，六畜兴旺，平安幸福。同时，一些地方还开展山歌大赛、抬神爷巡游、斗鸡、抛绣球、跳竹竿舞等具有浓郁地方特色的民俗活动。听山歌、观舞蹈、吃糍粑、尝美食……在侬峒节这一天，壮族青年男女不仅可以一展歌喉，有的还以山歌传情的方式觅到知音。如今壮族山歌内容范围拓展了，不仅有"情歌"，描述美好憧憬、歌唱幸福生活等也是壮族山歌的普遍内容。

一年之中，大新壮族几乎每月都有侬峒节庆。除了特殊的祀祭，侬峒节庆的方式大体相同。节日离不开吃喝玩乐，离不开山歌……

表5-1-1 大新县部分乡镇村屯侬峒列表（以农历为准）①

日期	地点
正月	
初四	全茗：上马、下马、力屯、乔苗村力屯、新巴、旧巴。桃城：新振社区榜屯
初五	那岭：五一村全部屯，那义村全部屯 全茗：上湖村、六林、普哈、巴烈、巴或
初六	桃城：北三那活、皮屯、那磨（音）、上下贯、横沙、松洞村。那岭：巴伏村全部屯、那岭社区那礼屯。下雷：信孚村
初七	榄圩：新吉、板榄、那仪、井屯、华屯
初八	榄圩：新吉、布沸。桃城：万礼、弄沙、爱国村、上兴、中兴、下兴、新振、扎屯、社隆。龙门：林海。那岭：那廉村全部屯、好胜村全部屯
初九	恩城：维新村陇蛮。桃城：社隆。那岭：那信村全部屯
初十	全茗：上湖村孔仁、那考。桃城：新华村侬门、大栋、小栋、那栋、北三村伏那、新力、黎明村。下雷：上湖村、那烈。雷平：车站村江孔、逐中、逐内。那岭：那岭社区新永屯
十一	全茗：全茗街、巴锰那、那弄、那楞、伏州、营恩、巴林、顿周、弄强、逐民、弄怀。榄圩：正隆、驮押、榄圩、新吉、隆内。恩城：维新村新胜屯、新屯。那岭：那岭社区那岭街
十二	桃城：北三村马能、头派。那岭：陇玉村全部屯
十三	桃城：万礼、弄房。榄圩：正隆、那立、榄圩、新吉、隆。全茗：配偶岭村三屯
十四	全茗：顿周、那钦、布土、那上、周荣、古光、农家、全茗街、配偶、派屯
十五	桃城：桃城街、万礼、新宁、逐院、大岭、蒙屯、大塘、才屯、大岭街。龙门：宝山、大屯。榄圩：新吉、渠问。全茗：乔苗村新意屯、上叫屯
十六	桃城：新振、下对。全茗：乔苗、力屯、愣隘、上叫、尚屯、那排、巴屈、农屯、新力、和留。榄圩：康谭、汤塘、旧州、拉街、内市
十七	全茗：灵熬、下熬、茗盈、布远、庭良、布零、时方
十八	桃城：宝贤
十九	桃城：上对
二十	全茗：政教、汤那、叫苗、伴屯、政屯
二十二	那岭：巴兰村全部屯

---

① 侬峒节各村屯的节期表，系根据1989年《大新县志》有关记载，并重新对各乡镇调查统计而成（大新县志编委会：《大新县志》，上海：上海古籍出版社，1989年，第424—426页）。

续表

日期	地点
二月	
初一	那岭：五一村全部屯
初二	那岭：那信村全部屯。榄圩：榄圩、榄圩街、那排、斌屯、榄屯、弄屯
初三	雷平：咘龙村
初四	榄圩：先明村全部屯、先力村全部屯
初六	下雷镇：土湖、三湖、岸屯、信孚村
十五	桃城：大岭、把肪、更金
十九	宝圩：宝圩街。雷平：安平村、安平街、安民、下索、巴贺、伦则、科度、公益村、咘平
二十	堪圩：民智村板稂屯
二十一	桃城：蒙屯、大塘、上强、大岭街、才屯
二十五	堪圩：民禄、那排、堪圩街、芦山、板或、民智、百马
二十六	硕龙：巷口
三月	
十三	龙门：龙门社区、武安、西宁村全部自然屯，文明村的墰峉、派林、六龙屯。昌明：昌明社区上先屯
十五	硕龙：硕龙社区硕龙建街节
十六	硕龙街百家宴
十七	硕龙：礼贤村上阳屯、下阳屯、育屯
二十一	桃城：大岭
二十四	全茗：上湖、六林、普哈、巴烈、巴或
二十五	全茗：上湖村那烈
二十六	桃城：爱国。龙门：三联村全部屯。榄圩：正隆、古良、驮押、那隆、弄雄屯、上吉村合部屯。雷平：新民。恩城：维新。硕龙：巷口村全部屯，义显村全部屯
二十七	榄圩：正隆村那隆屯、那立屯
二十九	恩城：维新街、新胜、新屯、陇贺、陇蛮。那岭：那仪村全部屯，那礼村全部屯，好胜村全部屯

续表

日期	地点
四月	
初二	榄圩：康潭、渠强、榄圩街、康合、果龙、康那。雷平：怀义村全部屯
初五	那岭：五一村全部屯
初六	那岭：那信村全部屯
初七	桃城：社隆村。那岭：巴伏村全部屯
初八	榄圩：荣圩、外留、怀花、弄荷。那岭：那廉村全部屯
初九	榄圩：新排、堂屯、团屯、布屯；那岭：龙贺村全部屯
初十	那岭：那岭社区那岭街。雷平：车站、逐中、逐内屯
十一	那岭：那岭社区新永屯
十二	榄圩：新球村全部屯。恩城街
十四	榄圩：荣圩、复新、新兴。硕龙：门村除颜屯、陇表屯外的所有屯
十五	硕龙：岩应村所有屯。雷平：安民、渠介、那岸村全部屯
十六	硕龙：念典村上典屯、念斗屯
十七	榄圩：仁合、新旺
十九	榄圩：康合、慢陆
二十	桃城：万礼村
二十一	雷平：三伦村廷弄、渠造、渠遇、渠月。宝圩：板禄 桥玩
二十二	雷平：三伦村伏麦、新品
二十三	恩城：维新龙蛮
二十四	硕龙：门村颜屯、陇表屯
二十五	桃城：万礼、新宁、浓沙、逐院
二十六	桃城：万礼教礼、谭卜、侬沙、扎屯。硕龙：念典村楞棕屯、下典屯。雷平：振兴街、弄外、甫留、钦联巴访
二十九	雷平：品现、东红、渠现、江巴、东律、西律
七月	
十五	硕龙：义宁村全部屯
十六	五山：布唔。全茗：新巴、旧巴
十八	恩城：陆榜榜屯、陆屯、苏屯、巴吕、小陆、内琅、外琅、维新

续表

日期	地点
七月	
二十一	雷平：左安弄卡、巴奏、冲六、弄宁
二十二	堪圩：堪圩街。硕龙：德天村全部屯
二十四	雷平：新立全村
二十五	恩城：新圩全村
二十六	雷平：后益叫里、弄零
八月	
初九	桃城：宝新那扬、考屯、那岜、双力
十五	雷平：车站街、赞成
十六	雷平：中军村全部屯
二十	昌明：奉备村律况屯
九月	
每年公历10月23日前后	下雷霜降：下雷街、土湖

二、归春河畔的"三·一五"节

壮族的歌圩月月不断，每年农历三月十五，南疆边陲硕龙镇就会开展歌圩活动，简称硕龙街"三·一五"。这个日子，边陲地区的人民赋予了太多的内容。

"三·一五"既是为了纪念民族英雄侬智高，同时也是硕龙开埠纪念日。侬智高被边地民众誉为民族英雄，具有崇高的地位。民间有传，在离硕龙街不远的大阳幽谷，有一处侬智高藏兵器洞，那是当年侬智高训练士兵存放兵器的地方，而幽谷归春河流经之地，有大小两个水潭，据传是士兵洗澡沐浴之地，大潭为男兵所用，小潭为女兵所用。

硕龙街壮话地名叫陇匡，意为横岭。硕龙奇山异水，地势四面环山，有一座泥岭横贯东西，陇匡地名即从此而来。硕龙地处云贵高原余脉，山势从三叠岭逶迤而下，到十九岬北麓便戛然而止，空中俯视，状似巨龙卧于群山，因而改称硕龙。

图 5-1-6 大新侬峒节·歌圩场面（何农林 摄）

　　土州时期，硕龙街所在地属下雷土州更甲，原来是一片荒野之地。1885年，中法战争结束后，边事日繁。龙州是边陲重镇，从小镇安（今那坡县）、归顺州（今靖西县）到龙州一线需要加强布防，硕龙是交通要道，巡边官兵往返频繁。当时，归顺州有个姓邓的广东小贩就到此地设立一个粥铺，供过往行人解渴充饥，同时兼卖烟酒、草鞋、雨帽之类的日用品，以供需求。这个姓邓的小贩鼻子有点崩缺，他在兄弟姐妹中排行第九，人称"九崩叔"，如此算来，他应该是硕龙街的第一个居民。

　　1886年，广西成立太平归顺兵备道，便于对中越边境州县的统一管理，后来改称太平思顺兵备道，处理现在的上思到那坡县这一带的军政事务，随后又建立对汛机构和海关等边务机关。时任广西提督的苏元春在中越边境沿线构筑炮台，在硕龙附近建有靖边城和靖边一台、靖边二台两个军事设施。靖边一台上安装一门火炮，这门火炮是德国克虏伯炮厂制造的。靖边城建在山脚下，派兵驻扎。就这样，硕龙就成为戍边重地，日常吃用粮饷和菜蔬由当地供应。老百姓就近买卖，小商贩也赶来做生意，硕龙就此有了圩场的雏形。

　　一边是界河归春河，一边是陡峭的大山，硕龙街实际上没有多大的地盘，以当时的建设和能力而言，拓展空间着实有限，据说当年管兵的苏元春曾有将离硕龙街两公里的弄梅辟为市场的想法，但受高山阻隔，又无水源，最终街道还是建在陇匡。光绪十三年农历三月十五举行开街典礼，此后年年庆祝，硕龙歌圩便由此而来。苏元春算是硕龙开埠的创始人之一，他受封为太子少保，当地老百姓称他为苏宫保，3月15日庆祝活动，其实也是对苏宫保的一种纪念。

硕龙开街之后，定三天为一个圩期，逢子、卯、午、酉日为街日。赶街的中越两国边民出售农副产品和土特产，购买油盐、针线之类的日用品，既方便了当地军民，又发展了边疆经济。后来守边官兵退伍不还乡，就地安排，娶本地妇女为妻，在硕龙街安家做小生意。这些退伍将士多是桂东南和粤籍人氏，以操粤语为主。多数在硕龙街开店铺定居的商贩也是广东人，因此粤语就成了硕龙街的通用方言。硕龙街居民绝大部分是粤裔，他们虽与当地妇女结为夫妻，但其后代同样讲粤语，代代相传，街上人讲粤语，彼此领会，不用翻译，也不妨碍交易，直至今日还是如此。

农历三月十五是硕龙街的良辰吉日，欢庆活动以歌圩为主，其他活动如舞龙、舞狮、演戏、抢花炮等同时开展，连续三天。民国时期，雷平县政府以歌圩是风流圩为由，曾下令禁止县内各地的传统歌圩日，硕龙歌圩也在被禁之列。然而硕龙街民有令不行，理直气壮地说明硕龙歌圩是开街纪念日，照样庆祝，抵制了当地政府的施压。"文革"期间，强调"破旧立新"，把各地的三天一圩改为七天一街，逢星期天为街日。当其时，不管农历三月十五是不是圩日，当地群众都赶街庆祝，从不间断。进入新时期，当地边民统一安排圩期，把与硕龙边贸点相邻的下雷、湖润三个圩场合理调整街日，互相间隔。下雷街日定为农历每旬一、四、七，硕龙街日定为每旬二、五、八，湖润街日定为每旬三、六、九。每旬三街，逢十休息，以便小商贩进货，充实货源。

如今的硕龙街已非同昔日。不远的德天瀑布已经成为闻名的5A级景点，而另一头的明仕田园绝景也红火起来，穿过十九峒的公路隧道一通，往返旅客、商客络绎不绝。现在的硕龙街，面貌焕然一新：有宽敞的文化广场，街道两旁、河边山脚，一幢幢崭新的楼房拔地而起，接待来自四面八方的游客。昔日杂草丛生的归春河岸，辟成了广阔的农贸市场和边贸市场，中越两地边民相互往来，公平交易，洋溢着新时代的气息。

硕龙歌圩为大新的民俗文化和土司文化增添了一抹绚丽的色彩。

图 5-1-7 大新县下雷镇霜降节（何农林 摄）

三、霜降为节

每年的霜降，下雷街都迎来热闹的三天。

这三天是壮族的霜降节，其实也是下雷的侬峒节。

每年晚稻收割结束（壮语里称"旦那"）之后的霜降期间，劳作了一年的壮族乡民们，用新糯米做成"糍那""迎霜粽"，招待亲朋好友。人们也趁农闲的机会交朋结友、走亲串戚、对歌看戏，同时在节庆期间卖农产品、购买生产生活用具，为第二年的春耕做准备。于是形成有地方特色的节庆文化。

霜降节庆主要流行于大新、天等、德保、靖西、那坡等县的壮族德靖土语地区，其节日影响范围包括越南以及中国的云南、广西南宁、崇左等地区。这些地区每年都很重视这个独具特色的节日，对这个节日的热情不亚于中国的传统节日。

壮族霜降节起源于大新县下雷镇，与下雷土司历史和欢庆丰收有关。

民间传说，明朝末年，下雷土司许文英、岑玉音夫妇率土兵抗击外来之敌，凯旋之日正值农历霜降节，军民大庆三天，还为玉音夫人建立神庙和雕像，尊称"娅莫"，在壮话中，"娅"是"老年妇女"，"莫"是"水牛"，相传岑玉音在抗击倭寇的战争中，骑着水牛，所向披靡，敌人闻风丧胆。通过建庙和塑像来表达人们对英雄驱魔消灾的壮举、护田守寨的功绩、舍生救国的精神的褒奖和崇敬，更彰显了他们对安居乐业美好生活的向往，至今已有几百年的历史。

下雷镇壮族霜降节举办时间定在每年农历九月（公历的 10 月 23 日）前后"霜降"期间。节庆持续三天，分为"初降"（或称头降）、"正降"与"收降"（或称尾降）。《大新县志》对霜降节的描述是："当时吃汤圆、杀鸭宴请、烧香供祖先，以示五谷丰登。下雷连续活动三天，节日气氛极浓。"

初降这一天，传统上主要是敬牛，这一天让牛休息。人们一早就开始忙碌做粽子、糍粑、杀鸡宰猪准备款待来自四面八方的亲戚朋友。下雷镇处在中越边境，古时，这里是往返桂滇客商的必经之地。这里又是大新、天等、靖西、德保四县交界的边缘地带。

初降这一天，大新、天等、靖西、德保等县的群众纷纷来到下雷参加节庆。客商们更是早早地摆开摊位，降节的商品从生产到生活用具，一应俱全，应有尽有。

一切重大的节庆活动，都离不开祭神。正降这一天的上午为敬神活动。人们拿着糍粑、肉、香烛等祭品先到娅莫庙祭拜进香，一些人负责打扮成士兵模样，举着牙旗，敲锣打鼓，在狮子的开道下把娅莫画像抬出来巡游。传

图 5-1-8 大新县下雷镇霜降节（何农林 摄）

第五章 延续：久远的民族习俗

说娅莫（玉音夫人）的形象上长毛裸体，骑在牛背上，娅莫像要挨家挨户把下雷街都巡过，巡到哪家，哪家就要放鞭炮；巡游时，被认为"命轻"的孩子是不能出门观看的，以免生病。在清代，不但一般百姓祭祀，土官也必身着官服，率众顶礼拜祭。

游神结束后，霜降节进入闻名的"霜降圩"。

人们传说霜降节购买的东西耐用且吉祥。旧时人们会省下一年的钱，到霜降节时才买新东西，图个吉利。小孩子特别盼望过霜降节，因为到了霜降节就有新衣服穿了。

沿袭下来的俗信观念，使得人们特别乐意在霜降节期间购买生产用具、生活器具等。做买卖的客商来自云南、湖南、江浙、广西百色、崇左、南宁等地。每逢过节，越南的侬族也前来参与节庆活动，共同欢乐！

正降晚上，进入丰富多彩的文体活动时间。人们搭起舞台，演上土戏（壮戏）。年轻人三三两两地对起山歌，对歌活动一直持续到第二天的尾降，形成规模宏大的霜降歌圩。

壮族霜降节更是文化展演的大舞台。霜降节为青年男女交际提供了一个场所，年轻人以山歌会友结朋，形成著名的"霜降歌圩"。传统的霜降节都有舞龙舞狮、斗鸡耍猴、对歌唱土戏等活动。现在的霜降节，在企业的赞助下，政府和当地社区还组织篮球赛、拔河比赛、山歌对唱等娱乐活动，使得这个壮族的节庆活动更加精彩纷呈。

壮族霜降节庆活动中最值一提的是壮族板鞋舞。相传板鞋舞源自明代嘉靖年间，壮族女英雄瓦氏夫人率领广西俍兵赴东南沿海抗击倭寇时，她用三人缚腿赛跑的方法训练俍兵，使得军纪严明、同心协力，后来便演变成这种有趣的运动项目。

四、碧云如歌

宝圩，唐属波州，宋属安平州。相传一千多年前此地常下冰雹，后成圩，故名雹圩。因"雹"与"宝"同音，故取吉利意为"宝圩"。[①]

据传，有一年，一个聪明的广东商人在这里办起了旅馆和饭馆，并在现今的宝圩定居。看到这里做生意很兴隆，商人的几个兄弟就分散到宝圩、云

[①]《广西集镇概况》编委会：《广西集镇概况》，1994年，第284页。

南等地做生意。多年以后，这里人丁兴旺，人们便在山脚下劈出一片空地做交易点。所以，宝圩在壮话叫"菲族"，意即"族人的市场"。"菲族"吸引了远近的群众前来互市，逐渐成为一个重要的集市。

那些商人也许就是宝圩的始居居民。商人在融入当地生活后，风情习俗也逐渐融合，每年的农历二月十九宝圩都仿照当地习俗而举办歌圩，抬观音，舞狮舞龙，唱山歌、斗鸡、斗狗、斗画眉等等，为宝圩歌圩的逐渐形成打下基础。

在后来的历史发展中，大新宝圩街的"2·19"活动又注入了新的内容在传承壮族侬峒文化中注意吸收了观音诞文化元素，创办"2·19"观音诞侬峒节。

其一，引入观音诞，观音诞系中国民间信仰节日。

观音在民间被奉为大慈大悲、救苦救难、有求必应的菩萨，遇难众生只需诵念其名号，其即前往拯救解难，故名观音。

民间妇女则最崇拜"送子观音"，凡祈求生育的妇女多对其焚香、燃烛。

相传民间庆祝观音诞的日子有多个：农历二月十九日是观音的生日，六月十九日是观音成道之日，九月十九日是观音涅槃日。宝圩人注重的是观音的生日，便有了观音诞。

宝圩的观音诞内容相当丰富，舞龙舞狮是主打的活动，其他的有山歌比赛、篮球赛、拔河比赛、斗鸡、斗狗、舞龙舞狮、观音出巡等。以往，附近只有雷平镇、硕龙镇、下雷镇和龙州县逐卜乡、金龙镇的群众及附近的越南边民来参加宝圩观音诞，现在随着信息广泛传播和便利的交通，来到宝圩赶歌圩已经不仅限于本地和附近乡村的民众，远在广东、福建以及海外都有游人和商客来参加宝圩街的观音诞。宝圩观音诞主要是当地群众自筹经费举办的，所以集资的款项也要向群众公布，按时下最时髦的说法就是"政务公开"，取信于民。

其二，纪念人民英雄。1948的农历二月初，中国人民解放军左江雷平县独立大队与敌人进行了一场惊心动魄的鏖战，终因寡不敌众，雷平县独立大队副政委农秀等七名战士英勇牺牲，为新中国的解放事业献出了宝贵的生命。因此，每逢农历二月群众也自发前来祭拜，并与此节联办。

"2·19"的宝圩，隆重而热闹。除了唱山歌，还有篮球赛，斗鸡、斗狗、斗画眉、打陀螺、打尺、赛木马、赛跳竹竿舞等民俗节目，以及各种文艺演出，纷纷登场亮相，一展技艺。尤其是当地善男信女抬观音游街，舞龙舞狮，贯穿整个街道，更是为歌圩增添了喜庆的氛围。

"2·19"的宝圩，大街小巷都洋溢着喜庆祥和的氛围，欢乐和幸福抒写在每个人的脸上。每年的这个时候，成千上万的客人从四面八方涌来。宝圩当地居民们尽显才艺，把各式各样的特色商品供应市场。在这一天，家家户户还做丰盛美味的菜肴，款待远近亲友，"一个亲九个跟"，相识的和不相识的客人，都可以在这一天大饱口福。

碧云路是宝圩最长的街道，这条从碧云山脚延伸到当年宝圩战斗遗址的街道，有一公里长。设在碧云路的农贸市场，是宝圩发展的缩影。昔日荒芜的草地，如今已是宽敞的农贸市场，农副产品在这里红红火火地交易，尤其是声誉远扬的"宝圩四宝"让人爱不释手：飘香诱人的酸菜，酥脆甜蜜的云片糕，耐人咀嚼的腊肉，回味无穷的腊肠。这些产品现在已经注册了商标，并精心包装推向市场，远销全国各地，乃至东南亚各国。这些土特产和特色美食，提高了宝圩知名度……

2016年，大新宝圩侬峒节被列入广西第六批自治区级非物质文化遗产名录。

五、四季节庆

大新的节日受汉族的影响深远，春节多承汉俗，但又融入了地域的文化特点。除此以外，大新还有自己地方特色的节日。

（一）春节

隆盛的春节终于在人们的日思夜盼中来到了。

农历腊月二十三"送灶"一过，大新壮家人便处处洋溢着喜迎新春的气氛：家家户户扫房梁、缝制衣裤、购买年货、张贴对联、制作糕点、杀猪、包粽子、制作糍粑、米花糖、糯米饼等新年食品。晚间，村前屯后传来阵阵清脆的敲饼声，喷喷油香弥漫着乡村小巷。

除夕这天，大新壮家户户贴春联、放鞭炮，合家欢聚，喜庆团圆。除夕当晚，家家杀鸡杀鸭，蒸制扣肉、粉蒸肉，制作叉烧肉等等。晚饭的八道菜中少不了"白斩鸡"，有老人的家庭，会炖猪脚、炖整鸡。米饭要做得很多，剩到第二天吃，象征着富裕，还要煎一条大鱼，象征年年有"余"。

入夜，人们等待着子时的到来：姑娘描花绣朵、孩童盼放烟火、老人传授着新歌……子时一到，鞭炮齐鸣，往日宁静的山村僻壤顿时沸腾起来。

新春第一日，天空尚未露出鱼肚白，到山间清泉、村旁小河汲新水的农妇村姑便纷至沓来。农妇为全家挑新水，同时，还要拣几块与家畜相像的奇石头回家。并且一路走一路模仿六畜的叫声。回到家，便把这些石头放进猪圈、牛栏，祈盼六畜兴旺。然后将新水倒入锅里，与红糖、竹叶、葱花、生姜一同烧开，让全家喝上用新水煮的新年茶。据说这新年茶会使人万事如意。老人喝了健康长寿、小孩喝了聪明能干、夫妻喝了会和和睦睦。壮家村姑汲新水，则有喝伶俐水的习俗。时近清晨，泉水清冽，姑娘们聚在泉边轮流数星星，待数到天上只剩下一颗星星时，便开始喝新水。村中公认的"伶俐嫂"伴着姑娘们喝新水。大家认为喝伶俐嫂捧的水。就会聪明伶俐，故曰"伶俐水"。第一捧水要奖给第一个到泉边的姑娘，第二捧水大家可以争着喝，聪明的伶俐嫂捧着水将姑娘们逗得欲喝不能，欲罢也不能，她口中还说着许多逗乐的话，整个泉边荡漾着姑娘们的欢笑声。大年初一的伶俐水，是姑娘们向往未来的情感追求，谁不希望自己聪明伶俐呢？谁不想在新的一年里能找到一个称心如意的郎君呢？所以，这大年初一的伶俐水，是姑娘们势在必争的。

正月初一、初二，凡来客必吃粽子。壮家包粽子过年，但年三十晚绝不吃粽子。壮家的粽子是较高贵的食物。粽有大有小，大的一二斤重，小的二三两，还有一种特大粽子，重达一二十斤。粽子主要原料是糯米，但要有馅儿。馅儿是由去皮的绿豆、半肥半瘦的猪皮拌上面酱制成，煮熟后，其味之香，堪称一绝。

初一至十五，丰盛的菜肴，无尽温暖，全靠灶膛里的火。因此，年间壮家的火是不能熄灭的，火旺象征着家旺，子孙绵延。

壮家贺年出自真诚祝福。在大年时节，不论亲友乡邻，碰上面都道"新年好""恭喜发财"。初二，女儿、女婿带着孩子一起回到娘家拜年，外公、外婆看着外孙又是亲又是抱，高兴异常。

大新壮族人家待客时，主人先给客人和自己斟杯酒，主客共饮"交杯酒"后，客人才能随意餐饮。壮族唱酒歌敬酒，歌词甚美：

> 锡壶装酒白涟涟，
> 酒到面前你莫嫌。
> 我有真心敬贵客，
> 敬你好比敬神仙。

> 锡壶装酒白瓷杯，
> 酒到面前你莫推。
> 酒虽不好人情酿，
> 你是神仙饮半杯。
> ……

春节的传统文娱活动少不了平日相同的歌圩，舞狮、舞鸡、舞春牛，也吸引了不少青年人。狮子队的锣鼓一敲，搭起高台，狮子旋回而上，在十几张八仙桌搭就的高台上行走自如，引来阵阵喝彩。

这里世代流传的舞鸡、舞春牛活动，增添了春节的喜庆气氛。舞鸡的年轻人提着用木头、木瓜做成的两只斗鸡，打着锣到村中各家各户去贺年。舞鸡歌吉庆幽默，使主家喜笑颜开。主人要送给贺年的舞鸡者红包，并从"斗鸡"身上拔几根鸡毛插在自家的鸡笼上，以祈求六畜兴旺。

舞春牛更为有趣。"春牛"是用竹片巧妙编织而成，牛头、牛角糊上纸，上画牛眼，牛身是一块黑布或灰布。舞牛人敲锣打鼓在村中表演，钻进布底的两人，一人在前撑牛头，一人在后弯腰拱背甩尾巴，后面跟着的是一个手拿犁架的汉子。此外，还有敲锣打鼓的，领唱春牛歌的，他们走到哪里，哪里就有歌声笑声。舞罢上村又到下村，从初一闹到元宵节。舞春牛的人们为农家带来了节日的欢乐，同时，也寄托着对农家丰收、祥和的祝愿。

壮族乡间这些隆盛的节日活动，概括起来可为一句通俗话语："过年大如天！"

（二）祭土地公、土地婆节

壮族是一个有着悠久历史的农耕民族，世代依靠土地生存，流行对土地神的崇拜，每个村寨前都建有土地庙，供奉土地神，人们认为土地神是一个地方的保护神，既可保佑农业丰产，也可保护村寨平安，阻止猛兽鬼怪入村危害人畜。据说二月初二是土地神的诞辰日，各村屯都举行公祭活动，并商讨村屯重要重大事宜，以寻求神灵的佑护，仪式肃穆庄严又热闹隆重。同时，各家各户都要杀鸡煮肉到土地庙祭祀土地神，祈求保佑农业丰产，人畜兴旺，生活平安。

（三）清明节和三月三节

在大新，清明节和农历三月初三都是扫墓祭祖的时节，其中三月三最为

图 5-1-9 2018 年"三月三"那岭乡龙宫洞侬峒节娱乐活动——舂糍粑（何农林 摄）

广泛，有个别乡镇农历三月十三扫墓祭祖。扫墓祭祖那天，家家户户做五色糯米饭，备酒菜、鸡鸭甚至整只烧猪，以及香烛、鞭炮等，前去扫墓祭祖先。和大部分壮族地区一样，大新对祭扫十分看重，扫墓祭祖多为家族式的，届时全家出动，带上五色糯米饭、肉、香烛、纸幡到祖先坟上去供，行拜礼。山野间不时传来鞭炮声，不绝于耳，山岗上，林篁间，白色的魂幡在坟顶的竹竿上飘动，造成了一种神秘肃穆的气氛。有些家族的人在先人碑前吃糯米饭、喝酒聚餐，有的则扫完墓回家才聚餐。机关学校则在清明节期间到革命烈士碑祭公墓，缅怀烈士。

在扫墓祭祖的过程中，壮族和汉族结合的文化显得异常同质。自秦以来，壮族深受汉文化影响，祭祖的内容与形式大致与汉族差别不大。如在冥钞上很接近，冥钞是人间有了洋钱票之后仿制的，上书"天堂银行""冥国银行""地府阴曹"等字样，并有酆都城的图案，多系巨额票面；用金银箔叠成的元宝、锞子，有的还要用线穿成串，下边缀一彩纸穗。又如，扫墓时要修整坟墓，或象征性地给坟头上添添土，还要在上边压些纸钱等等。

第五章 延续：久远的民族习俗

183

不少地方在祭扫的同时，还要举行盛大的歌圩，是为三月三歌圩节。2014年广西壮族自治区人民政府把壮族三月三成为广西的法定节日，自治区内全体公民放假2天。这期间，常伴有祭神、抢花炮、演戏、杂技、武术表演、舞彩龙、舞彩凤、唱采茶擂台赛山歌等多彩丰富的文娱活动。

（四）端午节

　　　　五月五，是端阳；

　　　　门插艾，香满堂。

　　　　吃粽子，撒白糖；

　　　　龙船下水喜洋洋。

这是一首童谣。在大新，每年农历五月初五，各家各户做凉粽，杀鸭吃饭。有的地方点香烛吊祭屈原——

　　　　五月初五端午节，

　　　　雄黄烧酒菖蒲剑；

　　　　三角粽子裹糯米，

　　　　各色香袋挂胸前。

端午节，从乡村走到县城，会看到不同的景致：乡村是忙碌的，县城是热闹的。大新的端午节源自何时，纪念谁，无人深究，但人们喜欢那首童谣和那首关于端午的诗。

在壮族地区，更为广泛的理解是：端午节的起源是为了祭祀水神或龙神而举行的祀神仪式。

端午节吃粽子是大新的传统习俗。

在乡村，做粽子的方法是把粽叶即大竹叶泡湿，糯米发开，以肉、豆沙、枣仁等为馅，包成三角或四角形状，煮至熟。与春节吃粽子习俗相比较，大新群众春节吃的大多是"大"粽、"方"粽，有肉馅；而端午节吃的粽子为三角粽，或圆筒长粽，俗称"凉粽"，多为无馅，糯米泡稻草灰发开。吃凉粽时蘸蜂蜜或土榨蔗糖，口味更佳。

（五）牛魂节

大新有部分乡村过牛魂节。时间为农历六月初六（有些乡村定在四月初八），那一天农户人家要蒸糯米饭、包三角粽，用稀粥和三角粽喂耕牛，当天耕牛休息。牛魂节有的地方又叫作"脱轭节"。

在大新壮族人的意识里，牛是天上的神物，不是凡间的一般牲口。

传说牛于六月初六诞生于天上，所以这天是牛王的诞日。当初因为陆地岩石裸露，黄土望不到边，尘沙弥漫，严重影响了人类的生活，牛王奉命从天上来到人间，播种百草，原定是三步撒把草种，谁知它弄糊涂了，竟一步撒三把，使得野草丛生，侵凌田禾，因此被罚留在人间吃草。但天上并没有忘记它，每年六月初六，牛魔王便从天上下到凡间，保佑牛不瘟死，给牛过节，这一天人和牛都停止劳动。

这一天，主人用枫叶水泡糯米蒸饭，然后先捏一团给牛吃。主人在牛栏外安个小矮桌，摆上供品，点香烛，祭祀牛魔王，还要唱山歌，唱彩调，欢庆牛的生日。

（六）中元节

七月十四至十六是中元节，大新俗称"鬼节""鸭节"。除春节和三月三扫墓祭祖之外，这又是大新壮族人民隆重节日之一。从七月初七就已经开始有节日的气氛了。七月初七是牛郎织女相会的日子，受汉族的影响，壮族人也很同情这对难得相会的夫妻。但壮人还另有说法，认为七月初七是仙女沐浴的日子，用水来染布、做醋、煮药，格外好，所以家家户户中午有人赶往河边或山泉挑水。有些地方把初七当女儿节，出嫁的女儿不但不像织女那样渡过鹊桥寻夫，反而离开夫家回娘家到母亲的怀抱。

初七过后，人们便为中元节办货，忙着赶圩采购香烛和祭鬼纸衣。节日到，家家户户杀鸡宰鸭，一派节日气氛。有的地方从初七开始就用鲜笋煮水迎祭祖先。十四开始大祭，供桌上摆满了整鸡、整鸭、米粉、发糕、糍粑、糯饭，一直摆到十六。十四那天少不了杀鸭，据说先祖、亡魂的祭品需要鸭子驮着才能过得奈何桥，因而这一天几乎家家户户都宰鸭，并买来各色各样的祭鬼纸衣、水果等来祭祖送亡魂。每次用膳前，得先把供品热一下，祭过祖，才能进餐，供桌下摞着一个很大的纸包袱，里面塞满了蓝、白、紫色纸剪成的鬼纸衣和纸钱。每次祭祀都烧一些，烧过之后，用芭蕉叶、海芋或荷叶包好灰烬，等到十六日最后一次烧完，一起包成两大包，由一位老人头戴竹帽，用竹棍挑往河边，放在水面任其沉浮。有的人家还烧纸船、纸马和纸屋，让祖先满载而归。

（七）中秋节

农历八月十五是中秋节，大新壮族人民十分看重这个节日。

在壮族地区，中秋节的活动内容除了与汉族的中秋节相似外，还有极富民族特色的一系列活动，比如祭月亮，所以也叫"祭月节"。

农历八月十五，一家人吃团圆晚饭，等到月亮升起就集聚在大门口或楼顶点香拜月吃月饼。

在农村，农历八月是相对比较农闲的，暑天刚刚过去，天气晴朗清爽，秋风习习，最适宜进行各种户外娱乐活动，难怪八月中秋壮族人的喜庆活动那么丰富多彩。中秋之夜，月亮最圆，月色最美，全家人在这一天都聚在一起，宰鸡杀鸭，做月饼吃团圆饭，所以也叫"团圆节"。

中秋赏月、祭月是中秋活动的重要内容，当明月在东方冉冉升起，人们便设案于庭院，祭拜月亮，供品以月饼为主，另加瓜果之类，其中柚子是不可少的，祭品多具圆形，是取团圆之意。祭毕，家人团坐，饮桂花酒，吃月饼，赏明月，讲述有关月亮的故事，比如牛郎织女、吴刚伐树，等等。

有些地方的青年男女，祭拜月亮之后，便乘着清亮的月光，成群结队到夜色幽美的野外对歌，往往通宵达旦，对歌后带着露水成双结对窃窃私语，有的从此结下百年之好。

以青少年为活动主体的放花灯，也是壮族地区中秋的特色活动。中秋夜之前，人们便用竹篾编扎成兔子、蜻蜓、鲤鱼、虾公、蝴蝶、走马灯等花灯，祭拜月亮之后，青少年全部出动，各色各样的花灯五彩缤纷，无比壮观。他们提着花灯，来来往往，令人眼花缭乱。最具特色的是把整个柚子挖空后，在柚皮表面雕刻各种精巧图案，在中间点上蜡烛，然后放到池塘、河湾等水域，任由它漂流。宽广的水面，盏盏花灯，相互追逐，与天上的银河相映成趣。

年轻的媳妇们，不好意思去对歌，也不便跟娃仔嬉闹花灯，但她们却别有天地，这便是"请月姑"活动。为了表示对月姑的尊重，她们白天里就做好梳妆打扮，用棉线绞刮过脸庞，再用艾叶水沐浴，穿上节日盛装，把请月姑的处所用柚子叶水洒过，保持干净清香。祭月亮之后，村里的年轻媳妇便不约而同凑在一起，点好香，摆上祭品，口中念念有词，邀请月姑下凡来，同她们共度中秋良宵。有的还叫漂亮的媳妇（或姑娘）扮演月姑席地而坐，微微闭上双眼，口中念念有词，然后围在月姑前面的媳妇便向月姑表心愿，测未来，把自己的美好愿望寄托在纯洁的月宫上，表达对美满幸福生活的向往。

（八）冬至节

做汤圆、杀鸡、烧香祭先祖，这是大新群众冬至所做的事情，有"冬至是小年"的说法。冬至过节的由来源于汉代，盛于唐宋，相沿至今。

（九）送灶节

俗称"送社节"，又称"小年"或"小除夕"。农历十二月二十三为节期。相传此日为灶神上天朝见玉帝，到除夕返回人间。这天各家做糍粑、汤圆，杀鸡，置酒肉，焚香点烛，为灶神饯行。是日之后，农家各户清扫房屋、庭院、修火灶，办年货，迎新年。

第二节 民间信仰

壮族奉行自然崇拜，如壮族村寨附近的榕树、木棉树，皆被视为神树而

图 5-2-1 石头——万物有灵崇拜对象之一
（何农林 摄）

图 5-2-2 山洞——万物有灵崇拜对象之一
（何农林 摄）

图 5-2-3 路边——万物有灵崇拜对象之一
（何农林 摄）

图 5-2-4 树根——万物有灵崇拜对象之一
（何农林 摄）

崇拜，其他诸如山岳、异石、动物、河流、井泉等，亦被视为具有灵性而被崇拜，直至近现代此类遗风犹存。在自然崇拜中，人们尚未形成明确的超自然体的观念，但已开始具有把自然物和自然力超自然化的倾向，壮族自然崇拜观念多是围绕着稻作活动而形成的。土司时期的大新壮族地区民众的宗教信仰和民间习俗有着历史的传承，也有土司时期从中原地区传来的道教、佛教的融合，是一个比较复杂而有趣的社会意识形态现象。事实上，壮族约定俗成的礼仪，已经形成了一种文化，简而言之，可用"生老病死"来概括土司时期大新壮族地区的民间信仰和民间习俗。

一、生育习俗与花婆崇拜

在生育习俗方面，土司时期的农村，家里有小孩出生，便在家门插挂柚树叶，一为辟邪，二作标记。女人临产，必在本家。若在娘家，娘家人则将被子席子铺在屋檐下供产妇分娩，待产妇能走动后即回夫家。产妇在产后一个月内，静养家中，扎头巾，不赤脚，不洗冷水，少外出，叫"坐月"。产妇坐月期间，左邻右舍、亲朋好友都送来鸡、营养品或者婴儿衣物等。产妇生产后，即吃甜酒、生姜或草药炖鸡等滋补汤。在婴儿出生第三天时要吃"三朝"酒。吃"三朝"酒日，岳母家送项鸡、糯米饭等到女婿家。女婿家杀鸡宰鸭备酒菜宴请长辈亲戚。大新部分地区有生子后七至十五天请"庆生酒"之习俗，称之为"吃米篮"。参加者多为妇女、小孩，男子很少参加。饮庆生酒那天，外婆要为外甥"安花婆"，祈求花开不谢，继续生儿育女，长命富贵。婴儿满月时，一般备酒席邀请亲戚朋友畅饮，称吃满月酒。有"卖月"习俗。孩子足月后，由父母带上婴儿及酒肉、糯饭等礼物到外婆家去"卖月"（又称"卖懒"），意为产妇坐月三十天变懒了，今天把"懒"卖掉，可以下地劳动了。从婆家回来时，外婆家送回酒、肉、糯米饭和一只约半斤的小项鸡等礼物。在婆家，当晚请道公念魔（经书），请"满月"酒。生第二胎后礼仪逐次减少。

小孩出生满周岁做"满岁"礼仪，俗称"对岁"。亲朋带礼物前来祝贺。

安花是壮族花婆崇拜习俗。花婆，壮语称为"卜伢"。"卜"音指人，"伢"是指老婆婆、老祖母，有的地方称花王圣母、花林圣母、送子娘娘，通常称花婆。花婆是壮族民间信奉的管理生育和保护儿童的花神。壮民认为壮族始祖姆六甲是由花朵变成的，壮族人都是从姆六甲花园里的花树上的花朵转生的，而花神、花婆是姆六甲的化身，故信奉花神、花婆。安花，意在祈求花神保佑孩子聪明伶俐、无病无灾、健康成长，人丁兴旺。安花之后，逢年过节小孩生日时按时供奉花婆，直到年满18岁以后，才将"窑花"撤掉。

二、敬老习俗

壮族有敬老的传统。人们把老人视为凡间菩萨，有龃龉和纠纷请他们调解，有宴席请他们坐上席，杀鸡让老人吃胸脯肉，路遇老人挑担年轻人要接过来，这都成了一种民风。壮族人比较注意老人的保健，春防泻，夏防晕，秋防凉，冬防寒。老人习惯于劳作，儿女们总提醒其适可而止。敬老主要表现在赡养上。按照传统，老人被视为全家的核心，赡养老人是儿女的义务，并把这种传统道德写进《传扬歌》里。有若干男儿的，一般有轮流赡养、老人独居儿女分担、老人与一个儿子共居众儿子分担三种形式，老人一般喜欢与长子或幼子共居。还有的是二老生活分别由儿女承担。女儿招人入赘，担负同样义务，从不推辞。孤寡老人则由宗族各家轮流关照，决不弃之不顾，叔伯(孤寡者)与侄子共居是常事。如老年丧子，孙子承担父任。如无孙子，出嫁女儿可以回来赡养并继承家业。壮族人不愿意到已出嫁女儿家度晚年，在观念中他们认为那不是自己的家。

过去不少地方年过半百的老人都有寿米缸，约两尺高，鼓腹小口，置于老人床脚边。缸中大米被视为生命的象征，表示延年益寿，决不能断，即使野菜当餐也不得掏净。每年老人寿诞及尝新节，儿女们必给缸中添新米，称"养缸"。其中的米平时一般是不能动的，过些时候掏一两把给老人熬肉末粥养身。做寿时掏一些做干饭，敬给老人表示祝寿。壮族人做寿简朴而热烈，斯时儿女及至亲云集，晚辈请师公诵经祝祷。晚辈向老人行叩头礼，之后请老人上寿筵坐主位，辈及至亲敬酒祝寿。

祝寿是敬老传统的具体行为之一。祝寿，在壮族中俗称"吃生日"。各地定祝寿的年龄不一。一般年满五十岁就可以做寿，以后每十年做一次寿，寿期为六十一、七十一、八十一等年数，故做寿又称"吃一"，但父母健在者年纪再大也不能庆寿。个别地方亦有不到五六十岁就做寿的，但多为健康状态不良者，认为做寿可以使人添福添寿。寿日，参加祝寿者准备好寿礼，有鸡、鸭、酒、面、米和寿衣寿饰等。款待亲朋故旧。饭后，举行上寿仪式。

有的请道公、巫婆唱"祝词",即在家中设香坛,摆米盘、酒罐、焚炷香点烛,同时呈上寿糕、寿布等,扶寿者上座,搞"添粮",为寿者添福增寿。还举行女婿送钱物、镜屏,亲朋故旧送封包、寿布和燃放鞭炮等上寿仪式。

三、丧事礼俗

大新的丧葬习俗受汉文化影响很深。明代之前各土州沿用崖葬、火葬方式。大新境内还有多处崖葬遗址。明代恩城土官赵福惠的《岜仰山》写道:"山之上有岩,传有仙骨藏于之上;山下有峒,峒有神女与牧童狎玩,人亦不知其为神女也。"这些所谓"仙骨",其实是葬于崖洞的先人骸骨。到了明清,才逐渐改土葬,养利州"火葬之恶俗,宜严禁也。查各土司旧俗:凡遇父母及尊属卑幼病故,不行棺殓即举火焚化,拾灰骨瓶贮埋葬,可为灭绝天伦忍心害理之极,请饬永禁……责令该管土官不时严查,有犯即申府详请按毁弃死尸分别治罪,革此恶风,不异枯骸被泽矣"[1]。中原入土为安的丧葬观念渐渐植入大新人的葬丧习俗中。现在,壮族人还保持一次墓葬(又称大葬)和二次葬的习惯。

红白喜丧,人生大事。生命过客,必然经之。千百年来,壮民族充满着对天地与自然的敬畏与崇拜。大新流行的葬仪流程是:

报丧。家中有人亡故,在大门口放三响地炮,挂上1丈左右长的白土布。接着,兄弟分头到亲戚家报丧。亲戚带鸡、白米、布等来吊祭。当晚为死者诵经,举办殡丧仪式。

买水。由道公敲锣打鼓开路,旁属兄弟陪同孝男(长子)到河边或井里"买水"。取水回来放柚子叶烧热后,由孝男和家人给死者洗身、洗脸,男的剃头、戴新帽,女的梳头、包巾,穿上新衣服、鞋袜,并在死者嘴里放一枚银毫或铜仙,双眼各放一枚铜钱,然后用白布覆盖,安放于厅堂左右。

守柩。由道公选定时辰后,即给死者入殓,尸体用干净的草席或新棉被包着,孝男孝女和亲属一齐围跪在死者周围痛哭告别。入棺时,由孝男抬死者的头,其余家人抬两边和脚,抬到棺材上面三举三下,然后放进棺材里。

---

[1] 故宫博物院编:(雍正)《太平府志》,海口:海南出版社,2001年,第247页。

棺材里先放火灰和炒谷去壳的米花，米花上铺一层纱纸，再放上尸体，上面加布、被，然后盖上棺盖。棺头贴上红纸写的"福""寿"字样，棺身统用红纸或（红朱）糊上。棺底、棺顶、棺头、棺尾各点一盏生油灯或蜡烛。棺头前面安一张台，台上立有灵牌和祭品。孝男孝女日夜在柩头守候。停柩一般2—5天，也有停21天或49天的。

图5-2-5 宝圩乡上甲（今板价、板六村一带）短衣壮参加葬礼多穿白衣白裙服饰（何农林 摄）

吊祭。在守柩期间进行吊祭，吊祭时将扎好的纸屋、纸马、纸塔等置于柩上，并在大门前竖起一根高竹，挂吊一条白土布写上道符，由道公超度亡灵。孝男孝女穿戴孝衣、孝帽、孝鞋（草鞋），手持白纸条裹着的棍，跟随道公绕柩向死者跪拜祭奠。祭奠时由道公诵读祭文。吊祭期间把亲戚送来的挽联摆在厅堂或屋前，以示悼念。

送殁。选好坟地和时辰后送殁，由孝男或大女儿点火把、扛铲锹先走，并撒纸钱开路，几个人抬着棺材跟着后面，家人和前来吊祭的人跟着棺材走。送葬路上放地炮、鞭炮，道公敲锣打鼓，送到墓地。下雷地区抬柩出门时，所有子女都在阶前跪下,让棺材从头上抬过,称为"垫丧"。抬棺到坟地后,亲属痛哭,道公念完经,所有送丧的人都动手铲一把泥放入墓中,向新坟作最后一拜。

扫墓。葬后次日扫墓,由家属挑祭品、香烛、炮竹到新坟地祭奠整坟。以后每年三月三或清明节,都上坟扫墓。

戴孝。送葬过后,孝男、众儿媳和幼辈要守孝,有的守100天,有的守120天,守孝期间,不得逛街,不得到外地做客,也不得剃头。守孝期满,才请道公来"脱孝"。

除正常死亡外,对于受伤死、溺死或病死,不论老幼,尸体均不抬入屋里,且停柩时间短,祭奠仪式也较简单。小孩夭折的不作任何祭奠,只用简单的棺材装了从牛栏底抬出去埋葬,埋后也不再拾骨重葬。壮话称夭折为"鄙哉"。

拾骨。即二次葬,一般葬后3年拾骨再葬(也有一次葬不拾骨的,俗称大葬)。拾骨,一般是选择每年大小寒节气。也有请道公择良辰吉日的,何年何日何时辰,主人的子孙后代哪个可参与,哪个要回避都逐个交代不可冒犯,以免发生不测。同时,准备好"金坛"等所需用品。按照指定时辰,由子孙刨土开椁取出遗骨,逐个清理泥土污垢再用香火烘干,用桃枝把人体的脊椎骨按原来顺序串起来,再按人的支架结构把遗骨置入金坛,用备好的布料帽子戴在头颅上,盖上金坛盖子,算是完成拾骨工序。至于拾骨后再下葬入土,有同一天完成的,也有过后数日数月甚至数年才又择日良辰的。

从现存的古代墓葬看,能立碑流芳后世的,多是土司或者稍微殷实的人家。在古代葬俗中,大新古代有崖洞葬、土葬、火葬。

崖洞葬。又名"崖葬""岩洞葬"。古代一些民族有意识地利用天然山崖岩洞安置死者的一种丧葬形式。因棺柩安置在山崖岩洞中,故名。属于古崖葬的范畴。古崖葬包括崖洞葬、悬棺葬、岩龛葬和崖墓等。崖洞葬主要分布于广西、贵州等石灰岩地区。崖洞葬的主要目的是使死者的灵魂与在天国的祖先团圆。此俗与采取崖洞葬的民族对高山的崇拜、灵魂不死观念、渴望将逝去的亲人的灵魂送入天国的观念有关。高山离天近,死者灵魂升天快。多数崖洞葬的山洞滨水,山前有河流、溪流、池塘、水洼。而有的棺材是船形,一些棺材中还有船桨,水河载舟,其意是让逝世的亲人乘船去天国。有些棺材是鸟形,其意是让逝世的亲人乘神鸟飞去天国。

土葬。用木棺装死者遗体入土安葬。实行火化殡葬后又有先火化用骨灰盒（或金坛装骨灰）再入土安葬。是大新民间安葬死者的主要方式。土葬礼俗烦琐，从始至终有一套程序，一般不得遗漏。以前，大新县壮族民间木棺土葬习俗有报丧、守柩、吊祭、送葬、扫墓、戴孝等，程序多。

图5-2-6 五山乡文应村章山屯古代二次葬（章山崖洞葬），把棺材放在高崖岩洞中（何农林 摄）

图5-2-7 五山乡文应村章山屯古代二次葬（章山崖洞葬），至今当地民众还攀岩入洞祭祀（何农林 摄）

图5-2-8 五山乡文应村章山屯古代二次葬（章山崖洞葬），至今当地民众还攀岩入洞祭祀（何农林 摄）

图5-2-9 五山乡文应村章山屯古代二次葬（章山崖洞葬），至今当地民众还攀岩入洞祭祀（何农林 摄）

火葬。大新县雷平镇的那岸、安民，宝圩乡的板价，硕龙镇的念典和下雷镇一带壮民过去有火葬习俗。人死后，每户送来一担柴火，将装有尸体的棺材置于柴堆上焚烧，将遗骨装入钵中埋葬。新中国成立初期，下雷镇等地还沿袭火葬习俗。

四、寺庙宗祠

大新先民向来敬天地信奉神灵，秉持"万物有灵"的理念，恭敬祭拜天神、山神、地神、树神、河神及自己列祖列宗的神位。当然，也信仰佛教、道家等宗教思想。可以说，大新的民间信仰、风俗习惯是多元化的，但以祖宗神、土地神为主。土司统治的边地壮族村寨，随着中原文化与本土民族文化的碰撞和融合，渐渐地形成了独特的民俗信仰，这些信仰外化于众多的固化庙堂，内化于土司及平民百姓日常生活之中。

图 5-2-10 清代太平州关帝庙前殿（农恒云 摄）

明、清的《太平府志》都记载每个土州衙门的山川社坛、祠庙，不仅土司老爷规定节日的朝拜，当地庶民也前往烧香礼拜。太平州就建有文庙、城隍庙、关帝庙、北帝庙、西华庵、狄武襄公庙、文昌庙、神农庙、北府庙、土地公庙等等，这些庙宇，有的几经修复目前还保存完好，有的已经塌废。太平关帝庙是一座三间两进砖瓦结构的院子，在大门处还有一副楹联：

忠义莫灰心千古扬名千古显，奸贼休得志一番择演一番诛。

而安平州城隍庙，至今依然有香客前来祭拜，城隍庙中庭放置的巨石香炉是万历年间安平土官李天爌捐资供奉的。城隍庙也有一副对联告诫人们要多乐善好施：善来此地心无愧，恶过吾门胆自寒。

在安平州的会仙岩，每年农历二月十九日观音诞，方圆数十里的百姓聚集在那里烧香拜佛，搭台对歌。在养利州，有一处建于明崇祯末年的"益天洞"亦佛亦道，至今依然香火不绝。在下雷州，北帝庙、魁星庙一直是当地百姓信奉佛道的场所，北帝庙长期供奉岑玉音的塑像，是每年一度的下雷"霜降节"众人抬岑玉音塑像游街供游人瞻仰的始点与终点。

　　恩城州的岜白山，曾是土司礼佛胜地，在残存的诗文里写有"观音岩""观音寺"等名称，许多被香火熏烟而成大片凝结黑乎乎的岩石至今未曾褪色，印记着先前依山而建寺庙的规模。时至清代，恩城州衙迁到岜白山对面的一座孤岛上，那里有一座小巧玲珑的蕞尔之山——岜翠山，后来成了恩城土司的后花园和礼佛清净之地，曾经建有庙宇，木铎声声，香烟缥缈，是恩城土官及族人休闲信步之山。

　　万承州香寿山，建有香山寺，明清时香火鼎盛。道光年间土司夫人发善心捐资修筑上山之道，并准许周边庶民祭拜。香寿寺庙前不干的"灵泉"被传成神泉，每年正月初一、十五，周边百姓前来饮用或者取回所谓"神水"，据说可以消灾祈福保平安。万承州曾有过城隍庙，但几毁几建，今已无存。清代万承州汉堂官员王健在《万承州重建城隍庙碑记》写道："万阳隶属太郡，

图5-2-11 养利州观音山观音佛像（何农林 摄）

图5-2-12 恩城州摩斗台阿弥陀佛石刻（何农林 摄）　　图5-2-13 养利州观音山香炉（何农林 摄）

询诸故老凤称乐土粤分疆以来旧有城隍庙，稍远市尘，清旷幽僻，里民出入祈祷……"

宗祠是族人议事及凝聚人心的场所。土司时期，宗族观念十分盛行。安平李家宗祠就改建扩建多次，末期土官李秉圭亲笔撰写《安平土官李氏创建宗祠碑》和《安平土州李姓土官族修建宗祠碑》两碑文。其中的一块碑文颇富文采，里面写道："夫木本水源，吾人之所追溯，祖德宗功，百世之所不忘。……凡我族姓，今春秋报祀有其地，拜奠祖宗有其所矣！此后各守永遵祖制，勿相欺，勿相凌，勿为奸，勿为厉，勿犯上，勿仇下，彬彬然循伦常之分，尊尊亲亲，永爱相戚，勿相垢相虐，而为外人所笑也。如有乖于道者，族姓起而攻之，不使入太祖之庙与祭……"[①]

太平州的李家宗祠，今为雷平镇粮库。残存的堂屋是十分宽大的，前后两排大屋，中间空旷的天井，四周则是用石条围着。而万承州许家宗祠，已然难寻踪迹，仅有《万承土州李氏土目宗祠世系碑文》《万承土州冯氏土官创建宗祠碑》一些碑文拓片和史料。

图 5-2-14 安平土司李氏宗祠供神复原图（何农林 摄）

---

① 广西民族研究所编：《广西少数民族地区石刻碑文集》，南宁：广西人民出版社，1982年，第52页。

五、联宗祭祖

同一宗族有族谱，开展联宗祭祖活动。有些宗族还设立祠堂，定期祭祀历代祖先。各村寨的同族人往往有公田、公塘、公林等，所得收入作祭祀共同祖先之用。

在土司时期人们的精神世界中，既然逝去的祖先"在天有灵"，而非一切消失，那么，子女对逝去父母和祖先的孝敬便仍然需要一种仪式化的礼仪来表达和巩固。扫墓祭祀作为一种"追养继孝"的礼仪形式，在大新壮族地区是祭祀祖先的一个重要礼仪，具有"慎终追远，民德厚望"的道德塑造意义。

图 5-2-15 下雷土司后裔（许氏）家中祖先神位（何农林 摄）

每年清明和农历三月初三，都是壮族扫墓节（也有其他日子扫墓）。大新县龙门一带有农历三月十三扫墓的习惯，宝圩乡的板价村也是农历三月十三日扫墓，而板禄村则是三月二十五日扫墓。扫墓当日，各家各户在凌晨两三点钟蒸鹅肉，宰羊，烤猪，做生血菜。早上在祖坟前用菜肴供奉祖宗，烧香敬酒，烧纸钱，放鞭炮，男女老少给祖坟叩头，祈求祖宗保佑。中午时分扫完墓后，远近亲朋好友来到家中，主人以丰盛的菜肴盛情招待客人。不是邀请的客人，相识的不相识的都进主人家一同吃饭饮酒，以示对主人敬重。傍晚时分客人回程，主人送给客人一包五色糯米饭和半边熟鸡或熟鸭。

《礼记·祭统》强调"礼有五经，莫重于祭"。祭祀"非物自外至者也"，乃是"自中出生于心也"。"心怵而奉之以礼"，是只有"贤者能尽祭之义"的根本。内心情感态度上对神灵和祖先的敬畏或"心怵"，是产生祭祀的心理情感机制。扫墓祭祀，人们可以缅怀先贤，祭祖祈福，以表达对先人的追思缅怀之情，表达"追养继孝"之心。

第三节 色彩斑斓的壮族服饰

大新的八大土司曾管辖今大新县以及周边县市的广大地域，在长达千年的时间里，积淀了许多以壮族为主的少数民族文化遗产。大新土司文化内容丰富，以养利古城为代表的历史遗存遍布全境，境内共有古遗址、古墓葬、古建筑、古摩崖石刻、近现代史迹及代表性建筑等十多类一百六十多个点。大新土司文化因其地处边陲和具有特殊的民俗文化而独树一帜，对当代大新及崇左、广西具有重要的历史、文学、艺术、旅游等价值。因此，大新境内在历史上并非"文化孤岛"，自古这里的人们与外界交往甚多，深受外来文化的影响，故保留下来的传统文化样式也多掺杂着中原文化和"侬氏"文化，其中，绚丽多彩且富有民族文化内涵的壮族服饰最为耀眼。大新境内和周边的县市的传统服饰，流传至今的种类有100多种。

一、大新土司文化与壮族服饰

崇左市是我国壮族人口占比最大的地级市，大新又是崇左七个县（市、区）壮族人口最集中的县份之一。由于这里汇集了壮语南部方言的三大土语——靠近龙州县"芦堪宝"（芦山、堪圩、宝圩）土话、靠近靖西市、那坡县的下雷镇、硕龙镇"kiakia米吞"土话和靠近隆安县、江州区左州镇的"东三省"（福隆、昌明、龙门乡）和榄圩乡土话，因此，这里的壮族服饰，便带有非常鲜明的地域特征，产生了以宝圩乡上甲的板甲、板六两村为代表的衣着较短的"上甲壮"，以服饰颜色黑色为主色调的"下雷壮"，以龙门乡三联村等为代表的服饰沙梨壮的"三联壮"，这些服饰色调以青、蓝、紫、白为主，

图 5-3-1 大新县丰富多彩的壮族男女服饰文化（何农林 摄）

继承了先民衣着朴素的风格特征。此外，大新境内的壮服有性别、年龄、盛装、便装的区别，还有婚服、丧服、祭司服等专用服饰。

作为一种物质文化，壮族服饰集中体现了大新境内不同地域的社会特点、历史文化、生活环境、审美情趣和民间信仰等文化生态内容，是壮族文化的重要组成部分。像其他文化现象一样，大新境内的壮族服饰文化的产生、演变、传承，也有它的理由和特点。壮族自称"布壮"，还有"布越""布雅伊""布衣""布土"等自称，这或许就是我国史书记载中有"越百越土"等众多的壮族古称的来源。

在春秋战国时期，广西只有总称为"百越"部落的一支脉。而这一支脉中，广西东北部地区的称西瓯，广西西南地区的称骆越。东汉后，其名称渐变为"乌浒俚僚"等。宋以后，史籍记载中又以"僮良土"为称呼。

壮族的服饰出现在旧石器时代晚期。中国科学院古脊椎动物与古人类研究室华南调查队 1956 年在柳州白莲洞发现了一件粗制的骨针，并确认为是旧石器时代晚期遗物，距今约在一万年以上。由此认定，这是目前发现最早的壮族地区的缝纫工具。新石器时代早期，在甑皮岩遗址又发现三枚骨针。这些骨针，通体磨光，锋尖极利，长 8 厘米左右，最大直径 0.5 厘米，针眼直径 0.35 厘米，对钻而成。新石器中期以至晚期以后，骨针不断增多，这时期的骨针逐渐向小型发展，一般长 5 厘米，最大直径约 0.4 厘米，针孔直径约 0.2 厘米，磨制这样小的骨针，且在上面对钻这样小的针眼，没有相当高的工艺加工技术水平是很难做出来的。

在中国少数民族中，人口最多并且有着众多支系的壮族服饰，式样繁多，不断衍变。壮族男子多穿青布对襟上衣，有的还以布帕包头。壮族妇女衣着朴素，色调以青、蓝、紫、黑、白为主，多穿无领右衽、绣滚边上衣和滚边宽脚裤，钉银珠大扣；有的穿衣长齐膝的对襟窄袖衣，衬胸巾，围短褶裙，系腰带，裹绑腿；有的着宽袖大襟，长裙过膝，包头帕。

景泰《云南图经志书》卷 3 记载：（广南府侬人）男子束发于顶，多服青衣，下裙曳地，贱者掩胫而已；妇人散倌系鬠，跣足，裙带垂后，皆戴光顶大笠。天启《滇志》卷 30 载：（侬人）习俗大略与百夷同；妇人短衣长裙，男子首裹青花悦。《皇清职贡图》记载：（广南等府侬人）男子以青蓝布缠头，短衣，白布缠胫；妇束发裹头，短衣密钮，系细褶筒裙，著绣花履。

对于沙人，景泰《云南图经志书》卷 3 记载：（广西府沙人）戴竹择笠。又天启《滇志》卷 30 记载：沙人习俗多同侬人。《皇清职贡图》又记载：男女衣饰颇类齐民，风俗多同侬人。从《皇清职贡图》所绘侬人和沙人形象来看，男子多是束发缠巾，短衣着裤，衣多无襟领；而女子短衣长裙，侬人为对襟立领，而沙人为右衽交领。今日壮族男服再没有《皇清职贡图》中的影子了，在我们的记忆中，过去壮族男装多为破胸对襟的唐装，以当地土布制作，不穿长裤，上衣短领对襟，缝一排布结纽扣，胸前缝小兜一对，腹部有两个大兜，下摆往里折成宽边，并于下沿左右两侧开对称裂口。穿宽大裤，短及膝下。有的缠绑腿，扎头巾。冬天穿鞋戴帽（或包黑头巾），夏天免冠跣足。节日或走亲戚时穿云头布底鞋或双钩头鸭嘴鞋，劳动时穿草鞋。

壮族服饰文化融合了汉文化、楚文化、蜀文化的诸多因素，也接受了汉、苗、瑶、彝、侗、水等民族服饰的影响，不断地拓展和丰富自己的服饰形态，

1. 脱棉仔
2. 纺线
3. 织土布
4. 染布
5. 织锦

图5-3-2 大新县壮族纺织文化（何农林 摄）

第五章 延续：久远的民族习俗

201

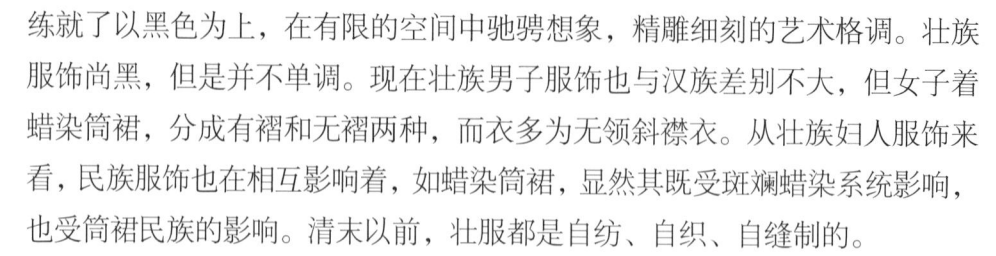

练就了以黑色为上，在有限的空间中驰骋想象，精雕细刻的艺术格调。壮族服饰尚黑，但是并不单调。现在壮族男子服饰也与汉族差别不大，但女子着蜡染筒裙，分成有褶和无褶两种，而衣多为无领斜襟衣。从壮族妇人服饰来看，民族服饰也在相互影响着，如蜡染筒裙，显然其既受斑斓蜡染系统影响，也受筒裙民族的影响。清末以前，壮服都是自纺、自织、自缝制的。

  壮族男子上穿黑布对襟衣，圆领阔袖，两襟扣子7—9个，扣子用黑布织成。裤子也是黑布，裤口宽大。成年人尤其是老人，头包长约4—5尺黑巾，或用一块长方形黑布合缝，上端打折，顶开圆孔，戴于头上。妇女上穿大襟蓝干衣，领窝至右腋下的衣襟、两袖均绣大花边，领矮露颈部。下穿长至脚踝的褶裙，或镶花边的宽裤子，裙子外正两腿心处，各绣一条垂直对称的大花边，在臀部处打几个褶，臀部下的裙脚卷起一寸左右，两边以几针缝住，形成后裙脚弓形翘起，从前面看是筒裙，从背后看是褶裙，上下衣裙贴身，线条分外明朗，十分雅观。清末民国以后，壮族男子改穿对襟唐装衣，宽裤子，脚穿土布鞋。老年人头扎黑巾。从"下雷壮""布瑞""布衣"主要服装款式看，均以斜襟窄袖、宽腿裤、百褶裙为主。边远山区的一些壮女，现还穿着破胸无领对襟衣，绣五色花纹，镶上阑干，下穿宽肥黑裤，腰扎围裙，裤脚膝盖处镶上蓝、红、绿色的丝织和棉织阑干。

  壮族服饰是壮族文化流动的河水。流水是富有动感而柔美的，不像坚硬的石头，也不像干枯的枝条。壮族的先人一定是从流水的形态中获取了与众不同的创意，从而赋予服饰文化的内涵。事实上，现代的人如果能够向天借一两百年的时光，那样的话就可以在喧闹的市井里寻回男耕女织的时代，就可以看到沈日霖《粤西琐记》载："壮妇手艺颇工，染丝织锦，五彩灿烂，与缂丝无异，可为裯褥，凡贵官富商，莫不争购之。"

  服饰作为一种文化载体，是凝固的历史，是穿在身上的历史，它代表着某个特定社会时期的历史文化，民间信仰，社会生产力的发展水平以及人们的审美情趣，是研究历史、文化的珍贵资料，也是全人类的共同文化遗产。随着社会的发展与变迁，某些服饰传承到今天，它所积淀的文化功能，似乎已渐渐远离我们现在的生活，但在壮族地区，我们不仅看见在节庆、婚丧嫁娶等重大人生礼仪仪式中，盛装出场的人群，还发现穿着壮族传统服饰在村前屋后劳动的壮族同胞。尚可在壮家女的一针一线中窥视出传统服饰文化的点滴原貌，透视那深藏的服饰文化内涵，洪荒宇宙，长河落日。历史的尘烟徐徐消失在时空中，多少后人为追寻它的遗迹苦苦思索，多少智者为探究它的容颜而遗憾不已。

二、再现历史记忆

大新山水奇美，而正是山水赋予了大新壮族人民的灵感：依山而居就有了山的刚毅，依水而住就有了水的灵气。壮族服饰因不同地域、生态和方言而各具特色，异彩纷呈。这就是文化生态和地域特征的表现。壮族的服饰，随着地区和支系的不同，其样式有差异。但各地壮族的服饰色调是一致的，那就是蓝、黑为主要色调。壮族服饰是具有鲜明的南方稻作文明标志和物质的文化载体，这里面蕴藏着人类文明发展最宝贵的历史基因。壮族服饰另外的特点就是朴素，很少有大红大紫的装饰。大新境内现存最为完整的服饰为"上甲壮"和"三联壮"。

上甲壮，最有名气的服饰在大新县宝圩乡板甲、板六两村的三十来个屯。

上甲壮的短衣，上衣全长仅一尺左右，底襟只到腰间与裙头相接。姑娘和少妇们的腰间若隐若现，欲盖弥彰，是可以让壮家汉子的情愫激发让人生

图5-3-3 宝圩乡上甲（今板价、板六村一带）壮族妇女（何农林 摄）

出无限遐想的。体态之美本来就是上苍赐给人类的春色，是赐予人类眼睛的一种艺术享受。人间最美妙的莫过于爱情，由身体而情思，这是多么浪漫的事情。上甲壮的短衣袖子与衣长度相当或略长。这种短衣根据开衽部位的不同，可分为右衽和前衽两种：右衽型，纽路从颈口往右经腋下直到襟边；前衽型，纽路从胸前直下到襟边。这两种短衣的颈口、袖口和下襟底边均绣有彩色条纹，纹饰十分好看。从颜色上分，短衣又可分为黑色、淡黑色和白色三种。白色短衣是用没有染过的原始土布裁剪缝制而成，黑色和淡黑色则是蓝靛浆水将白土布染后裁剪缝制而成。

长裙是用三米多长的土布剪为九幅后用手工缝制而成，因其状似褶扇，故又称百褶裙。长裙的裙头两边缝有长带，穿裙的时候，先将裙头在左侧或右侧腰间系紧，再将左边裙幅底部提上，绕过后面插到右腰间；将右边裙幅底部提上，绕过后面插到左腰间，这样，在腰后便形成了一个交叉的裙幅。另外，在百褶裙的外面有时还配有一张方形套裙，套裙正面下方一律配有一块长15厘米，宽10厘米的蓝布，蓝布下方从中间

图5-3-4 龙门乡三联村壮族妇女服饰（何农林 摄）

剪开一半。这样的长裙让人走进历史神思旷远的清幽，而老年妇女一年四季常穿的黑色和淡黑色短衣，则让人有"重金属"感觉。

逢年过节，壮家妇女们走在街圩上，除了穿上这种风格独特的以黑色为主色的"短衣长裙"之外，她们还在头上盖着一条白色底巾，底巾上面另加一条黑、白相间或绣有红、黄、白、蓝等色的花锦头巾，两耳挂着银耳环，颈部套着数个大小不同的银项环或银项链，肩膀披着护肩巾，腰间扎着色彩艳丽的锦带，手戴银手镯，腿缠三角黑绑布，脚穿船形绣花鞋，脚踝套着银脚镯。她们艳丽秀美，庄重潇洒，光彩照人。在阳光下，她们走得轻快舒缓。

"三联壮"倒大袖女上衣颇有特色：倒袖的特点为袖短，袖口宽大竟达

7寸，使袖筒呈喇叭状，领口、衣襟和下摆所绣纹饰古雅而奇异，圆下摆上衣腰身窄小，下摆呈半圆形向上翘起，与下身的百褶长裙形成曲与直，张与弛不同的节奏与韵律，将人体的线条勾勒得优美流畅。

在以黑为贵的基础上，红与绿是壮民族最喜欢配搭的色彩。黑、红、绿三色，那是土地、鲜花、清水的审美取向。"三联壮"因所穿短衣、长裤和短裙，分黑、白、蓝三色，衣短齐腰，裙长至膝，裤长过脚，犹如层楼迭起，错落有致也被人称为"三层楼"，"三联壮"以黑衣黑裙为礼服，缝制最为讲究。白衣蓝裙则为日常劳动时所穿，布质稍粗。这种服饰打破了壮族蓝、黑一统的局面，清新素雅，让人对之如沐春风。

图5-3-5 大新县龙门乡三联村壮族妇女服饰（何农林 摄）

总体而言，壮族妇女的服饰端庄得体，朴素大方。除了上述几种服装，她们一般的服饰是一身蓝黑，裤脚稍宽，头上包着彩色印花或提花毛巾，腰间系着精致的围裙。上衣着藏青或深蓝色短领右衽偏襟上衣（有的在领口、袖口、襟底均绣有彩色花边），分为对襟和偏襟两种，有无领和有领之别。有一暗兜藏于腹前襟内，随襟边缝制数对布结纽扣。

大新县境内一些地区，壮族妇女还穿着破胸对襟衣，无领，绣五色花纹，镶上阑干。下穿宽肥黑裤，腰扎围裙，裤脚膝盖处镶上蓝、红、绿色的丝织和棉织阑干。土司统治时期，土民不可以穿鞋子的，只能光脚，建国以后，平民生活水平提高了，才有鞋子穿。平民劳动时也只能穿草鞋，并戴垫肩。在赶圩、歌场或节日穿绣花鞋。过去，除了土司以外，土民和平民的女性不可以穿红颜色的衣服，或者其他鲜艳的衣服和裙子，只能穿自己织的土布衣服，更不要说戴耳环、手镯和项圈等了。虽然不可以穿红颜色的衣服，但是在装饰秀丽的图案和佩戴的小饰物，表达了壮族人民爱美的渴求。服装花色各地略有不同，上衣的长短有两个流派，大多数地区是短及腰的，少数地区上衣长及膝。

三、岁月刻下的印痕

时光飞逝，历史的印痕被壮民族深深地刻在了服饰上。壮族是一个爱美的民族，女子的穿着，特别喜欢在鞋、帽、胸兜上用五色丝线绣上花纹，人物、鸟兽、花卉等图案，色彩斑斓。大新境内壮民族的饰物从脚到头都有，常见的有绣鞋，披肩，头饰，壮锦等，其中壮锦最为丰富。壮族服饰上的花纹、花边，有浓厚的民族地方色彩和生活气息。最常见的有日、月、星、云、天河、彩虹等纹，有鸡冠、羊角、牛角等动物方面的图，有叶、花、铜鼓、镰刀、几何形等植物和什物图。精美的线条、图纹，巧妙的色彩搭配，生活中极为普通的动植物都成为壮族妇女创作的源泉，并被升华为艺术品味。妇女上衣毛、棉、丝制、排襟、前襟和袖口用彩线挑有图案花纹，形状各异颇具匠心。妇女多着百褶长裙，用宽布与窄布镶嵌横联而成。

绣鞋。壮族花鞋是壮族的刺绣工艺之一，又称"绣鞋"，为妇女所用，在大新，流行于靠近龙州的宝圩、雷平、堪圩等地。鞋头有钩，像龙船。分有后跟和无后跟两种。鞋底较厚，多用砂纸做成。针法有齐针、拖针、混针、盘针、堆绣、压绣等。在色彩上，年轻人喜用亮底起白花，常用石榴红、深红、青黄、绿等艳丽色，纹样有龙凤、双狮滚球、蝶花、雀等；老年人多用黑色、浅红、深红等厚色，纹样有云、龙、天地、狮兽等。

壮族妇女擅长纺织和刺绣，所织的壮布和壮锦，均以图案精美和色彩艳丽著称，还有风格别致的"蜡染"也为人们所称道。壮族服饰在明清朝之前还是与汉族有所区别的，和汉族融合加深后才渐渐地从汉服。女子则多姿多彩，特别喜欢在鞋、帽、胸兜上用五色丝线绣上花纹，人物、鸟兽、花卉，五花八门，色彩斑斓。

再来看看壮族妇女传统的头饰。在古代，壮族女性的头饰也是比较讲究的，女性头饰用簪，胸佩有银饰，现在大多是用针织提花毛巾，虽然是很传统的自家手工纺织，但很是实用——壮族人大都生活在亚热带地区，壮族妇女喜欢戴头巾，不是为了防寒，而是为了避免亚热带的阳光。

走过漫漫岁月，大新境内的壮族用勤劳的双手和智慧传承了美轮美奂、多姿多彩的壮族服饰。20世纪初，壮族的生活水平较低，生产力水平也十分落后，纺织用具基本上是自制的木制工具，手工纺织是获得服装原料的主要途径。那个年代，人们所穿的服装主要以棉麻制品为主。织"布"过程看着简单，实则烦琐，如棉制品的纺织，要先种棉花，然后采摘、晒干，把花与籽脱离，然后用坠子捻成细线，把多根线搓成股，拿到纺织机上去织。屋檐下、村前、屋后宽旷平整的地方都可以成为织布的场所。钉一个小碗粗的木桩，把布的经线一头排在织布机上，一头拴在木桩上，人坐在织机前，用一条宽腰带系在腰上，双手左右穿梭纬线，边穿梭边用压板按压。所有服饰都是以这样织出的布为原料做成的。而壮族妇女尤喜欢在鞋、帽、胸兜上用五色丝线绣上花纹，内容包含着植物、动物、风雨雷电、神话传说等各式各样的题材，她们通过丰富的想象、抽象、变化、整合而成为千姿百态的图纹艺术，显示出自然万物千变万化的面目，通过顽强的生命力、秩序结构和排列，把它们的美变作了意味深长的装饰图案。如"布衣"族的青衣布质讲究，一般用"花肖"和"郎泥"缝制，"花肖"是小块形的图案，"郎泥"是小麦穗的图案，用蓝靛染色，工艺繁复、精细，装饰重点明显在于上衣领口、袖口上的绿黑、蓝黑的线条和三角图案；花卉在服饰图案中也是常见的一种，如以荷、菊、梅等为主的图案象征着生机勃勃，和谐兴旺的自然之美；几何图案的应用更是变化无穷，风格迥异，自然现象中的风雨雷电、日月星辰最为常见，如水波纹、回形纹、方格纹、菱形纹、八角纹等都从自然现象中抽象出来的纹饰。壮绣图案多为吉祥意义的荷花、飞凤、祥龙、麒麟、葫芦、四方钱以及花卉与福寿等图形，并与弦纹、水波纹、方格纹、云雷纹等相衬，纹样精美而丰富，装饰于服装、头巾、肚兜、鞋面等。

最为富有文化底蕴的当属壮锦。壮锦是利用棉线或丝线编织而成的精美工艺品，与云锦、蜀锦、宋锦并称中国四大名锦，据传起源于宋代，是广西民族文化瑰宝，曾经作为贡品晋献皇宫。壮锦图案生动，结构严谨，色彩斑斓，充满热烈、开朗的民族格调，体现了壮族人民对美好生活的追求与向往。

壮锦在清代既是皇家贡品，也是壮族婚嫁和日常生活中不可或缺之物。清代壮锦应用棉纱和五色丝绒织成，以棉、麻线作地经、地纬平纹交织，用彩色粗而无捻的真丝作纬织入起花，其色彩突破自然，对比强烈。壮绣有平绣、锁绣、织绣、刺绣、堆绣、拖绣、贴布绣、打籽绣、挑花等多种绣法，多应用在衣领、领圈、头帕、袖口、衣襟、衣摆、腰带、裙子、绑腿等地方。

与瑶族的抽象图案、苗族的自然形变化的几何图案不同,壮绣图案多为花枝繁密的写生折枝花鸟、蝴蝶鱼虫,造型活泼,色彩鲜艳,洋溢着岭南女性特有的浪漫、柔美的生活气息。

而那时的土司,多喜壮锦。壮锦图案,有蟒龙纹、万寿花纹、四福捧花、龙凤纹、双鱼纹、四燕纹以及斗马、绣球、铜鼓、花山等壮锦图案。"壮人爱彩,凡衣裙巾被之属莫不取五色绒,杂以织布为花鸟状,远观颇工巧炫丽,近视而粗,壮人贵之。""蟒龙纹"为广西传统的壮锦图案,图案中的图形象征龙鳞,龙在中国历史上有特殊的含义,象征尊贵。"万寿花纹"是一款彰显贵气的传统经典壮锦图案,图案源自皇室贵族,象征尊贵、长寿之意。

图5-3-6 大新县宝圩乡板价村壮族女子织锦场景(何农林 摄)

"四福捧花"为传统的壮锦图案,图案中的图形象征蝴蝶围着花,意为四蝴(福)捧花,有福长寿之意。"龙凤纹"图案中包含龙与凤,龙是壮族崇敬的图腾物,是主管农业丰歉的"水神",可保佑风调雨顺、五谷丰登,龙纹与壮族先人"纹身以状蛟龙"之俗有关;凤是鸟图腾的升华形象,是最能赐福于人的神鸟,壮锦中使用凤纹最为普遍,常织于婚嫁被面或背带上,希望能消灾祛难,繁衍生息,有"十件壮锦九件凤,活似凤从锦中出"之说,这是由于壮族人民喜爱凤凰,视之为吉祥的象征所致。"双鱼"纹图形象征双鱼双飞,年年有余,表达了壮族人民对美好生活的向往和热爱。"四燕纹"是壮族人民结合生活中的日常所见所闻,通过燕子寓意生活美好,和睦祥和,燕子喜欢在民居房搭窝,与人民和睦相处。"绣球"作为壮锦图案,把壮族最具特色的两个工艺品结合起来,表达了壮人对生活的热爱、对爱情的向往。用"铜鼓"作为壮锦的图案,反映了壮人对生活的热爱以及对太阳的崇拜。

铜鼓是流行于壮族地区的打击乐器，人们从事农业生产中，对于阴阳雨雪的变化，知道与太阳有密切关系，但不了解这种自然现象的发生原因，于是就产生了"万物有灵"的观念，人们对太阳极为崇拜，所以鼓面正中必画太阳，反映了农业生产必需阳光。此外，在土司时期，还曾以占有铜鼓的多少，作为代表自己统治权力大小的象征。

壮锦如此美丽，它又是怎么织出来的？壮锦是在装有支撑系统、传动装置、分综装置和提花装置的手工织机（竹笼机）上，以纱为经，以各种彩色丝绒为纬，采用通经断纬的方法巧妙交织而成的。壮锦的织机又叫竹笼机，是一种小木机，结构简单，机织轻便，易于操作，使用方便。全机由机身、装纱、提纱、提花和打花五部分组成。机身包括机床、机架、坐板。装纱包括卷经纱机头、纱笼、布头轴、绑腰、压纱棒。提纱包括纱踩脚、纱吊手、小综线。提花包括花踩脚、花吊手、花笼、编花竹、大综线、综线梁、重锤。打花包括筘、挑花尺、筒、绒梭、纱梭。织锦时，艺人按照设计好的图案，用挑花尺将花纹挑出，再用一条条编花竹和大棕线编排在花笼上。织造时，就按照花笼上的编花竹一条条地逐次转移，通过纵线牵引，如此往复，便把

图5-3-7 大新县壮族妇女深夜织布（赵成艺 摄）

花纹体现在锦面上。

据说,早在汉代,当地就已经产生了细者宜暑,柔熟者可御寒的"峒布"。聪明智慧的壮族人民,充分利用植物的纤维,织制出葛布、络布作为衣料。在古代,壮锦也是大新土司最为喜爱的布料。

土司统治时期,大新八个土州90%以上的人家所需要的衣物都是自己纺织的,特别是乡下妇女,人人都会纺纱织布,但由于棉花织成棉布的过程工效慢,一套衣服需要一个月的时间。维新(乡)康屯的妇女们说:"想穿不得睡,想食不得坐。"一般人为了挣得口粮,整天忙着做农活,晚上又要挤出时间轧棉花、纺纱……一直忙到深夜都未能入睡。

染布用的蓝靛,乡下家家户户都会做,所有衣物都是自纺、自织、自染。每家妇女都会织布和手工缝衣,供自家之用。从摘棉、去籽、弹花、捻线到织布、染色至量体裁衣,做一套衣裤至少要花30多个劳动日,费工费时。

妇女还是挑花刺绣的能手,她们能在一尺见方的土布上,不用打样,随手便可刺出精致的几何形图案,花纹美观朴实,但因为刺绣费时费力,因此壮锦图案一般大多出现在头巾、袖口、领口等部位作为装饰。街上妇女还会绣花鞋,但只有土司家族的富裕人家才会穿戴绣花鞋、绣花头巾等较为美观的物件。

如今大新县乡下一部分年纪较大的老人还有戴绣几何图案花纹图案头巾的习惯,壮族文化保存较为完整的是大新县宝圩乡板价村,壮锦艺术保存较为完好,村民以全身的黑色和别样的风情著称。村民穿着的服装布料都为自制的蓝靛土布,绝大部分的妇女还保留古代流传下来的织壮锦、做女红的巧手。村民所穿的衣服,都是用自家种的棉花做成的,自己纺织、浆染。板价村种植的棉花是浅棕色的彩棉,用这种棉花纺出的纱和布,不容易褪色,是棉花中的极品,适合织作内衣和毛巾。据村里的老人说,板价村种植彩棉已有上千年的历史。至今,许多村民家中还保留着古老的轧花机和织布机,村里人还保留着彩棉的纺织技艺。

2005年3月5日,香港、深圳、南宁三地企业家和民族文化专家组成的考察组来到板价村,证实板价村出产的棉花是天然彩棉。这一发现证实了左江流域是我国棉纺织技术的重要发源地,填补了壮族天然棉花种植历史研究的一项空白。善织会编的板价姑娘用家乡出产的天然彩棉编织壮锦、围裙、衣服、背袋等，编出了五彩斑斓的梦。

四、富贵与权力的象征：土司服饰

有资料和实物证明，现雷平镇政府所在地，曾是太平土司衙门宅院，现镇政府办公楼，就是当年土司、土官的办公地点，后面连着土司的府邸。府邸建筑面积十多亩，建筑主体由土司衙门、客房、马厩等组成。庄园背靠瓠连山，前通闹市，既是闹市中的净土，又是幽静中的殿堂。面对翠绿的青山、清澈的溪流，我们依然能够感觉到这里洗涤心灵的沉淀，而那喧嚣的闹市，俨然成为我们生活中的装饰。权利，那唾手可得却又无所谓有无所谓无的东西，显现出了王者的气度与风范。土司院宅门前的开阔场地体现了它的胸襟与奢

图 5-3-8 安平土司"上甲"（今宝圩乡板价、板六村一带的统称）壮族妇女服饰（何农林 摄）

华，华丽的主楼阁承载着贵族般的思维。无论你什么座驾，宽敞的院落均能停放，就算是马，也可以迁入马厩。大门前，有土司老爷的出行骏马，想当年，土司老爷骑马或坐轿绕行庄园，巡查领地，那是何等的威风凛然。当年的大门应当是肃穆的，大门两侧的石狮子更是罕见威武，体现了一个土司家族的庄严和千年历史的沉重。我们可以想象，门前那保卫土司府的壮家汉子威猛俊朗，那是对智者的遵从与捍卫，更能显示出他们对美丽家园的热爱。一进大门，便有土司管家迎接宾客，左边是土司用品的房间，里面有土司经常使用过的东西，包括土司打猎用的弓箭、骑马用的马鞍、平时生活中酒壶、鼻烟壶、扳指等等，一切都是壮族特有的生活用品及饰品。进入主楼，二楼是土司的议政厅和卧室，议政厅通体木雕，大气，庄严。这里是土司平时处理政事的地方，那龙纹的条案和檀木的沙发——这里坐着的，都是曾经挥斥方遒的土司老爷，多少决定便是在这做出的，我们仿佛能看到那深谋远虑的土司依旧谈笑风生。议政厅旁是土司的卧室，卧室内摆有香炉、茶具，土司的卧榻上摆有各种服饰。再过去，应是土司的讲经堂，经堂中央供佛观世音、释迦牟尼等，兴盛时期，土司老爷每月都请高僧来讲经祈福。

图 5-3-9 下雷镇崠江村壮族服饰（何农林 摄）

而土司官服，应该是由具有富贵气派的物件组成。那是一套由帽子、披肩、衣服、腰带、裤子组合而成。帽子是一件珍贵的艺术品，帽顶上是一只金属材料制成的活灵活现的可以转动的吉祥鸟，鸟脚下的四周是几条围成圆形的吊坠，帽身外边的每个部分，雕刻着各种银饰图案，戴在头上，银光闪闪。脖子上，土司老爷绕着一块不大的披肩，绣有舂米、纺纱、抽烟、抬轿、房屋、鸟虫等惟妙惟肖的图案。

那衣服裤子，无论是衣领、肩膀、衣袖、衣服裤脚的前面后面，都恰到好处地绣着农民耕田犁地、舂米、纺纱、拖儿带女……官家骑马射箭、喝茶、玩鸟、骑大象、划船……以及狮虎、蝴蝶、鸟兽等逼真的图案，每一幅图案，都是一个内容丰富、引人遐想的故事。

每当重大喜事和节日，土司老爷喜欢在亭榭楼台和堂屋挂满附庸风雅的各种喜对和横幅。在司署内，摆满绫罗绸缎、毛呢、木刻、奇石瓷器等质地高贵的礼品。附近土司各司的司官和宾客纷至沓来，各村寨也会有百姓来贺喜。在安平土司会仙岩和茗盈土司穷斗山岩画的摩崖石刻中，壮族后人看到那刻在石头上的官服，虽然没有染上色彩（抑或染上过，但经岁月洗涤已经脱落）。但从其结构分析，依然能够感觉到雍容华贵、富于韵律。

服饰文化穿在身上、拿在手上、挂在相框、收在藏室，五彩丝线绣就的壮族服饰正以百变的方式，演绎着新时代的一个个新故事，新的壮乡故事里演绎着壮族文化叶脉、家庭文化情节。但历史在向前发展，文化也在自我适应。如今壮族服饰文化传承工作有待加强，我们应树立保护意识，加强保护和开发的力度。无论是传承、发扬还是演绎，这些来自远古的服装服饰，历经岁月的洗礼在当今的互联网新时代仍然熠熠生辉，这是文化的唤醒，也是独特技艺的展示。我们坚信，壮民族服饰的壮丽远不输外来文化，大量少数民族元素结合现代设计，好看又实用，特别又不突兀，而且还可以在日常生活中从源头去认识我们的文化遗产，薪火相传，传递传统服饰文明。

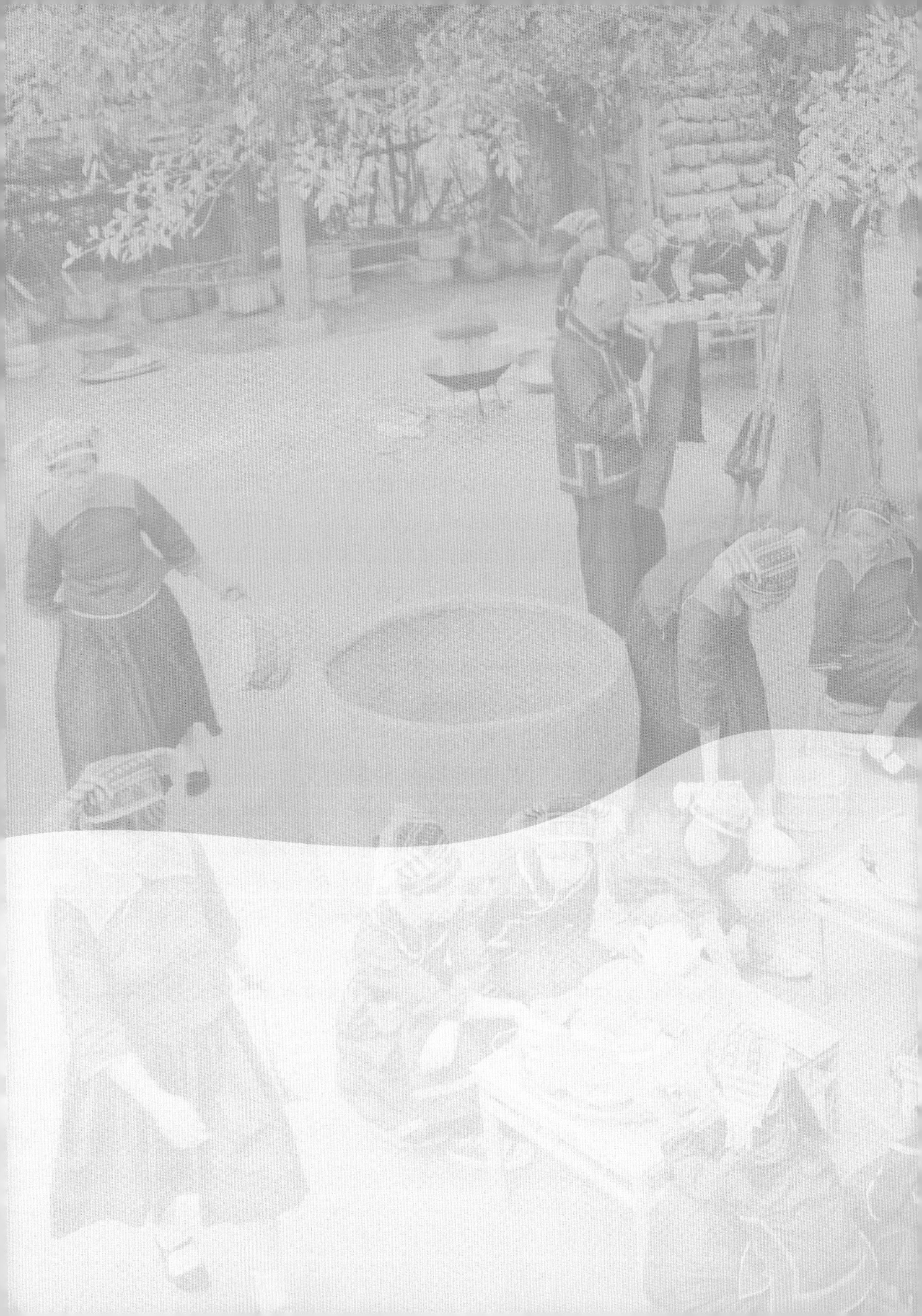

第六章
传承：民族文化的融合与发展

  大新，地处桂西南的左江流域，是古代壮民族聚居地之一。自秦王朝平定岭南置象郡，历经各朝代的统治，大新壮民族较早就成为中华民族的重要成员，加大了与中原文化交流融合，其文化血脉流淌在中国文化的历史长河里。边地的民族风俗也每时每刻地烙印着中华文化的精神，并将它幻化在日常生产、生活之中，传唱千年不衰的山歌民谣就是其中一朵永不凋谢的浪花。

图 6-1-1 龙门乡三联村（诗蕾高腔）山歌手在赶歌圩路上（何农林 摄）

第一节 山歌高腔唯诗蕾

千百年来，大新人民喜唱山歌，素有"无事不唱歌，人人皆歌手"之说。风景秀丽的大新县地处我国西南边地，山高林密，壮族人口占全县人口的 96.89%[1]，当地壮族群众坚忍、乐观，生活处处有山歌。他们以歌会友，以歌抒情，颂美挞丑，调节生活情绪。山歌被当地壮族群众称为"西（诗）""潘""欢"，唱山歌叫"话诗""论诗"。客人来了，主人唱起入村歌、迎宾歌；客人进门后，唱起了热情洋溢的敬酒歌；客人离开时，主人唱起依依不舍的送客歌。青年男女谈恋爱唱起了试探歌、交情歌、交心歌、

---

[1] 童健飞主编：《大新县志》，上海：上海古籍出版社，1989年，第410页。

拒绝歌；女儿结婚出嫁，有婚嫁歌、哭嫁歌；别离有别离歌；去世有悼念歌、哭丧歌、行孝歌，除此以外，还有劳动歌、庆丰歌等，大新人民生老病死、生产和生活都离不开山歌。山歌是串起大新壮族人民群众生活的一根重要的红线，是不可或缺的生活方式。

一、逢"圩"而歌

有一种文化，民间的诗人和歌手在这里尽显才华。这种文化在大新各地叫"歌坡"或"侬峒"，也叫"歌圩"。总体而言，歌圩是全县都可以接受和理解的叫法，它实际上就是大新的歌会。关于歌圩的传说，有许多版本。在大新本地，人们比较认可这一说法：相传很久以前，宝山脚下住着一位老人，他有两个女儿，长得很俏丽。到了十八岁、十九岁，方圆几十里的小伙子都来向她们求婚，媒人几乎踏破了她们家的门槛，但没有一个小伙子能让姐妹俩中意。姐妹便对媒人说："这么多人向我们求婚，答应谁好呢？如果他们真的爱我们，我们就约个日子，叫他们来到山脚下的树林里对歌吧，谁唱得最好，谁最聪明，我们就嫁给谁。"果然，到了姑娘指定的那一天，情郎们会聚山下林间，放开嗓门，唱了三天三夜，结果姐妹俩选上了如意的郎君。会唱山歌就可以找

图 6-1-2 大新县宝圩乡对歌场景（何农林 摄）

到老婆，而且是漂亮的老婆，这等好事，应当是让山歌生生不息的动力之一。从那时起，青年男女每每求婚，便指地为场，以歌为媒，由此形成了流传百世的大新歌圩。

每年农历一至四月、八至十月，是大新本地区的农闲季节。歌圩大多就在这段时间举行。有人到歌圩氛围比较浓重的雷平、振兴、宝圩、堪圩、硕龙五个乡镇调查，仅歌圩地点就有六十多处。歌圩点一般是三至五个自然屯合为一个，或是一个村为一个点。每年一到指定的时间，人们都在指定的地

点进行歌会。歌圩地的各户都以东道主身份杀鸡宰鸭招待来赶歌圩的客人。

每个歌圩的傍晚，当太阳偏西的时候，赶圩的、赶庙会的、赶歌圩的，如织的人流开始逐渐分散到各村屯各家户去了。再过一会儿，等到掌灯时分，各家户都会传出猜码划拳声；时至夜半，才会有山歌声传出。这悠扬绵延的山歌声一出就要划破沉醉的乡村夜空——壮族民间青年男女的节日这才真正地拉开了帷幕……

歌圩历史悠久，柳宗元曾有诗云："小语相侵随致怨，清歌互答自成亲。趁圩亦有能装束，数朵银花缀网巾。"[1]

在陆晓芹的《"吟诗"与"暖"：广西德靖一带壮族聚会对歌习俗的民族志考察》一书中指出，歌圩是特指定期或不定期群众性的歌唱活动，与平日里所说的"圩""集"意思稍有不同[2]。据《大新县志》记载，大新县歌圩，始于唐代，至今已有千余年历史，它是壮族人民饶有风情的一种传统风俗[3]。当地群众称歌圩为"侬峒"（又称陇洞）、"扣岩""陇岩""风流街"，下雷一带称"巷单"或"黄莺"，福隆、昌明、五山一带叫"陇㤁"或"开㤁"[4]。

据太平府志记载，我国西南边地的少数民族地区自古均有歌唱的习俗，"婚姻以唱歌踏青为媒妁，丧葬以鼓乐饭僧为美观"[5]。大新歌圩自古历史悠久，据《雷平县志》记载："歌圩又名风流街，此风源流太远……风流圩中有如颠狂柳絮乱逐东风，轻薄桃花远随流水，春色固不脑(恼)人，个侬尽可自由恋爱，地方风俗由来已久，叶经政府废禁，地方人士亦同时起而约束，近年来此风已杀，但荒村僻陇间有举行者不似当年之盛也。此亦陋俗之一大娱乐也。"[6]。恩城州土官赵福惠在正统十年（1445）农历三月撰刻的岜仰摩崖石刻写到：恩城之山名谓仰山，下之村亦谓岜仰……每年三月仲春，岜仰、江边、咘托等村男女聚会峒口唱歌娱乐，以冀丰年。刘锡蕃《领表纪蛮》

---

[1] 刘锡蕃：《岭表纪蛮》，商务印书馆，1934年，第247页。
[2] 陆晓芹：《"吟诗"与"暖"：广西德靖一带壮族聚会对歌习俗的民族志考察》，桂林：广西师范大学出版社，2016年，第47页。
[3] 童健飞主编：《大新县志》，上海：上海古籍出版社，1989年，第423页。
[4] 童健飞主编：《大新县志》，上海：上海古籍出版社，1989年，第423页。
[5] 故宫博物院编：（雍正）《太平府志》，海口：海南出版社，2001年，第183页。
[6] 梁明伦等纂：《雷平县志》，台湾：成文出版社有限公司，1975年，第72—73页。

中这样述及："凡农隙之日,每值圩期,即会歌聚饮于此。其热闹虽次于坡会,然三日五日一圩期,到者常达数千人,亦殊有可观。此等歌圩,在镇南田南两道之地,为数尤多。如雷平等县,霜降以后,官厅即须派警弹压。"[1]民国期间,当地政府认为歌圩为"风流街",是一种民间陋习,但屡禁不止,各地歌圩依然盛行。建国后,大新山歌在"文革"中遭到了彻底的查禁。改革开放后,各乡镇的歌圩慢慢复苏。在桃城附近的村落有在"侬峒节"自发唱山歌的习俗。在县城德天广场附近,不定期地聚集着不少自发吟唱山歌的群众,平日几十人,周末和节假日人数略多,上百人不等,唱山歌的时间一般在每天上午十点至中午一两点左右。其他乡镇唱山歌的习俗也慢慢地得以恢复。

图 6-1-3 龙门乡三联村(诗蕾高腔)山歌手风采(何农林 摄)

大新壮族"歌圩"主要分为两种,即定期和不定期举行的"歌圩"。定期的"歌圩"主要包括以下三种:一是在重大节日,如在"侬峒"、三月三等节日中举行的对歌;二是在人生重大的仪礼,如出生、结婚、办丧事时举

---

[1] 刘锡蕃:《岭表纪蛮》,商务印书馆,1934年,第178页。

行的对歌；三是普通的日常礼仪如迎客、送客、敬酒等中的对歌。不定期的歌圩是指在闲暇之余，一时兴起，在屋边、地头和林子里聚集在一起的对歌活动。

在定期歌圩以"侬峒"节最为隆重。"侬峒"在壮话的意思是"到田边唱山歌"之意。春天，万物生长，春暖花开，"侬峒"一般在这个美丽的季节拉开序幕。各村镇都会纷纷自发轮流形成歌圩。大新气候温热湿润，一般可种植两造水稻，在每年农历三四月份的插秧前后，是农民最闲的季节，当地农民在这个闲暇的季节纷纷聚集到田边、树林里和屋边唱山歌。大新各村镇从农历正月、二月、三月至月间均有"侬峒"的习俗，尤其以春天为盛，山花烂漫，禾苗青青，山歌飞扬，"侬峒"以春季为最。

在"侬峒"这一天，外村落的群众男女老少全家出动，穿起刚买和刚做的新衣服和新鞋子赶到"侬洞"地点参与山歌活动，参加举办"侬峒"节村落的村民宴饮。酒足饭饱之后，纷纷结伴到田间地头唱山歌。村落里歌声、笑声和喝酒声此起彼伏，直至夜晚。"侬峒"的村落家家户户高朋满座，客人扶着墙而出，被认为主家的一种"荣耀"。外地的客人即便与主家互不认识，

图 6-1-4 大新县壮族迎客（赵成艺 摄）

也可以入席即饮，不醉不归。那些没有醉酒扶墙而出的人家往往会被当地的群众认为是主家招待客人不周，或是在经济上不够宽裕。

刘锡蕃曾述，"善歌者，能博得妇女之欢心，可借此为媒介，而达到最美满之恋爱；并可以由此等范围内，而试验抉择各个恋爱者之谁为惬意，进而达到美满结婚之目的"[①]。在侬峒节，酒足饭饱之后，未婚的壮族青年男女及时抓住了这个寻找佳偶的良好时机，相约来到村里的树林边，田埂边，借助山歌，相互传情。有些青年男女等不及到田边对唱，一听闻对面传来的山歌声，则即兴在酒席中与对面人家的青年男女展开了激烈的对歌活动，另一队青年男女则故意藏于对面人家的家中，迟迟不现身，直到山歌唱到半夜，唱到情至。在山歌对唱时，青年男女若在对歌中发现另一方不是自己心仪的对象时，会以讽刺之歌对之，并且会早早收场，另觅佳音。在对歌过程中，如发现对方是心仪的对象时，则将山歌唱至深夜、天亮，正如民国的林国乔在诗中描述的那样，"女男月下共徘徊，摄魄勾魂压禁开。夜半歌声犹未歇，又言明晚早些来"[②]。在对歌结束后，青年男女当晚即可相邀回家同居，结为夫妻，不必征得父母的同意，也不用经过"媒妁之约"等烦琐程序。但也有一些青年男女，在对歌的过程中产生情感后，为了慎重起见，回家征得双方父母的同意后，才邀请亲戚或媒婆到对方家去下聘礼，选定良辰吉日举行婚礼。

在对歌的过程中，即便没有达成结成婚姻的约定，若在歌唱中有了情感的升华，即与对唱一方的歌手形成较为稳固的男女关系。若再与别的对手对歌，并喜欢上另外的异性歌手，则会招来亲朋好友的非议，甚至引发村落之间的争斗。中老年人在侬峒节中也不闲着，他们往往会组成"兄弟团""姐妹团"，借歌会老友，以歌声交流情感。

如今，大新最隆重的歌节"侬峒"节大部分乡镇虽已不再出现山歌阵阵的盛况，只有极少数的村镇目前还保留着"侬峒"唱山歌的习俗，但"侬峒"节维系当地群众族群情感、社区情感的功能，延续传统文化脉络的功能尚存，仍是深受大新人民群众喜爱，最隆重、最热闹的传统节日之一。每年的农历三四月，亲朋好友仍会一如既往地纷至沓来。远嫁别处的女儿，

---

① 刘锡蕃：《岭表纪蛮》，商务印书馆，1934年，第155页。
② 刘锡蕃：《岭表纪蛮》，商务印书馆，1934年，第250页。

族里的其他亲戚纷纷从各地赶来与"侬峒"的主家交流沟通亲情和友情,一起畅快宴饮。主家在"侬峒"前一天晚上,连夜在煮好的糯米饭加入当地特有的野菜白头翁或艾叶,用石臼舂好,并加入芝麻花生,或豆角瘦肉做馅儿,制成糯米糍粑;将一只只土鸡、土鸭杀好,去毛备用,用油炸好大块大块的五花肉,等太阳一升起来,就在房前屋后支起几口大黑铁锅,煮起自家养的土鸡和土鸭;再将炸好的五花肉加入芋头或酸菜,上锅蒸制,等着远方亲朋好友的到来。一些经济宽裕的人家则在门前用龙眼木烤起乳猪。除此之外,各家各户还拿出自家泡制的稔果酒、桑葚酒、金英酒、玉米酒和糯米酒等招待客人。这一天,客人不醉不归,村落里笑声、喝酒声不断,堵车的现象常有发生,热闹非凡。

  人生礼仪中的山歌吟唱是大新定期歌圩的另一重要形式。大新人民生老病死,婚丧嫁娶等重大的人生仪礼都离不开山歌。孩子出生(一般是指生男孩),"三朝"或"百日",都会宴请亲朋好友。大家聚在一起,以山歌表达添丁得子的喜悦心情,祝福孩子有美好的未来。在壮族婚礼仪式中,山歌成为一朵绣在壮族新娘胸前最美的花。新娘在准备离娘家之前,念及婆家山高路远,自己孤苦伶仃在外生活,往往以泪洗面,唱起了"哭嫁歌"。新娘歌声阵阵,用歌声表达对父母养育之恩的感谢,表达对故乡的依依不舍。新娘的父母、好友都唱起了山歌,表达对新娘的不舍。在新婚之日,新娘和父母、好友难分难舍,以歌道别,双方眼泪涟涟,直至新娘离开。亲人去世的时候,大新人民会唱起山歌表达哀思。家人请来了道公举办丧葬仪式,道公通常都会唱起孝歌,表述要尊老爱幼、及时行孝的劝诫,极富教育意义。家里人也会借助山歌,表达对已故亲人的往事进行回忆和追思,寄托哀思,情真意切,听来催人泪下。

  大新不定期歌圩是指一时起意,众多人群聚在一起临时对歌场面。这类对歌场面时间较为随意,地点灵活,屋边、地头和林边,随处可见。这类歌圩主要承担了休闲娱乐,调节生活情绪,活跃气氛的功能。壮族农民在田里忙碌了大半天,干活累了,放下手中活,来一次山歌对唱,不但可以减轻劳动的疲劳,还可活跃劳动的气氛,使劳动的效率大大提高;平日酒足饭饱和茶余饭后,男女歌手相约树林中、晒场和路口来一场对歌,增进了彼此的情谊,交流了情感。笔者 2018 年 7 月 7 日到大新宝圩乡板价屯做田野调查期间,当

图 6-1-5 喜唱迎客歌（赵成艺 摄）

地著名歌手农廷兴告诉笔者，改革开放前，当地群众生活比较艰苦，但村民普遍喜欢唱山歌、听山歌，生活处处有歌，村民思想单纯，但群众内心充实，生活安详。

随市场经济的深入发展，大新"逢圩而歌"的盛况已渐渐远去，传统山歌求偶和完善仪式等功能已渐渐剥落，山歌传唱渐渐地向舞台化和表演化方向发展。大新的高腔"诗蕾"和"诗三句"等形式的山歌被艺术加工，走上了舞台。大新的高腔"诗蕾"和"诗三句"的山歌手农廷兴和许秀珍等人多次到全国各地演出，并多次接受国内外各大媒体的采访。1990年桃城镇高腔"诗蕾"歌手赵元伟、赵振伟等到北京参加全国少数民族汇报演唱会，受到邓小平等党和国家领导人的亲切接见，获得了很高的评价和荣誉。高腔"诗蕾"参加了第二、三届广西南宁国际民歌节演出，引起较大的反响。宝圩板价"诗三句"山歌队多次到区内外汇报演出，并相继接受了港台和外国媒体的采访。受大新山歌的影响，2012年以来，本土歌手陆建平等创建的大新壮族"木棉组合"，渐渐引发外界媒体的关注。他们汲取了大新山歌的营养，创作和演唱了很多喜闻乐见的壮族歌曲，多次获得区级奖励。2017年9月"木棉组合"

第六章 传承：民族文化的融合与发展

223

走进了中央电视台的"星光大道"节目并获得周赛小组第二名。他们多次到区内外,多次跨越国境到越南等地演唱,深受当地人民群众的喜爱。

随着网络的普及,大新歌圩逐渐地转向了网络化发展。一些到广东和南宁打工的农民歌手借助网络平台,在 QQ 和微信中传唱山歌,自发组织了大新山歌群,参加人数多达一两百人。有些歌手还与天等县的民间山歌歌手联合,组建了跨区域的网络山歌群。这些网络山歌传唱频繁,每天从凌晨六点到半夜十二点,均有山歌传唱。

二、歌以"养心"

在古代,由于地处偏僻和长期受到土司统治的制约,大新壮族人民较少能够接受正规的汉文化学校教育,多数底层的壮族人民不认识汉字,也不具备书面表达能力,他们只有通过歌声来讲述自己的生活故事和历史故事,抒发自己的情感,表达对美好生活的向往,因此,山歌成为了凝聚族群历史记忆、

图 6-1-6 龙门乡三联村(诗蕾高腔)山歌手在对歌中(何农林 摄)

抒发族群情感的一种重要精神象征和心灵家园。大新山歌歌唱的主题及内容主要有：

一是大新壮族人民通过山歌，讲述了底层农耕生活的艰辛。大新县地处云贵高原边缘，境内山多地少，山地面积占全县总面积的51.26%，平地面积仅占全县面积的17.70%。境内人均耕地面积少，再加上自然灾害频繁，洪涝灾害经常发生，当地农民只能翻山越岭去开荒，生活极为艰辛。以下选录大新县文化部门编印的《齐心能把海填平——广西大新县壮族山歌选辑》《山歌能把山海震——大新民间山歌集》[1]及宝圩乡板价村老山歌手农廷兴等提供的部分山歌加以赏析，如《试探歌》"诗蕾"山歌这样唱道：

男，汉音：婆灭生勾命真残（汉意：父母生我命真贱），

壮语：Bohmeh seng gou mingh caen cienh,

国际音标：[po⁶me⁶ɬeŋ1kəu1miŋ⁶ɕan1ɕi:n⁶]

汉音：锣中法量拉罗色（汉意：时常碰到天大旱）。

壮语：Laux cungq fax rengx la lo saw,

国际音标：[la:u⁴ɕuŋ⁵fa⁴ɣeŋ⁴la¹lo¹ɬau¹]

汉音：生麻伯迷畚那耕（汉意：生来无田又无地），

壮语：Seng ma mbouj miz deih naz geng,

国际音标：[ɬeŋ1ma¹bəu³mi²təi⁶na²keŋ¹]

汉音：痕文晒耐拉罗色（汉意：日夜受苦又受难）。

壮语：Hwnz ngoenz dak naz la lo saw.

国际音标：[hɯn²ŋon²ta:k⁷na²la¹lo¹ɬau¹]

女，汉音：侬勾生麻命斜货（汉意：妹我也是穷苦命），

壮语：Nuengx gou seng ma mingh cienh hoj,

国际音标：[nu:ŋ⁴kəu¹ɬeŋ¹ma¹miŋ⁶ɕi:n⁶ho³]

汉音：生活难过拉罗色（汉意：日子忧愁又艰辛）。

壮语：Swnghhoz nanzgvaq la losaw.

国际音标：[ɬɯŋ⁶ho²na:n²kwa⁵la¹lo¹ɬau¹]

汉音：文文叩弄卑烧炭（汉意：天天进山烧木炭），

---

[1] 大新县博物馆编：《齐心能把海填平——广西大新县壮族山歌选辑》。大新县文体局、大新县博物馆、大新县文化馆编：《山歌能把山海震——大新民间山歌集》。

壮语：Ngoenzngoenz haeuj ndoeng bae siudanq,

国际音标：[ŋon²ŋon²hau³doŋ¹pai¹ɬiu¹taːn⁵]

汉音：难顾身弄拉罗色（汉意：全身乌黑不像人）。

壮语：Swjvaq cienz ndaem la lo saw.

国际音标：[ɬɯ³wa⁵ɕiːndam¹ la¹lo¹ɬaɯ¹]

男：汉音：哈梅齐心同勾话（汉意：妹你对我说真话），

壮语：Ra nuengx caezsim doengz gou vah,

国际音标：[ɣa¹nuː ŋ⁴ɕai² ɬim1 toŋ²kəu¹wa⁶]

汉音：留甲婆灭拉罗色（汉意：我俩好夫妻结成）。

壮语：Raeuz gap bohmeh la lo saw.

国际音标：[ɣau²kaːp³⁵po⁶me⁶la¹lo¹ɬaɯ¹]

汉音：麻留叩弄卑贼瓜（汉意：我们进陇去种瓜），

壮语：Ma raeuz haeuj ndoeng bae cae gva,

国际音标：[ma¹ɣau²hau³doŋ¹pai¹ɕai¹kwa¹]

汉音：垦差宾弄路内色（汉意：上山爬坡都不怕）。

壮语：Hwnj bya bin ndoeng lohnawsaw.

国际音标：[hɯn³pja¹pin¹doŋ¹lo⁶naɯ¹naɯ¹]

在古代，当地农民的耕地面积本来就不多，不想连年遭遇天灾，只好到山里烧炭卖钱，或到山里种些南瓜等粗粮，勉强度日，生活困苦。这首山歌就生动地展现了艰苦的农耕生活。

二是大新山歌以歌唱的形式真实地记录了当地以前社会的历史。据壮族叙事长歌（排歌）《清至民国乱世歌·取榜为韵》（作者梁安，大新县雷平镇镇武街人，于民国十五年创作，已故），《清至民国乱世歌·以龙为吟》（作者农应廷，宝圩芦山村人，于民国十五年创作，已故）中，讲述了明末至民国当地社会的历史，这首山歌具有较高的历史学和社会学的研究价值。在《清至民国乱世歌·取榜为韵》这首长达216行的叙事长歌中详尽地讲述了从明朝末年崇祯年间到民国初年的历史，其中就有涉及镇压农民义军，废除科举，推翻帝制，军阀混战，移风易俗的历史。歌中这样唱道：

汉意：道光庚戌天下乱

说是大独有毛长

> 刚讲几天乱兵到
> 驻扎何关那地方
> 安平土官最害怕
> 逃进陇吾去躲藏
> 命令百姓修关隘
> 强迫男女全武装
> 查明身份才放行

长歌《清至民国乱世歌·以龙为吟》讲述了光绪至民国发生的历史，揭露了清末至民国期间，土匪猖獗，民不聊生，改制废帝，军阀混战的史实。这段民歌还真实地揭露了土司与军阀陆荣廷联合一起镇压农民义军的罪恶历史。歌中这样唱道：

> 汉意：那时荣廷也来到
> 兵马驻扎安平州
> 派兵防守君邑嵩
> 次日攻打哭米和那排
> 见他阵阵立头功
> 安平土司全迎接
> 那时他们好威风
> 带进衙门去策划
> 引诱赵生自"入笼"

三是歌唱爱情。当地的俗语说得好："十句山歌，九句是爱情。"歌咏爱情是大新山歌的重要内容，大部分大新山歌为情歌对唱为主。这些山歌以生活写爱情，以爱情写生活，生动地表达了大新壮族人民的伦理观、爱情观和价值观，唱词流美，修辞手法多样，具有较高的社会学、人类学研究价值和文学、音乐欣赏价值。

大新山歌以歌唱理想化的爱情为主题，歌中追求心灵相通，以情至上的爱情理想，情感抒发真挚，具有浓郁的浪漫主义色彩。唱词天真烂漫，含蓄隽永，千百年来深受当地群众喜爱。如有段"诗三句"山歌这样唱道：

男，汉音：任麦吃端三分饱（汉意：想你几乎不吃饭），

壮语：Naemj mawz gwn donq sam faen imq,

国际音标：[nam¹mau²kun¹toŋ⁵łam¹fan¹ʔim⁵]

汉音：麦看痛心没痛心（汉意：你看痛心不痛心），

壮语：Mawz lez doengq sim mij doengq sim,

国际音标：[mau²le²toŋ⁵lim¹mi³toŋ⁵lim¹]

汉音：贫糖摆行勾抢寻（汉意：你若是糖我先品）。

壮语：Baenz diengz baij hangq gou ciengj cimz.

国际音标：[pan²ti:ŋ²pa:i³ha:ŋ⁵kəu¹ɕi:ŋ³ɕim²]

女：汉音：农勾何貌貌内听（汉意：妹妹说哥你要听），

壮语：Nuengx gou hax mbauqmbauq ndei dingq,

国际音标：[nu:ŋ⁴kəu¹ha⁴ba:u⁵ba:u⁵dəi¹tiŋ⁵]

汉音：果碗沿路呀卑跟（汉意：路边野果莫乱品），

壮语：Mak van henzloh yaq bae gwn,

国际音标：[ma:k⁷wa:n¹hen²lo⁶ja⁵pai¹kun¹]

汉音：涩多翁尼的敢寻（汉意：涩多哪个敢来吞）。

壮语：Saeplai unglawz gamj ma cimz.

国际音标：[łap⁷la:i¹ʔuŋ¹lauɯ²ka:m³ma¹ɕim²]

男，汉音：任麦没那贫词话（汉意：想你不知怎样说），

壮语：Naemj mawz mijnaj baenzlawz vah,

国际音标：[nam³mau²mi²na³pan²lauɯ²wa⁶]

汉音：赶怀卑特念农他（汉意：赶牛去田眼泪多），

壮语：Ganj vaiz bae deih raemx roengzda,

国际音标：[ka:n³wa:i²pai¹təi⁶ɣam⁴ɣoŋ²ta¹]

汉音：念他流农插内那（汉意：眼泪多多插得禾）。

壮语：Raemxda laeroengz cap ndaej naz.

国际音标：[ɣoŋ²ta¹lai¹ɣoŋ²ɕa:p⁷dai¹na²]

女，汉音：富才百乖每句话（汉意：男人嘴甜真会讲），

壮语：Bouxsai bak gvai moix gawq vah,

国际音标：[pəu⁴la:i¹pa:k⁷kwa:i¹moi⁴kauɯ⁵wa⁶]

汉音：麻击神句重托沙（汉意：话语出口重过山），

壮语：Gangj gawq caen gawq naek gvaq bya,

国际音标：[ka:ŋ³kaɯ⁵ɕan¹kaɯ⁵nak⁷kwa⁵pja¹]

汉音：农太几倍卑倒麻（汉意：妹死几次还转还）。

壮语：Nuengxdai geijbaez bae dauqma.

国际音标：[nu:ŋ⁴ta:i¹kəi³pai²pai¹ta:u⁵ma¹]

还有段"诗蕾"山歌这样唱道：

女，汉音：锣香廷桌话忒口（汉意：桌上香炉当饭碗），

壮语：Lozyieng dingz congz vah duixhaeux,

国际音标：[lo²ji:ŋ¹tiŋ²ɕo:ŋ²wa⁶tui⁴hau⁴]

汉音：听碎把概默呀色（汉意：把它抓到手再说）。

壮语：Gaem youq gyang mwz mo ya saw.

国际音标：[kam¹jəu⁵kja:ŋ¹ja:ŋ¹mɯ²mo¹ja¹ɬaɯ¹]

男，汉音：育叩欧麻当针菜（汉意：稻草可以当针菜），

壮语：Myok haeux aeu ma dangq cinhcai,

国际音标：[mjo:k⁷hau⁴ʔau¹ma¹ta:ŋ¹ɕin⁶ɕa:i¹]

汉音：石碎当叩不内色（汉意：碎石却难当得来）。

壮语：Rin soiq dangq haeux mo naw saw.

国际音标：[ɣin¹ɬoi⁵ta:ŋ⁵hau⁴mo¹naɯ¹naɯ¹]

男，汉音：红土欧麻做豆腐（汉意：红泥要来做豆腐），

壮语：Doemnding aeu ma hit daeuhfouh,

国际音标：[tom¹diŋ¹ʔau¹ma¹hit⁷tau⁶fəu⁶]

汉音：要写龙部培内色（汉意：就是让它上菜谱）。

壮语：Aeu sij roengz bouj bae naw saw.

国际音标：[ʔau¹ɬi³ɣoŋ²pəu³pai¹naɯ¹ɬaɯ¹]

女，汉音：波咩生麻翁六货（汉意：父母生来命虽苦），

壮语：Bohmeh seng ma ungraeuz hoj,

国际音标：[po⁶me⁶ɬeŋ¹ma¹ʔuŋ¹ɣau²ho³]

汉音：累喃垦坡许毛色（汉意：引水上坡给哥喝）。

壮语：Rap raemx hwnj bo hawj mbauq saw.

国际音标：[ɣa:p⁷ɣam⁴hɯn³po¹hau¹ba:u⁵ɬaɯ¹]

这些山歌借描摹农耕生活的艰辛，表达对爱情理想追求的执着。大新壮

族人民，自古受土司政策的影响，接受儒家思想相对较晚，儒家思想辐射相对较弱,在婚姻和爱情的表达中表现出更多的天真烂漫的情趣,更多的尚情观。歌中以祭祀祖先的香炉当碗用，颇具讽刺意味，表现了对传统儒家伦理道德的讽刺。

大新山歌中的情歌对唱虽以爱情为同一主题，但其内涵仍稍有不同。歌咏爱情的山歌按照内涵分，可分为以下两大类：

一类是实指。实指是指在未婚青年男女选对象的时候，歌咏爱情的山歌充当了重要的求偶和交友媒介。这类山歌的情歌对唱的内容是表达的情感是实指的，多带有求偶的功利性目的。以歌求偶一直是大新壮族群众重要方式。当地群众认为，唱山歌是考验对象的最好方式，歌唱得好，说明对方脑子好使，知识丰富，人品也不错，地域文化知识丰富，是结婚的理想对象。山歌唱得好的歌手，往往较易赢得配偶，并拥有较高的社会地位。笔者于2018年7月7日到大新宝圩乡板价屯做田野调查，当地的群众告诉笔者，改革开放前，该屯解放后沿街的村民仍有四五对夫妇是因为唱山歌找到了妻子。村里还有一些歌手因山歌唱得太好，追求的对象过多，甚至引发的家族纠纷和村落之间的械斗。

另一类是虚指。这类山歌是指已婚的男女（包括不落夫家的青年女性）在一起唱山歌，虽以爱情为主题进行山歌对唱，但他们口中所唱的爱情并不仅仅抒发男女之间的爱恋之情，还是对生活艰辛,现实婚姻不满的一种宣泄。歌中所唱的爱情，多是对爱情理想和生活理想的幻想和向往，具有明显的象征的意义。这部分的山歌在古代和现代的网络山歌中均占有相当大的比重，虽有少数的歌手因山歌而引发婚姻的重组，但大多数的歌唱只作为抵抗现实世界的一种精神象征的符号而存在。如有山歌这样唱道：

男，汉音：卡路旭归米关事（汉意：路途遥远没关系），

壮语：Galoh youqgyae mijgvanhaeh,

国际音标：[ka¹lo⁶jəu⁵kjai¹mi³kwaːn⁶hai⁶]

汉音：诗也托同论也好（汉意：只要我俩有情意），

壮语：Cij yiux doengzraeuz lwnh caez ndei,

国际音标：[ɕi³jiu⁴toŋ²ɣau²lɯn⁶ɕai²dəi¹]

汉音：麦假老黑貌送卑（汉意：怕黑我会送你去）。

壮语：Mawzgyaj laundaem mbauq soengq bae.

国际音标：[maɯ²kja¹la:u¹dam¹ba:u⁵ɬoŋ⁵pai¹]

女，汉音：神句百讲生没亏（汉意：空口讲话怎不易），

壮语：Caen gawqbak gangj seng mijvei,

国际音标：[ɕan¹kaɯ⁵pa:k⁷ka:ŋ³ɬeŋ¹mi³wəi¹]

汉音：上屋灭骂麦偷哭（汉意：就怕你妻骂死你），

壮语：Hwnjranz meh yueg mawz raeg daej,

国际音标：[hɯn³ɣa:n²me⁶ju:k⁸maɯ²ɣak⁸tai³]

汉音：旭何何麦敢送卑（汉意：哪里还敢送我去）。

壮语：Youq lawz ra mawz gamj soengq bae.

国际音标：[jəu⁵laɯ²ɣa¹maɯ²ka:m³ɬoŋ⁵pai¹]

男，汉音：如麦有伴齐有保（汉意：妹家其实有人陪），

壮语：Youq mawz mizbuenx caez miz bauj,

国际音标：[jəu⁵maɯ²mi²pu:n⁴ɕai²mi²pa:u³]

汉音：绿婴匡剖有坡诱（汉意：婴孩啼哭有人管），

壮语：Lwg'eng gyang baeuz miz boux yaeuh,

国际音标：[lɯ:k⁸ʔeŋ¹kja:ŋ¹pau²mi²pəu⁴jau⁶]

汉音：课埠三文了风流（汉意：你可放心上街玩）。

壮语：Hwnjfawh samngoenz liuh funglouz.

国际音标：[hɯn³faɯ⁶ɬa:m¹ŋoŋ²liu⁶fuŋ¹ləu²]

女，汉音：讲等路乃等好耶（汉意：不说我家才好啦），

壮语：Mijgangj ranz raeuz daengjndei yaq,

国际音标：[mi³ka:ŋ³ɣa:n²ɣau²taŋ³dəi¹ja⁵]

汉音：讲起文屋渗农哈（汉意：说起我家泪眼花），

壮语：Gangj daengz ranraeu raemx roengz da,

国际音标：[ka:ŋ³taŋ²ɣa:n²ɣau²ɣam⁴ɣoŋ²ta¹]

汉音：老都瓜苗乃了呱（汉意：我像秧苗老过茬）。

壮语：Geqgvaq gva miuz reuq liuxgvaq.

国际音标：[ke⁵kwa⁵kwa¹miu²ɣeu⁵liu⁴kwa⁵]

这类唱法在一些中老年的男女歌手中较为常见。因为交通不便，很久才

能见上一面,男女老友也会唱起一些较为凄切的情歌,在这些山歌里,歌唱的是爱情,还融入了各种人生体验,表达了对现实生活的不满。

　　四是对社会进行劝诫,颂美挞丑,歌颂时代精神。大新人民不但通过山歌调节生活情绪,还借山歌讽谏社会,宣扬了歌颂热爱劳动,尊老爱幼,睦邻友好等壮族社会的伦理道德和规约。解放前夕的山歌则加入不少揭露反动统治阶级的元素,用于鼓舞革命队伍的斗志。改革开放后,山歌融入新时代的精神,山歌更富有现代的气息。如有歌这样唱道:

男,汉音:杂优良种亩千几(汉意:妹种杂优亩超千),

壮语:Cab you liengzcungj moux ciengeij,

国际音标:[ɕa:p⁸jəu¹li:ŋ²ɕuŋ³məu⁴ɕi:ɲ¹kəi³]

汉音:结伙德意留内色(汉意:想借一点不敢言)。

壮语:Geh gyo daek ijraeuz nawsaw.

国际音标:[ke⁶kjo¹tak⁷ʔi³ɣau²naɯ¹naɯ¹]

女,汉音:扶贫政策隆各地(汉意:扶贫政策下各地),

壮语:Fuzbin zcwngcwz roengz gakdeih,

国际音标:[fu²pin²ɕɯŋ¹ɕɯ²ɣoŋ²ka:k⁷təi⁶]

汉音:群众富裕拉罗色(汉意:难道谁还不富裕)。

壮语:Ginzcung fuyi lalosaw.

国际音标:[kin²ɕuŋ²fu¹ji¹la¹lo¹ɬaɯ¹]

男,汉音:法良三笔跟南丢(汉意:哥家今年遇天旱),

壮语:Fax rengxsam bi gehnazdiu,

国际音标:[fa⁴ɣeŋ⁴ɬa:m¹pi¹ke⁶na²tiu¹]

汉音:苗留失败了罗色(汉意:禾苗难青鱼难长)。

壮语:Miuzlouz saetbai hliuxlosaw.

国际音标:[miu²ləu²ɬat7 pa:i⁶liu⁴lo¹ɬaɯ¹]

女,汉音:苗留失败呀忧气(汉意:作物失败不要叹气),

壮语:Miuzlouz saetbaih yaqyouheiq,

国际音标:[miu²ləu²sat⁷pa:i⁶ja⁵jəu¹həi⁵]

汉音:天气预报留内色(汉意:掌握天气预报就可以丰收)。

壮语:Denhgi yibau raeuz nawsaw.

国际音标：[ten⁶ki¹ji¹paːu¹ɣau²na¹ɬɯ¹]

总之，大新山歌思想内容丰富，它借助程式化的演唱形式，特色的民族语言，与众不同的唱腔，歌唱爱情，颂美挞丑，抒发内心情感，表达对生活理想的崇高追求。

三、"西"：说诗的艺术

当地的壮话称"山歌"为"西"，汉意为"诗"，唱山歌又称为"话西"，汉意为"说诗，做诗"。山歌为底层人民的口头之诗也。大新山歌种类繁多，将近六十种，可大体分三大类："西""潘""加"。其中以"西"类的"诗蕾"和"诗三句"最为有名。这两类山歌在大新各乡镇均有分布，地域广，各具艺术特色，是大新山歌的两朵艺术奇葩。"诗蕾"以高亢的音腔取胜，声音清丽嘹亮，扣人心弦；"诗三句"则长于叙事和抒情，唱词婉转流美，音调缠绵悱恻，耐人寻味。那些曲调高昂的山歌，那些一往情深的男女对唱，让壮族歌圩充满诗情画意。歌圩的对唱一般从催情歌唱起，再唱盘问歌、赞美歌、初交歌、深交歌和分别歌。歌圩的活动，使那些歌手有了施展的场合，更给青年男女提供一个交往情谊的良机。有的人虽然文化水平有限，却有丰富的生活经历，才思敏捷，出口成歌，内容幽默、含蓄、耐人寻味。

有山歌这样唱道：

> 耳闻歌声心里跳，
> 我唱不好也上场；
> 鸡仔初啼音不亮，
> 画眉学唱声不扬。

——这等比拟，是多么的形象生动。

> 枧木越老身越坚，
> 结交越久情越甜；
> 有心莫怕多考验，
> 来年树下订百年。

——通过唱山歌，年轻人从认识到加深了解，并发生爱情，最后结成伴侣。

而在黑水河一带，由于各地歌圩节的时间不是固定在某一天的，而是隔一两天轮流地转，且持续一两个月，加之壮族的歌圩节是"一个亲，九个跟"，所以一轮歌圩节下来，村屯里的后生妹仔几乎都把整个黑水河地区串了个遍；这样，哪地方的后生哥长得俊山歌唱得好，哪地方的妹仔长得俏山歌唱得好，人们自然都心中有数甚或烂熟于心了。当他们都相中各自的意中人之后，便成双成对地对起山歌：

男：日落百鸟叫悠悠，
　　双双对对回山头。
　　心想同妹多坐阵，
　　太阳跟哥结冤仇。

女：送哥送到甘蔗行，
　　送根甘蔗给哥尝。
　　哥吃头来妹吃尾，
　　吃到中间断肝肠。

男：去了去了又转来，
　　转来交代我的乖。
　　手拿钥匙交给妹，
　　花园莫让别人开。

女：去了去了又转来，
　　转来交代我的乖。
　　十年不来十年等，
　　莫要移花别处栽。

当他们对唱到这里的时候，各自的朋友都围在身旁助阵，甚为热闹。从那以后，他们和她们，你来我往，最后大多能喜结良缘……

大新山歌用韵整齐，信手拈来，以生活入歌，唱词凝练含蓄讲究，多种修辞手法杂糅，情感真挚，意象唯美、天真、浪漫，极富西南边地壮族农耕生活的韵味。主要艺术特点有：

一是以小见大，擅长以生活小事入歌。日常生活中的吃、穿、住、用、卖均可入歌，信手拈来，语出惊人。尤擅长以生活的琐事抒写爱情，描摹细致，情感真切，唱词优美。

大新山歌以日常生活入歌，用语新颖奇特，既在意料之中，又出人意料之外。如笔者曾收集到这样的大新诗蕾山歌：

汉音：叩诺煮叩难楼内（汉意：糯米煮饭难定水），

壮语：Haeuxnu cawj haeux nanz roengz raemx,

国际音标：[hau⁴nu¹ɕau³hau⁴na:n²ɣoŋ²ɣam⁴]

汉音：麦叩菜酸拉罗色（汉意：扣肉放了酸菜才算香）。

壮语：Mbaiqhaeux byaeksoemj la lo saw.

国际音标：[ba:i⁵hau⁴pjak⁷ɬom³la¹lo¹ɬaɯ¹]

汉音：忙蕉到给一条心（汉意：芭蕉到根一条心），

壮语：Makgyoij dauqgeq it diuz sim,

国际音标：[ma:k⁷kjoi³ta:u⁵ke⁵ʔit⁷tiu²lim¹]

汉音：宾忙一梭梭罗色（汉意：长大结果一梭梭）。

壮语：Baenzmak it co colosaw.

国际音标：[pan²ma:k⁷ʔit⁷ɕo¹ɕo¹lo¹ɬaɯ¹]

第一句唱词的大意是：你的心意很难猜，就像煮糯米饭的时候，放水多少很难考量，你只有和我相配才是完美的，好比扣肉只有放了酸菜才能煮出香味。

第二句唱词大意是：我的心就像芭蕉的心，从小到老都是一条心，芭蕉虽然结果了，但是一个个长得分明，从不含糊。

大新山歌常以农耕劳动入歌，弘扬热爱劳动的精神，热爱生活的情致在歌中袒露无遗。如有山歌这样唱道：

女汉音，貌麦变都家尼内（汉意：哥你若是变鲤鱼），

壮语：Mbauqmawz bienq duzbyanaez ndaej,

国际音标：[ba:u⁵maɯ²pi:n⁵tu²pja¹nai²dai³]

汉音：雨头雨小农要卑（汉意：大雨小雨妹要去），

壮语：Fwndaeuz fwnsaeq nuengx yiux bae,

国际音标：[fɯn¹tau²fɯn¹ɬai⁵nu:ŋ⁴jiu⁴pai¹]

汉音：等旭渠念项恩随（汉意：等在溪边装筌器）。

壮语：Daengj youq geizraemx cang aensaez.

国际音标：[taŋ³jəu⁵kəi²ɣam⁴ɕa:ŋ¹ʔan¹ɬai²]

大新自古以来是我国八角产地之一，当地群众有种八角的习惯，当地群众常借八角歌唱爱情。有山歌这样唱道：

男，汉音：肥妹头差弄内归（汉意：火烧山头亮得远），

壮语：Feiz maej rubya rongh ndaej gyae,

国际音标：[fəi²mai³ɣu¹pja¹ɣoŋ⁶dai³kjai¹]

汉音：燃肥哈路育内色（汉意：火把照路心坦然）。

壮语：Nduqfeiz ra loh yo nawsaw.

国际音标：[du⁵fəi²ɣa²lo⁶jo¹nau¹ɬau¹]

女，汉音：比侬从归麻素仔（汉意：阿哥从远到此地），

壮语：Beixnuengx coengzgyae ma doxgyawj,

国际音标：[pəi⁴nu:ŋ⁴ɕoŋ²kjai¹ma¹to⁴kjau³]

汉音：商量事情留内色（汉意：一定商量大问题）。

壮语：Siengliengz saehcingz raeuz nawsaw .

国际音标：[ɬi:ŋ¹ljeŋ²ɬai⁶ɕiŋ²ɣau²nam¹ɬau¹]

男，汉音：听说内曼卖八角（汉意：听说妹村卖八角），

壮语：Dingqgangj ndawmbanj gai betgak,

国际音标：[tiŋ⁵ka:ŋ³dau¹ba:n³ka:i¹pet⁷ka:k⁷]

汉音：等麻恶价育内色（汉意：才来问价是几多）。

壮语：Daengj ma ok gyaq yo nawsaw.

国际音标：[taŋ³ma¹ʔo:k⁷kja⁵jo¹nau¹ɬau¹]

女，汉音：八角本麻做配料（汉意：八角历来当配料），

壮语：Betgak bonj ma dangq boiqliuh,

国际音标：[pet⁷ka:k⁷ma¹ta:ŋ⁵poi⁵liu⁶]

汉音：要乱喊恶价育内色（汉意：胡乱叫价不太好）。

壮语：Luenhaeu rieggyaq yo nawsaw.

国际音标：[lu:n⁶ʔau¹ɣi:k⁸kja⁵jo¹nau¹ɬau¹]

这段山歌的大意是：听说你卖的八角价钱比较便宜，肯不肯卖给我呢？（"卖"在壮话中与"结婚"的壮语同音，该句巧妙地运用了谐音双关。听说你到了出嫁的年龄，而且家境和我相当，可否嫁给我呢？）女方则借助八角的用途巧妙地回答了男方的问题。八角的价格比较贵，乱喊价不太好（我的身价难以估量，无法衡量）。该唱词男女双方通过谈论八角的价钱，试探对方的情意。

二是用韵讲究，声律和谐，极富韵律之美。"诗蕾"一般为七言体双声部山歌，歌体自由，可分为二句、四句、五句，排诗多达两百多句，一般是隔句押韵，有时头脚互押。一韵到底，中间不改韵。一般先唱者先用一个韵脚，后唱者必须用同一个韵对唱。抒情时常插入了语气词"内色""罗色"进行情感的调解，意思欲言又止，故又称"一句半"。如：

男，汉音：糖宛等迷麻麻蹄（汉意：糖甜才有蚁来恋），

壮语：Diengz van daengjmizmoed ma daeh,

国际音标：[ti:ŋ²wa:n¹taŋ³mi²mot⁸ma¹tai⁶]

汉音：麻勋曼内育内色（汉意：妹好才有哥来谈）。

壮语：Ma raen mbanjndaw yo nawsaw.

国际音标：[ma¹ɣan¹ba:n³daɯ¹jo¹naɯ¹ɬaɯ¹]

女，汉音：埋巧翁海杰叩近（汉意：肉臭哪个敢近前），

壮语：Mbaiq giu unglawz gamj haeujgaenh,

国际音标：[bai⁵kiu¹ʔuŋ¹laɯ²ka:m³hau³kan⁶]

汉音：闷并敢近了罗色（汉意：红薯未熟无人捡）。

壮语：Maenzndipgamjgaenhliuxlosaw.

国际音标：[man²tip⁷ka:m³kan⁶liu⁴lo¹ɬaɯ¹]

"诗三句"为七言体山歌，一段山歌分为三句，句末的最后一个字押韵，三句均押同韵。如：

汉音：火那跟斗咩冷烦（汉意：田螺吃土有啥犯），

壮语：Hoinaz gwndoem mizraeng famh,

国际音标：[hoi¹na²kɯn¹dom¹mi²ɣaŋ¹fa:m⁶]

汉音：被给民嘛煮跟汤（汉意：去捡他来煮喝汤），

壮语：Bae gipminz ma cawjgwn dang,

国际音标：[pai¹kip⁷min²ma¹ɕaɯ³kɯn¹ta:ŋ¹]

汉音：楼骚人还格莱狂（汉意：哪家女儿那么狂）。

壮语：Lwgsauvunz lawzgeh lai guengz.

国际音标：[lɯk⁸ɬa:u¹wun²laɯ²ke⁶lai¹gu:ŋ²]

"诗三句"音调可高可低，由"啊"音引出，诗句中间伴有叹词，歌者随情感的波动和抒发，将叹词的音强不断拉长，听来缠绵悱恻，动人心扉。

三是山歌情感略带忧伤，语言流丽、唯美含蓄，常借助灵活多样的修辞手法，抒发情感。大新山歌擅长夸张、比喻、拟人等手法，具有较强的语言感染力。大新山歌修辞的方法和特点主要有：

首先，唱词高度夸张。大新山歌中的夸张手法主要可分为两种：夸大夸张和缩小夸张。夸大夸张，即将本来的事物放大，进行夸张描写，如有"诗三句"山歌这样唱：

汉音：交迷内妹心扣吭（汉意：交不上你我的心很痛），

壮语：Gyau mij ndaej mawz sim gou byangj,

国际音标：[kjaːu¹mi³dai³mauɯ²ɬim¹kəu¹pjaːŋ³]

汉音：内他土么差楼冷（汉意：眼泪太多掩没了后山），

壮语：Raemxda dumzgvaq bya raeb laeng,

国际音标：[ɣam⁴ta¹tum²kwa⁵pja¹ɣap⁸laŋ¹]

汉音：独领囊涅冷几文（汉意：猴子身上的衣服湿了几天）。

壮语：Duzlingz ndang ndik geijlai ngoenz.

国际音标：[tu²liŋ²daːŋ¹dik⁷kəi³laːi¹ŋon²]

该句山歌的大意是：我配不上你，我感到很伤心。我的眼泪淹没了后山的树林，连山上的猴子都没法躲藏，它的毛被我的眼泪打湿了好几天。该段唱词巧妙地运用了比喻、拟人和夸大夸张的手法，极力渲染伤心之情。

缩小夸张，即将本来的事物缩小，进行夸张描写。如：

汉音：当初粒扣吃人段（汉意：当初一粒米每人吃一餐），

壮语：Dangco naep haeux gwn vunzdonq,

国际音标：[taːŋ¹ɕo¹nap⁷hau⁴kɯn¹wun²ton⁵]

汉音：放卑几文心难安（汉意：分离几天心难安），

壮语：Ngamq bae geijngoenz sim nanz an,

国际音标：[ŋaːm⁵pai¹kei³ŋon²ɬim¹naːn²ʔaːn¹]

汉音：贫生的麻甲地暖（汉意：何时才能共床眠）。

壮语：Baenzseiz gvaq ma gap deih ninz.

国际音标：[pan²ɬei²kwa⁵ma¹kaːp⁷tei⁶nin²]

歌词大意是：你我当初一粒米还要两人分吃一餐，你我分离后，寝食难安，何时才能相聚共枕眠？夸张和比喻同用，描写得惟妙惟肖。

其次，比喻贴切。大新山歌唱词含蓄，谈及爱情往往借助各种比喻来表达，极富艺术的张力。山歌常把年轻的女孩比作如鲤鱼、燕子和鸳鸯等，与我国古代汉诗的比喻一脉相承，如：

汉音：炸尼独罗读拜海（汉意：鲤鱼长大了要到海里去），

壮语：Byanaez duz hung duz bae haij,

国际音标：[pja¹nai²tu²huŋ¹tu²pai¹ha:i³]

汉音：仍米双龙入底排（汉意：还有两只小的在水坝底），

壮语：Nyaengz miz song duz youq daej fai,

国际音标：[ŋaŋ²mi²ɬoŋ¹tu²jəu⁵tai³fa:i¹]

汉音：哥你随时得跟改（汉意：哥你随时把它捞上来煮着吃）。

壮语：Go nih cuizseiz dwk bae gai.

国际音标：[ko²ni⁶ɕui²ɬəi²tuɯk⁷pai¹ka:i¹]

该唱词将少女比作鲤鱼，巧妙地运用了借喻的手法，大意是：鲤鱼长大了都要游到海里（指姑娘长大了都要出嫁了），还有两只小的在水坝底（暗指我刚刚长大成人），哥你随时把它捞上来煮着吃（哥你若有心，可以把妹娶回家）。

四是主题鲜明，中心突出，情感执着。大新山歌主题突出，最忌讳东一句西一句漫无目的地胡乱编歌。大新山歌的情歌对唱主要有两个主题：一是当没有遇到心仪的对象的时候，山歌往往以讽刺为主调，直到对方认输为止；二是如双方歌手彼此心灵相通，则会将山歌步步深入，可分为"催请—盘问—初交—交心—分别"几大套路，从白天唱至晚上，甚至第二天天亮。大新山歌又分为日山歌和夜山歌。日山歌句式较短，夜山歌多在夜间传唱，往往长达十几句、二十几句，有些长达上百句，吐露的感情比日山歌更为真切和深厚。如有日山歌这样唱道：

男，汉音：火那跟斗咩冷烦（汉意：田螺吃土有啥犯），

壮语：Hoinaz gwndoem mizraeng famh,

国际音标：[hoi¹na²kɯn¹tom¹mi²ɣaŋ¹fa:m⁶]

汉音：被给民嘛煮跟汤（汉意：去捡他来煮喝汤），

壮语：Bae gipminz ma cawjgwn dang,

国际音标：[pai¹kip⁷min²ma¹ɕau³kɯn¹ta:ŋ¹]

汉音：楼骚人还格莱狂（汉意：哪家女儿那么狂）。

壮语：Lwgsauvunzlawzgehlaiguengz.

国际音标：[luɯk⁸ɬa:u¹wun²lau²ke⁶la:i¹ku:ŋ²]

女，汉音：哼赖米海端老冷（汉意：很久不见油粘锅），

壮语：Haenglai mijraen om lauzrangh,

国际音标：[haŋ¹la:i¹mi³ɣan¹ʔom¹la:u²ɣa:ŋ⁶]

汉音：米给海那入很冷（汉意：不捡田螺干啥呢），

壮语：Mijgip hoinaz youq hit raeng,

国际音标：[mi³kip⁷hoi¹na²jəu⁵hit⁷ɣaŋ¹]

汉音：内过没多咩花冷（汉意：好过去捡花冷菜）。

壮语：Ndeigvaq bae gip meh varaengz.

国际音标：[dəi¹kwa⁵pai¹kip⁷me⁶wa¹ɣaŋ²]

男，汉音：后信挪扫偶老冷（汉意：我相信妹的油罐有油花），

壮语：Gou saenqnuengxsau om lauzrangh,

国际音标：[kəu¹ɬan⁵nu:ŋ⁴ɬa:u¹ʔom¹la:u²ɣa:ŋ⁶]

汉音：欧别内冷入很冷（汉意：你放在家里干啥呢），

壮语：Aeu bae ndawranzyouq hit raeng,

国际音标：[ʔau¹pai¹dauɯ¹ɣa:n²jəu⁵hit⁷ɣaŋ¹]

汉音：和国偶麻近几文（汉意：给哥拿来吃几天）。

壮语：Hawj go aeu ma gwngeijngoenz.

国际音标：[hauɯ³ko¹ʔau¹ma¹kɯn¹kəi³ŋon²]

女，汉音：偶劳侬扫老奴集（汉意：我的油罐老鼠油），

壮语：Om lauz nuengxsau lauznoucij,

国际音标：[ʔom¹la:u²nu:ŋ⁴ɬa:u¹la:u²nəu¹ɕi³]

汉音：老别内冷十几比（汉意：我放家里十九年），

壮语：Louzyouq ndawranz cibgeij bi,

国际音标：[ləu²jəu⁵dauɯ¹ɣa:n²ɕip⁸kəi³pi¹]

汉音：剪炸哭苗苗米李（汉意：我拿来煎鱼猫不吃）。

壮语：Cienbyah awjmeuz meuz mijleix.

国际音标：[ɕi:n¹pja¹hauɯ³meu²meu²mi³ləi⁴]

该唱词先从捡田螺到油罐作比，步步深入，引入爱情的主题，最后达到情感的一种升华。

五是意境恬淡，寓意深远，田园气息浓郁。大新山歌巧妙地运用赋比兴的手法，在唱词中大量融入我国西南边地壮族地区的自然风物和风土人情，意境恬淡，极富田园风韵。如：

男，汉音：母莹讲百难信得（汉意：妹你讲话真难信），

壮语：Muih'eng gangj bak nanz saenq ndaej,

国际音标：[mui⁶ʔeŋ¹kaːŋ³paːk⁷naːn²łan⁵dai³]

汉音：讲百拉力底念流（汉意：就像水流无定准），

壮语：Gangjbak yak ligdaejraemxlae,

国际音标：[kaːŋ³paːk⁷jak⁸lik⁸tai³ɣam⁴lai¹]

汉音：诱貌上排项恩随（汉意：哄我上山装鱼筌）。

壮语：Yaeuhmbauq hwnjfaicang aensaez.

国际音标：[jau⁶baːu⁵huɯn³faːi¹ɕaːŋ¹ʔan¹łai²]

女，汉音：上沙项随曾算诱（汉意：上山装筌不算骗），

壮语：Hwnjbya cangsaez caengzsuenq yaeuh,

国际音标：[huɯn³pja¹ɕaːŋ¹łai²ɕaŋ²łuːn⁵jau⁶]

汉音：没迷家扣米显叩（汉意：不得鱼虾得野獾），

壮语：Mijmizbya haeux mizyienz haeux,

国际音标：[mi³mi²pja¹hau⁴mi²jiːn²hau⁴]

汉音：好过多飞倒耐扣（汉意：好过没米来煮饭）。

壮语：Ndeigvaq no nduqfaex ma naengjhaeux.

国际音标：[dəi¹kwa⁵no¹du⁵fai⁴ma¹naŋ³hau⁴]

男，汉音：沙聋美拉有龙凤（汉意：山大树多藏龙凤），

壮语：Bya hung faexlaimizlungzfungh,

国际音标：[pja¹huŋ¹fai⁴laːi¹mi²luŋ²fuŋ⁶]

汉音：棵花芙蓉肯弄松（汉意：芙蓉花开在高岭），

壮语：Go vafuzyungzhwnjndoeng sang,

国际音标：[ko¹wa¹fu²juŋ²huɯn³doŋ¹ła:ŋ¹]

汉音：交内农麦心欢荣（汉意：交得妹妹心欢荣）。

壮语：Gyaundaej nuengxmawz sim vuenyungz.

国际音标：[kjaːu¹dai³nuːŋ⁴mauɯ²lim¹wuːn¹juŋ²]

唱词中上山打猎、下河打鱼、农家生火做饭，高山上的芙蓉花信口唱来，展现出一幅边地底层壮族群众的恬静的农耕生活画卷，令人向往。歌中平淡的农耕生活耐人寻味，透露出当地百姓心中淡淡的幸福感。

四、土司与歌圩

在土司统治期间，大新各地的歌圩较为普遍。

安平土州，歌圩盛行。在其原所辖的地区如科弄屯、岩阳屯、明仕屯、宝圩、堪圩等地，从农历正月至农历七月歌圩盛行，其中四月最密集，各地自发轮流举行，热闹非凡。当地的歌圩还结合当地的节庆和仪式举行。如每年的农历二月二十九安平街举行"观音诞辰"后，都要举行盛大的歌圩活动。在每年的农历二月、四月、七月歌圩，土官都会亲自参加。每年三月初三、三月十三、三月十七等日祭拜祖坟后，客人被主家邀去相聚，酒肉款待后，对歌开始，热闹非凡。每年农历四月，安平土司会派下利屯的农民四人抬土官去赶歌圩，另派二人挑土官的衣物参加。

太平土州，歌圩盛行。据梁明伦等纂《雷平县志》记载，太平乡、那岸乡、堪圩乡、宝圩乡、荣圩乡、庐山乡等地歌圩盛行，歌圩日多在农历四月，其次为三月和二月。太平土州有以木棍击打木槽的"谷郎"活动，并伴有山歌和抛绣球活动。在歌圩日，当地壮族青年男女相约而歌，情投意合者，无需"六礼三书"，皆可携手终生。在该县志中这样记载："一曲新歌余音袅袅，两情之美感幽意绵，初则投桃赠李，继而杯酒言欢，彼怜此爱，我我卿卿……"[①]

全茗、茗盈土州，歌圩盛行。明万历《太平府志》记载，大新当地的群众"病不服药，祭祀鬼神，丧用火葬，婚姻用媒"[②]。另据史料记载，歌圩是全茗、茗盈土州人民喜爱的娱乐活动，上湖、屯周、政教、乔苗等乡歌圩盛行，一

[①] 梁明伦等纂：《雷平县志》，台湾：成文出版社有限公司，1975年，第73页。
[②] 万历《太平府志》卷三，载中国科学院图书馆选编《稀见中国地方志汇刊（第四十八册）》，北京：中国书店，1992年，第483页。

般多在农历四月举行，也有在农历正月、七月和八月举行。唱山歌时，男女互赠信物，如手帕和沙糕等。当地新娘在出嫁之夜，男女歌手通宵唱山歌。全茗和灵鳌等地的对歌活动，伴有抛绣球等方式。而屯周一带的山歌传统一直延续到20世纪50年代。

下雷土州，山歌盛行。下雷称歌圩为"巷单""龙洞"，各地均有举办，周围的村民届时前往赴会。正月初五至十五，巷口、上房、吉门等地举行对歌活动，伴有抛绣球活动。硕龙、羊屯、土湖街、农光等地，多在农历正月、二月和三月赶歌圩。最为隆重的莫过于下雷的霜降节歌圩，几百年来远近闻名，由当地百姓自发祭拜抗击入侵外敌英雄岑玉音而约定俗成，一连三天的对歌盛会参加群众多达数千人，多达上万人。歌圩场上，姑娘和小伙子三三两两，结成一队参与对歌。赛歌场面热烈，围观群众把歌手围在中间，水泄不通，热闹非凡。有些山歌群入夜才开始歌唱，一直对歌到第二天清晨。

大新山歌思想内涵丰富，艺术魅力独特，自古以来深受当地群众喜爱。大新山歌得以千年存留，芬芳四溢，与其特殊的地域自然环境、民族文化背景和政治制度等因素息息相关。今天，大新山歌又被赋予了新的时代色彩，它如一朵艺术奇葩永恒地盛开在祖国的西南边陲。

第二节 土司与本土资源

土司文化在大新县至今还有着深远的影响，其静居于美丽的大新山水间，也散落在现代居民的日常饮食起居中。土司统治时期修建的土司州衙、桥梁、休闲场所等遗址，至今有些保存尚好，成为当地宝贵的人文资源；土司统治时期节庆及日常食用的多种食物流传至今，也逐渐形成了当地独具特色的特产、美食。

一、自然资源

大新县自然条件良好，物产资源丰富。境内有锰、铅、锌、铜、铁、金、水晶、磷等20多种矿藏，其中锰的藏量最大，品位高，居全国首位，有"中国锰都"之称；有白猿(全白叶猴)、乌猿(黑叶猴)、白猴、金丝猴、蟒蛇、穿山甲、冠斑犀鸟、蛤蚧、果子狸、山瑞等国家珍稀野生动物；有蚬木、金

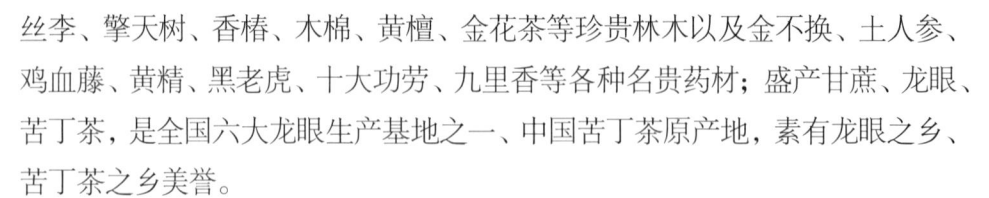

丝李、擎天树、香椿、木棉、黄檀、金花茶等珍贵林木以及金不换、土人参、鸡血藤、黄精、黑老虎、十大功劳、九里香等各种名贵药材；盛产甘蔗、龙眼、苦丁茶，是全国六大龙眼生产基地之一、中国苦丁茶原产地，素有龙眼之乡、苦丁茶之乡美誉。

　　大新山清水秀，风景如画，旅游资源丰富。境内有国内首个跨境旅游合作区的中越德天板约瀑布跨境旅游合作区，中国最具原生态的大新县黑水河国家湿地公园、中国最美的乡村风光明仕田园，先后荣获"国家生态旅游示范区""全国生态文明先进县""全国十佳生态休闲旅游城市"。明代著名旅行家徐霞客曾游并感叹"四面碧峤濯濯，如芙蓉映色"。大新县主要旅游景区(点)有德天瀑布、绿岛行云、沙屯叠瀑、黑水河、明仕田园、龙宫仙境、恩城山水、安平风光、乔苗平湖等，其中闻名遐迩的德天瀑布与越南板约瀑布构成亚洲第一大跨国瀑布、中国最美的六大瀑布之一；还有养利州城、靖边炮台群、中越53号界碑、利江石拱桥、八万桥、宝圩碧云洞及恩城岜字山、全茗穷斗山、安平会仙岩摩崖石刻等人文景观，遍布大新各地。尤其千年的土司管治，与土司文化衍生的民俗民风、山歌诗蕾等为大新旅游资源增加了深厚的历史文化底蕴，为此大新荣获"中国土司文化之乡""中国侬峒文化之乡""中国长寿之乡"称号。

　　大新民风淳朴、民俗淳厚，尤其宝圩乡板价、板六村浓郁的壮族风情，还延续古老神韵的"短衣壮"吸引中外学者、媒体前来考察采风。大新侬峒文化渊远流长，民众自古喜欢唱山歌，到大新犹如进入山歌的海洋。龙门乡三联一带高腔"诗蕾"山歌，以其音调高亢又和谐的二重唱法在广西山歌中独树一帜。

　　大新，是镶嵌在祖国南疆一块美丽富饶的地方，正在发展的大新旅游业，既赖于奇山异水的旖旎风光，又得益于丰厚的土司文化景观。

　　有序挖掘历史文化，将土司遗址贯穿于旅游路线中，将安平土司遗迹融入的安平仙河景区、恩城土司遗迹的小灵珑景区分别创建国家4A级和3A级旅游景区，恩城土司小镇打造国家4A级旅游景区，将是大新旅游的亮丽名片，可供中外游人分享集自然与人文为一体的大新土司历史文化。

二、名优特产

大新苦丁茶

旧称"万承苦丁茶"或"万承富丁茶",是大新县名特产之一,中国国家地理标志产品,广西的传统名茶,传为明代贡品。大新县苦丁茶具有"盛产期长,品质优良稳定,色美味香微苦"的独特风味。

"万承县苦丁乡"即今大新县龙门乡苦丁村。一张20世纪初期的"万承恒信号"记载万承州商人打出"蝴蝶"商标,对苦丁茶包装外销。苦丁茶既是名茶又是名药材,《本草纲目》记载,苦丁茶"苦、平、无毒。南人取作茗,极重之……今广人用之,名曰苦登……煮饮,止渴明目除烦,令人不睡,消痰利水(即利尿),通小肠(即治结肠炎),治淋,止头痛烦热,噙咽(即去痧利喉),清上膈(即清肺)"。因此,大新苦丁茶有"亦茶亦药绿黄金"的美誉。

苦丁茶,相传在北宋时始为贡品。当时广西万承州(今大新县龙门乡)土官许朝烈为讨好朝廷,以求功名利禄,将千年野生苦丁树的嫩芽精制成极品茶叶进贡。皇帝饮用后,觉得此茶清香,苦后而甘凉,生津提神,清热消暑,利尿通便,于是龙颜大悦,命许朝烈年年进贡,且赐封其为万承州首任土官,世代相袭。几年后,满朝文武百官都饮用此茶以养生,且宫中妃嫔都争着要用苦丁茶叶煮水淋浴。皇帝只好命许朝烈大量进贡苦丁茶。可万承的苦丁茶树只有一株,每年茶叶产量二三十斤,难以满足这么多人使用。许土官心生一计,诈称茶树已被天雷劈死谎报朝廷,从而免去了进贡的任务。许土官恐怕外人知道真相,派人严防看管茶树的同时,不断放声苦丁茶树已灭绝。久而久之,世人皆忘苦丁茶的样子,苦丁茶也因此销声匿迹好长时段。

明朝中期,万承苦丁茶又复为贡品,可苦丁茶树源不多,因品种不一,品质与苦丁树王的茶叶明显不同。元代至清代,仅能生产少量苦丁茶做贡品。

1980年,大新县仅存苦丁茶树23株。后来,几经加大科研,掌握了多种苦丁茶繁殖、育苗方法,扩大种植面积提高产量并建有苦丁茶加工厂。20世纪70年代后,苦丁茶产量大增,茶制品畅销海内外,昔日的贡品苦丁茶进入寻常百姓家,也成了"大新三宝"之一,为越来越多的游客所知晓及喜爱。

龙眼

又称桂圆果,素有"南国人参"的美誉。《本草纲目》记载:"食品以荔枝为贵,而资益则龙眼为良。"对桂圆倍加推崇。《神农本草经》也说桂圆"久服强魂聪明,轻身不老,通神明"。龙眼性温味甘,营养价值极高,果肉中含糖量达17%,粗蛋白15%,含葡萄糖、蔗糖和维生素A、维生素B等多种营养素,对人体十分有益,益补营血,安神养心,可用于心脾虚损,气血不足所致的失眠、健忘、惊悸、眩晕等症,是老少皆宜果中"珍品"。

图 6-2-1 大新县特产龙眼果(何农林 摄)

　　大新县龙眼栽培历史悠久,百年以上的龙眼树随处可见。西晋嵇含著的《南方草木状》记载"魏文帝诏群臣曰:南方果之珍者。有龙眼、荔枝……而后传至印度、南亚一带"。可见,大新龙眼有上千年的历史。在物以稀为贵的土司统治时期,龙眼也只是达官贵人和土司家族的爷娘们才能享用珍贵水果。大新龙眼以果大核小、肉厚香甜、清脆爽口、品质上乘、数量多、产量高,畅销我国内地及港澳、东南亚、美国等地。1986年大新县被定为全国"六大龙眼基地县"之一。如今,大新种植龙眼树三万多亩,年产量一万五千多吨。

　　龙眼可以鲜食或加工成桂圆干、桂圆肉、桂圆罐头、桂圆糕和桂圆酒,是"大新三宝"之一,畅销海内外。

蜂蜜

野生蜂蜜不仅甜蜜香醇可口，还具有改善便秘、杀菌、保护肝脏、大脑、美容养颜、促进睡眠等多种功效，自古以来就受世人的青睐，而大新历代土司对其喜爱有加。

土司统治时期，土官对百姓进行经济剥削，制定了许多不成文的苛捐杂税，其中就有一项：每年农历三四月，各屯交一窝蜂蜜。蜂蜜在当时比较稀缺，百姓平日里看到野蜜蜂窝不敢自留享用，而是要采蜜上交土司，蜂蜜几乎是土司专享的美味。从大新流传至今的山歌歌词中可看出，劳动人民把对爱情及美好生活的向往大都用蜜或蜜糖来比喻，因为在他们看来，蜜不仅是甜蜜的象征，也具有珍贵的象征意义。

土司收刮到的蜂蜜除了日常饮用和作凉粽的蘸料外，就是将蜂蜜酿制蜜酒。蜜酒作为当时最珍贵且极富营养的饮料，土司及其儿女在蜜月都要饮用蜜酒，这与现今流行的"度蜜月"意义基本一致。而平常百姓人家新婚时对蜜酒只是可望而不可即的。

如今，大新县常年气候温和，一年四季均野花盛开，加上生态环境愈加完好，野生百花蜂蜜、龙眼花蜜较为盛产。蜂蜜自然成为深受八方游客喜爱的特色旅游产品之一。

三、土司美食

"土司宴"

"土司宴"是土司"御膳"。"土司宴"汇集众多特色美食，将壮乡山水豆腐、珍珠鸭、五彩糯米饭、蚂蚁蛋春卷、酸菜鱼等十多道色香味俱佳的菜肴置于一个大铜盘或者大簸箕中。开宴时，身穿壮族服装的四个童男童女抬着大铜盘从厨房漫步而出，前面专人鸣锣开路，吆喝着："土司宴上菜啰！"四童子小心翼翼将铜盘抬入席中摆设。足见，旧时土司用膳场面的壮观气派。

"土司宴"选料十分讲究，不仅讲究荤素搭配、营养均衡，还突出生态、文化、地方美味等特色，所用食材均是新鲜蔬菜、野生植物及河鲜。山水豆腐选用当年收获的黄豆磨制而成，是地道的绿色健康食品。珍珠鸭则皮薄肉厚少脂肪，口感细嫩鲜美。"土司宴"的制作从食材选取到加工烹调，要求严格，工序复杂，尤其要求掌厨师傅要有较高的厨艺。"土司宴"菜品分为热菜、凉菜、汤菜等，无论从食材的天然性还是做法的繁复程度，都令人咋舌。

曾经的"土司宴"，是土司府举办重大活动仪式或招待远方宾客不可或缺的盛宴。平日也只有土官族方能享用。时至如今，"土司宴"不再秘而不宣了，已成为大新百姓招待客人的特色佳肴。

近年来，"土司宴"多次在全国各地的旅游推介会上亮相，尤其2018年登上央视助推崇左市荣登《魅力中国城》冠军城市后，更是声名鹊起，成为大新乃至崇左市旅游文化的重要特色食品之一。

五色糯米饭

大新县特殊的地理环境，壮族干栏建筑多依山而建，房前屋后少有晒场，加上糯谷种植面积少，产量低，人们习惯将收获带有稻秆的糯谷穗悬于庭中梁上自然风干或以火熏干。壮族先民一直喜欢糯谷，每年都种植糯稻以备一年四季的红白喜事之用，除了春节、端午的粽子外，最普遍的是蒸糯米饭，它的制作不算复杂，一般是先用清水将糯米浸泡鼓胀，然后放在蒸笼里蒸熟。在农耕社会，住在山峁里的壮民们因交通不便，每次外出耕作都要翻山越岭，他们日出而作，日落而归，故食用少量糯米饭不容易饥饿；每有出远门，便

图 6-2-2 大新县民间特色小吃（美食）·五色糯米饭（何农林 摄）

用少量糯米饭团作为干粮携以远行。壮族先民喜好制作五色糯米，将糯米泡进枫叶、紫蓝草、红草和黄花的汁水中，分别染成黑、紫、红、黄，加上糯米本色，混在一起蒸熟，形成黑、白、紫、红、黄五色糯米饭。土司时代，糯米饭成为人们婚嫁丧葬等场合及节庆时最为常用的食物，如媒人说媒成功后，男方带着30斤猪肉和糯米饭、米酒到女方家认亲；婚礼前两天，男方托媒人将猪肉、米酒、糯米饭、腌鸡等作为彩礼送到女方家；成婚之日，男方带着糯米3—5担、猪肉100—200斤到女方家接亲；妇女生育后第三天，娘家送来糯米饭和鸡蛋……而制作五色糯饭主要用于三月三或清明节祭扫祖先，且此习俗仍沿用至今未曾有变。在一些壮族村落，糯米饭无须染色亦可祭神。如今，每逢红白喜事，娘家人都会蒸制糯米饭或糍粑送到亲家祭神，仪式结束后，亲家留下一部分食用外，剩下一部分还礼娘家。可见，糯米饭至今仍是壮族祭神的重要物质媒介。至今也是壮族百姓人家家常的美食。

烤乳猪

土司统治时期，大新县家家户户普遍养猪，除积肥外，还供给全家肉食或出售，但一般过年才杀猪，有些地方自养的猪宰杀后一下子吃不完，就将其切成条块状，或做成腊肉，或悬挂于灶台上做成烟熏肉，还有的用熟饭和盐涂抹后，置于瓶

图6-2-3 "三月三"节日烤乳猪场面（何农林 摄）

罐中密封储藏待农忙、节庆或歌圩时招待客人。密罐保存的猪肉吃法有生吃和蒸食两种，此肉风味独特，酸咸可口。

烤乳猪作为土司"满汉全席"中的一道主要菜肴。用的乳猪要求严格，选用未断奶的约四五公斤的乳猪，宰杀后去净内脏，把盐及黄皮果、鸡皮果（当地野果）的树叶塞到猪肚子里再缝合起来，一根长棍从乳猪的头和尾穿过，

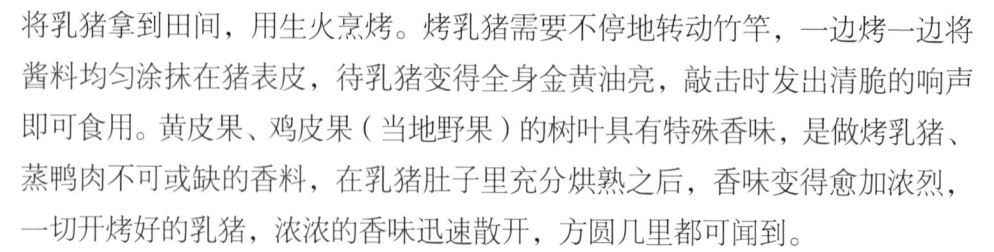

将乳猪拿到田间，用生火烹烤。烤乳猪需要不停地转动竹竿，一边烤一边将酱料均匀涂抹在猪表皮，待乳猪变得全身金黄油亮，敲击时发出清脆的响声即可食用。黄皮果、鸡皮果（当地野果）的树叶具有特殊香味，是做烤乳猪、蒸鸭肉不可或缺的香料，在乳猪肚子里充分烘熟之后，香味变得愈加浓烈，一切开烤好的乳猪，浓浓的香味迅速散开，方圆几里都可闻到。

以前，炭火烤乳猪是土司们节假日常吃的美食，百姓们则只能远远闻着香味咽口水。如今，它已经成为人们餐桌上常见的食物，是大新侬峒节必不可少的美食。无论是旅游餐厅还是路边烤卖的烤乳猪，都成为八方游客争相尝鲜、抢购的美食。

腌酸肉

壮族食腌酸肉之俗是古俗之遗风，土司对腌酸肉也十分喜爱，表现在土司统治时期各地土官制定多种赋税就包含其中，如太平土官规定：各村里头人每年要选最好的土特产品进贡土官。其中，荣圩的鱼干、油鱼、猪肉做成的腌酸鱼肉列入必需的贡品。腌酸肉的做法是将肉洗净，切成一斤左右的若干肉块，用糯米饭（或炒糯米粉）拌和适量盐、酒、姜、辣椒等抹在肉上，再一层一层地码入坛中，最上层用糯米饭完全覆盖腌肉，然后密封坛盖，要保持坛槽有水，以免漏气使肉变质。若是腌鱼、鸭、鹅则先剖腹除去内脏，用盐腌一两天，然后晾至半干，伴以糯米饭和甜酒曲、生姜、辣椒等佐料即可入坛。一般腌十天至半月即可食用，如腌至一年后味道最佳。酸鱼、酸肉食用时一般不煮熟，拿出来即可食用，也可放在火上烤食。招待贵客时则油煎而食，美味可口。壮族食腌酸肉之俗源于古代壮族先民狩猎所得，兽肉无法及时吃完，时间一长，所剩兽肉容易发臭变质，故壮族先民乃腌成酸肉，这样兽肉便得以长期保存。农耕社会，壮族先民学会圈养牲畜，远离圩市的深山壮民，所杀牲畜之肉多以盐腌酸储存。土司将腌酸肉作为贡品之一，更让腌酸肉的做法得以传承发展，而此俗沿袭至今，酸肉、酸鱼、腊鸭、酸粥也成为大新县一大民间风味。

珍珠鸭

与苦丁茶、龙眼被并称为"大新三宝"是珍珠鸭，也是"壮王土司宴"中的"当家菜品"。据说，古时候的珍珠鸭是在安平州明仕河上的野鸭子和水鸟交配而成，因体重一般不超过 2 公斤，故名"珍珠鸭"。珍珠鸭不喜欢

图 6-2-4 民间特色小吃（美食）·黄姜鸡汤（何农林 摄）

图 6-2-5 民间特色小吃（美食）·粽粑（何农林 摄）

图 6-2-6 民间特色小吃（美食）·彩色糍粑（何农林 摄）

图 6-2-7 民间特色小吃（美食）·烤鸭（何农林 摄）

被圈养，白天要放牧于田园、河流之中，以河中虾、鱼、螺为食，因为珍珠鸭常年在水上游动，因而皮薄肉厚，几乎没有脂肪，口感细嫩鲜美，深受安平土司的喜爱，基本每天午餐、晚餐都食用珍珠鸭。因此，珍珠鸭也成为安平土司的特供品，百姓鲜有能品尝的。

土司烹制珍珠鸭十分讲究，除了白切、卤烧、黄姜熬汤等吃法外，还有粉蒸鸭、烤鸭等做法。粉蒸鸭是用黄豆或玉米粉或糯米粉及面粉等将珍珠鸭肉块裹起来，在蒸锅底部铺上芭蕉叶，让鸭肉块坐在芭蕉叶之上，在上面又覆盖一层黄皮果树叶当被蒸制，蒸出来的鸭肉香嫩爽滑，连裹着的面粉都带着浓郁的清香味，异常美味。烤珍珠鸭与烤乳猪的做法大致相同，宰好的珍珠鸭处理干净后，将黄皮果树叶和各种酱料填入鸭肚子，放在黄皮果树枝火上面烤制，黄皮果树香味内外夹击，使珍珠鸭全身充满大自然的清香，整只鸭子被烤得外焦黄，里鲜嫩。而最独特的做法当数"三杯鸭"了，即将一只珍珠鸭佐以一杯黄酒、一杯黄糖和一杯酱料精心烹饪而成，因此也被人称为"三杯鸭"。

此外,珍珠鸭蛋也是珍稀美食,珍珠鸭个小鸭蛋却不小,珍珠鸭蛋黄也比一般鸭蛋的蛋黄大,蛋黄颜色更深。土司们喜欢将黄皮果树叶和小葱、野菜切碎后,将珍珠鸭蛋、盐等充分搅拌均匀,放入油锅里炒。几种原料的翠绿色与珍珠鸭蛋的金黄色完美结合,看起来鲜翠欲滴,不仅祛除了鸭蛋的腥味,还保留了树叶和野菜的清香,吃起来也是十分美味。

如今,珍珠鸭系列美食已为百姓及游客所青睐。

第三节 土司文化与旅游发展

2017年,大新县被评为"中国土司文化之乡",大新土司文化承载着我国土司制度和桂西南边陲地区少数民族文化内涵,具有十分突出的遗址特征。因此,以遗址文化空间的重构来实现大新土司遗址的保护与开发,推进大新乡村旅游文化产业发展是一条较为合理的途径。

一、土司文化的利用

2015年在德国波恩召开的第三十九届世界遗产大会上,"中国土司遗址"成功列入世界文化遗产名录,昭示着中国土司文化遗产的保护与利用从此进入一个崭新的时期。土司制度不仅在湖南、贵州、湖北等留有土司城遗址,在桂西南也存在近千年历史,留下了大量的城池遗址、建筑遗址,以及大量的文物与文史资料,其中保存较为完整的是大新安平土司衙门和诸多的摩崖石刻遗址。

大新土司文化遗址特性显著。一是规模性。从遗存形式来看,有十多种类型,如官署建筑、古城门、土司墓群、印章文献、土司石刻造像、土司岩画、土司衙门石鼓石柱础、服饰、生活器物、诗作、军事遗址、饮食和节日文化等。其景观宏伟,遗存丰富,历史信息蕴含量大。二是价值性。作为土司制度的实物见证及民族遗迹,大新土司遗址具有重要的历史价值、珍贵的文化价值以及壮族文化传承的实用价值。三是稀缺性。遗址的布局、形制、建筑风格、自然环境以及它所蕴含的精神文化都具有自己鲜明的特色,决定了其在科学研究和艺术价值等方面具有不可替代的功能。四是不可移动性。遗址规模体量较大，难以迁移，如果移动，就可能失去作为遗址的意义。五是残缺性。大新土司遗址已丧失了原有功能，更多的是作为一种已经消失的文化现象或已经过去的一段历史标志而存在。其表现首先在于形象的残缺，如残砖、断瓦与废墟，只有通过考古发现，才能显现出某一部分。在遗址的文化内涵上，民俗、节庆、商业文化等都无法直接获得，需要专业人士借助于文字、图纸资料与实地调研进行总结与整理。

大新土司文化遗址包含厚重的民族文化底蕴和不可忽视的多重价值。一是史学价值。它生动地展现了土司制度的兴衰史，也为壮族社会的发展研究提供了历史的佐证材料，具有较高的史学价值。保存相对完整的明清养利古城、明代下雷土州北城门遗址、清代安平土司衙门、清代太平土司宅院、隘口炮台城墙是一笔珍贵的历史文化资源，为我们研究壮族边地、土司制度时期的政治、文化、军事等领域提供了大量的实物依据。二是学术价值。它积淀了丰厚的历史底蕴，折射出厚重的地域色彩，在考古学上具有重要的学术价值。一些遗迹和遗物，如清代土司的碑匾、石狮石柱础等遗迹建筑，文化内涵十分丰富，为研究大新各民族文化的融合演变及地域文化的形成提供了丰富的实物资料。三是艺术价值。它是壮族建筑艺术宝库，为探索大新山区悠久灿烂的建筑、雕刻艺术提供了实物见证。其浮雕、透雕、镂空雕等各种技法运用娴熟，文字遒劲飘逸，动物栩栩如生，人物形神兼备，造型形象逼真，显示了土司时期大新工匠驾驭各种建筑技法的高超水平。四是旅游开发价值。保存完整、知名度高、蕴藏着丰富民族文化的安平土司遗址、摩崖石刻等，是品质良好的遗址类旅游资源，其良好的旅游开发价值在近年已强势体现。

土司文化资源对大新的经济社会发展有重要推动作用。一是土司文化是建设文化大新的重要支撑。大新八个土司在漫漫历史长河中，世世代代的壮

图 6-3-1 大新县迎接远方客人（赵成艺 摄）

图 6-3-2 大新县明仕田园风光（何农林 摄）

族儿女在黑水河畔、在深山老林里叩石垦壤、繁衍生息，创造并保存了大量具有代表性地域特色文化的珍贵历史遗存，积淀形成了丰富多彩、独具特色的大新历史文化，构成了大新灿烂悠久的文明基石。大新境县文管部门登记在册的土司文化遗产、古遗址、古墓葬、古建筑、古摩崖石刻、近现代史迹等不可移动文物共计 168 个；大新有自治区级非物质文化遗产保护名录 3 项（壮族高腔山歌、宝圩乡侬峒节、宝乡圩壮族服饰制作技艺），市级非物质文化遗产保护名录 10 项（壮族霜降节、壮族左江民歌诗三句、高腔山歌"诗蕾"、下雷山歌、恩城土州石雕、宝圩乡"短衣壮"、黑糍粑、雷平镇咘龙村"三圣"巡游歌圩节、宝圩乡"2·19"侬峒节、下雷娅嫫巡游节）；大新山水自然文化资源丰厚独特，有国内首个跨境旅游合作区的中越德天—板约瀑布跨境旅游合作区，有中国最具魅力生态景区——德天跨国瀑布景区、中国最具原生态的黑水河国家湿地公园、中国最美的乡村风光明仕田园，千年历史的安平土司等 40 多处高品位旅游景区景点，先后荣获"国家生态旅游示范区""全国生态文明先进县""全国十佳生态休闲旅游城市""中国土司文化之乡""中国侬峒文化之乡""中国长寿之乡"等多项荣誉称号。多样的文化形态、丰厚的文化内涵、质朴灵动的文化气息，积淀着大新壮族深沉

的精神追求，闪烁着大新壮族鲜活的创造智慧，成为桂西南文化中的一朵"奇葩"。优秀的文化资源要按照相应的标准加以严格永久的保护，更意味着大新土司文化将成为广西的共同财富，保护的标准和要求更高更严，也从整体上促进大新历史文化资源的保护传承利用，更好地向外界展示大新文化魅力。二是土司文化给大新县生态文化旅游业转型升级带来了重大机遇。作为不可复制的稀缺资源，文化遗产除具有突出的文化价值外，还蕴含巨大的经济价值。土司文化遗产，使大新拥有了更多的金牌旅游资源，为扩大旅游招商、打造生态文化旅游升级版创造了极为有利的条件。随着多条高速公路陆续开通使大新县与全国交通路网实现全方位对接，大新旅游对外大通道骨架基本形成，催生旅游业井喷发展。目前大新县各景区推崇的特色美食——"壮王土司宴"，在土司年代是地位的象征，也是壮王土司的"御膳"，是土司时代土司府在重大仪式或招待贵客而举办的盛宴。如今，不仅这些食材随意走进寻常百姓家，壮王土司宴也成为大新当地招待客人的特色佳肴，也成为旅游特色餐饮一道亮丽的风景。位于大新县雷平镇安平村的安平仙河，集自然之精华，在青山绿水间蜿蜒出一个个风景秀丽的神奇景观；纳土司之传奇，安平仙河沿途有安平土司衙门、城隍庙、土司码头、会仙岩、明代皇光桥等。荡舟安平仙河，

既能欣赏"山水与长天共一色"的自然景观，又能感知延续了数百年的安平土司文化。三是土司文化是提升大新对外知名度和影响力的重要载体。成为土司文化之乡，标志着这一独特的文化和制度，获得了社会的认可。随着以土司文化为代表的大新文化加快走出广西、走向全国，必将极大地提升"神秘大新"知名度和影响力，促进对外交流和对外开放。省、市级文化非遗项目的大新宝圩侬垌节，下雷壮族霜降节、下雷娅嫫巡游节等都是大新土司文化的传承与延绵，每年这些节日来临，都吸引了数万名国内外游客前来参与体验。

二、构建核心文化符号

滚滚黑水河，浪花淘尽英雄；是非成败转头空，青山依旧在，几度夕阳红；古今多少事，都付笑谈中。大新土司虽然已成为历史，但土司文化已融入这方神奇神秘的山水，在新的历史条件下书写新的辉煌篇章。大新土司旅游文化空间的构建应以土司遗址为核心文化符号，以大新地理空间、土司遗址旅游开发为主要活动内容，不断拓展其旅游文化开发空间。

第一，构建土司遗址旅游文化的核心象征。大新土司遗址作为一项历史遗存，最重要的价值是历史文化和科学价值，它是大新发展的重要历史文化资源和区域拓展可以依托的基础。土司遗址保护可以成为区域文化复兴与建设开发的聚合工程。大新土司遗址保护不仅仅是对遗址的保护，也是对具有较强生产性的文化空间的重构，其核心象征不再是对土司历史遗址的保存，而是对以土司遗址为主要景观的遗址旅游的合理开发，从而实现历史遗址在当代社会的多重价值。长期以来，大新县人民政府一直重点对养利古城东、南、西城楼门、安平城隍庙、安平土司衙门、太平关帝庙、岜翠山石刻、岜字山摩崖石刻等区、市、县级文物保护单位进行维修，对国家级、区级、县级等文物保护单位进行抢救性维修及防护。

第二，构建土司遗址旅游文化的价值观。价值观是千百年来集体记忆和历史记忆的产物，构成文化空间的精神素质。遗址旅游文化空间的核心价值一定是兼顾历史遗存、历史记忆以及对当代旅游产业开发的遗址保护与合理利用的价值观。大新土司遗址文化空间构建的价值观表现为对土司历史的记忆、由土司制度而衍生的族群记忆以及当代旅游对传统文化开发的集体意象。

近年来，随着科学技术的快速发展，遗址旅游开发日趋多样化，如依据考古发现及历史记载，在原遗址基础上恢复原貌，或按遗址原貌另择他处复建遗址。通过对历史文化的深度挖掘，创新遗址展示历史文化体验的游憩方式。建立内容丰富、游览紧凑、结构合理的游憩结构，创意独具特色的品牌形象，延伸产业链，形成遗址保护展览与文化体验的产业体系。

第三，构建土司遗址旅游文化的特色符号。大新土司遗址旅游文化空间是由以土司遗址为主体符号构成的特殊旅游空间，其中包含了土司历史遗存，与土司相关的民族文化，以及与土司制度相关的历史记忆、信仰、观念和传说等一系列特色文化符号，这些符号可以通过虚拟视景漫游、虚拟体验式漫游、环幕投影系统、360度全景虚拟场景展示、虚拟考古体验、幻影成像系统、虚拟网络游戏、交互式多媒体展示等高科技进行虚拟展示。同时，还可以通过旅游产品化即符号产品化、游线产品化、市场产品化、时间产品化和交通方式产品化，对旅游文化符号进行展示，且宣传与保存了土司旅游文化的核心象征与价值观。

第四，明确土司遗址旅游文化空间的主体。土司遗址旅游文化空间的主体是由多元化的人组成的，涉及政府、社会相关团体、民族精英、当地人及外来旅游者等。文化空间的主体是最具能动性的因素，如政府与社会相关团体的涉入可以使土司遗址开发更科学、合理和有秩序，民族精英与当地人在旅游文化空间的展示中更具有情境性。相关文化空间主体对土司遗址旅游开发不能脱离历史价值，应对遗址历史文化进行深入挖掘，使游客在遗址旅游中得到深刻历史熏陶和独特文化体验。

三、谋划布局新的文化产业

一头牛剥出多张皮，当前大新县需要谋划布局，编制规划，设计项目，运用发挥好土司文化的市场价值，将品牌价值向全县拓展，用品牌带动全县旅游业，拓展提升土司文化的价值，推进土司文化产业化发展。文化产业化如何做到自身的良性循环？借鉴国内如丽江、凤凰古城发展旅游的经验，打造旅游文化的精品。土司文化产业化，重点要在三个方面取得突破：一是在土司文化大众化上取得突破。加强土司文化研究转化，将部分土司历史文化从考古历史等研究成果向社会普及，进行大众化分享。二是找准旅游市场的

图6-3-3 大新县城（李成庆 摄）

引爆点和最敏感的穴位，结合大新生态旅游资源，在土司文化市场化（产品化）上取得突破。三是将"土司文化之乡"这块品牌的价值从一个局部空间范围拓展到更广的县域空间，带动全县经济社会发展。

  在新形势下，大新要在更大范围内、更深程度上推进土司文化与旅游产业的融合发展，将土司文化资源优势转化为旅游资源与经济优势，实现土司文化价值的最大化，就应以市场引导，品牌引领，创新驱动，差异化发展。

  第一，加强保护传承，确保土司文化资源世代传承、永续利用。文化是一个地方的灵魂，也是一个地方的核心竞争力。自然资源越挖越少，文化资源却越挖越多。抓文化就是抓生产力，保护历史文化遗产就是保护生产力。我们要以对大新历史负责、对大新未来发展负责的态度，像爱惜自己的生命一样保护文化遗产，借鉴国内外先进经验、技术和方法，加强土司文化资源普查和认定，地毯式地对大新历史文化名城名镇名村、传统村落、特色民居、文物遗存以及古堡、古桥、古驿道和民俗风情等物质、非物质文化进行普查、

挖掘和认定，摸清全县文化资源家底，抓好历史文化资源申报认定工作，让民族文化绽放活力，让历史文脉永续传承，尤其是深入传承和发扬土司文化中能促进当今经济文化社会发展及促进民族团结的元素。同时，充分利用各土司文化遗址，如将养利古城现有居民安置到别处，将养利古城进行整理修缮复原，又如《雷平县志》中有文字记载的狄青庙是桂西南地区少有的，可深入考证后，重新修建并加以开发利用。

第二，深入挖掘、开发，加快土司文化资源优势向产品优势、产业优势、品牌优势转化。文化与旅游历来相生相伴，文化是灵魂，旅游是载体。保护好历史文化资源，不是要养在深闺人未识，而是要让它们从沉睡中醒来，在科学保护的前提下转化为旅游产品、旅游精品。应加快推进大新目前正在规划的中国土司文化城建设，全面展示物质形态的土司文化、制度形态的土司文化、精神形态的土司文化、民俗形态的土司文化，可用土司文化记忆轴串联民间故事茶楼、壮医药养生馆、土司文化博物馆、影视基地等文化旅游及休闲的景点，形象演绎土司文化时期的休闲项目等手段，让游客在各种文化情境中追忆历史的烟云。

第三，加大历史文化资源挖掘整理力度，组织提倡各类文化文物单位、科研机构、高等院校及专家学者，通过翻阅古书典籍、深入乡野探访等方式，加强对民族文化资源的全面系统研究，以大新八大土司历史为主线，深入研究边境地区历史文化和民族融合关系，深度挖掘重要历史遗址、历史事件、历史人物，努力创作出一批体现民族特色、有较大影响和市场竞争力的歌舞剧目、影视剧本、民间故事、小说等文艺作品或文化产品，让收藏在博物馆里的文物、沉睡在山川大地上的土司文化资源活起来、灵动起来，慢慢地揭开土司文化的神秘面纱。

第四，加快重点文化旅游精品建设，立足良好的自然生态和原生态文化资源优势，加快建设安平土司城景区，形成一批国内一流、世界知名的精品文化旅游项目。在规划编制、资源整合、品牌打造、线路建设、市场开拓、保护管理上统筹谋划、整合发展，充分发挥带动引领作用，将文化旅游向广大乡村腹地延伸，努力拓展旅游发展新空间，并在各种节庆活动中融入土司文化元素。

第五，大力宣传推介，充分宣传展示丰富的历史文化资源和旅游精品。土司文化资源中蕴含的核心价值、历史神韵、文化精神，只有通过展示推介，才能形成强大的吸引力、影响力和竞争力。首先，应积极策划开展文化交流传播活动，以丰厚的历史文化资源为题材，组织整合力量创作一批反映悠久历史文化、具备一定艺术水准的文艺作品，通过报刊、影视、演艺、网络等传媒大力开展文化品牌推介和展示活动，增强大新文化的吸引力和影响力。其次，创新历史文化旅游宣传营销，加大在电视、高速公路和网络、微信等媒体营销力度，宣传打造大新旅游文化品牌。最后，运用各种艺术表现手段，宣传土司文化，演绎土司故事，让土司文化深入人心，濡化人们的心灵。

后记：一部散文叙事的壮族土司文化史志

伊红梅

与农恒云主席共同主编此书时，我对八桂大地尤其大新的土司文化还是模糊和陌生的。回想此书的编撰过程，思绪万千。2018年暮春，我从北京远赴广西大新，同参与编撰该书的作者时任崇左文联主席的农恒云、广西党校教授农辉锋、崇左市作协主席赵先平、大新县博物馆原馆长何农林、崇左市幼儿师范高等专科学校副教授农丽婵、广西民族师范学院讲师黄洪霞、大新县全茗镇副镇长覃志婉、大新县政协文史委编辑周建明等举行编前论证会，经过大家反复讨论，集思广益，确定了明晰的写作大纲。后又在组织撰稿、统筹文本内容以及图片挑选等过程中做了调整和补充。通过大家的集体智慧与辛勤耕耘，蜜蜂采蜜一样，一点点的萃集，历时七年，又几经编审修订，最终变成现在这本图文并茂的作品，沉甸甸凝聚成了大新土司文化的历史印记。

这几年因工作需要我多次到大新调研，渐渐熟知了这片位于祖国西南边陲的神秘土地，不但风光奇秀，民族风情绚丽多彩，而且近千年间曾饱受土司文化的浸润，影响深远。万承、恩城、太平、安平、养利、茗盈、全茗、下雷等八大土司的文化遗存触目可及。深受这片文化厚土的感召，我这个异乡人对大新的情感，也从最初的猎奇，慢慢沉蕴成了热爱和期待。

这部书共分六章，分别为——渊源：历史尘埃里的印记；承袭：偏安一隅近千年；情怀：红棉古道今尚在；遗迹：骆越边地的民族文化；延续：久远的民族习俗；传承：民族文化的融合与发展。这是一部由大新籍及在大新工作的学者和专家，怀着由浓郁的乡愁所激发的潜藏在血脉里对故乡的感恩与回望，从政治、经济、军事、文化、教育以及民族团结融合等方面入手，共同编撰完成的散文体的民族史志。本书的文本撰写分工情况如下：黄洪霞负责第一章第一、三节和第四章第四节；周建明负责第一章第二节；农恒云负责第二章第一、二节，第三章第一、二节，以及第四章第一、二节；农辉锋负责第二章第三、四节，以及第四章第三节；何农林负责第三章第三节；赵先平负责第五章；农丽婵负责第六章第一节；覃志婉负责第六章第二、三节。

一个民族或族群的历史文化记忆，可以是历史叙事，也可以文学叙事，该书独辟蹊径,运用民族志的文学性书写这种特殊文本,史料性与文学性并重，激发和感染读者轻松进入大新土司文化的腹地，从而达到身临其境的阅读审美，产生共鸣。

盛世著史是中国史学的传统，被鲁迅先生誉为"史家之绝唱，无韵之离骚"——《史记》的作者司马迁明确提出盛世著史的普遍性，并举例说明伏羲、尧舜、汤武时期即有此传统。众所周知，《史记》已被历代史家列为"二十四史"之首，对后世史学和文学的发展影响巨大。时下，全国各地的各类史志著述纷纭，美不胜收，但是文本写作方式偏重史实记录者居多。而民族记忆的文学叙事与历史叙事不同,文学叙事要求有故事性,有艺术感染力和想象力，追求艺术的真实；而历史叙事虽然能够让读者了解历史的真相，但专业的学术性文字会使文本的可读性和受众面大打折扣；可是，文学叙事虽能脍炙人口，但又常常让人对真实历史的认知陷于相对模糊的状态。因此，我们选择了尝试运用既有历史叙事的真实感又有散文叙事的可读性的反映民族记忆的这种文本形式。参与编撰此书的作者大多具有较高的文学素养，尤其农恒云、赵先平、农丽婵、覃志婉等作者，在散文、小说、诗歌等方面著述颇丰，故而在商榷此书的写作文体时,散文体的文本写作形式得到了大家的一致赞同。该书的出版和发行，将会使读者真实感受到作者们对中国经典史学优秀传统的传承，不仅会让受众深刻感受到世代相传的大新土司文化的"真实"往事，也让大家充分领略到散文叙事对于再现民族群体记忆的独特优势和审美情趣。

这种文献考据与田野调查并行的散文叙事，可以尽可能地如实记录族群记忆的实况，通过确凿的论证与分析，甚至可以还原族群历史的真实。如在农锋辉所著第二章第三节"土司时代的社会阶层与土司的特权"中，援引了宋代范成大对土司文化的论述，向读者翔实介绍了广西土司时期的社会内部结构："有知州、权州、监州、知县、知洞，皆命于安抚若监司，给文帖朱记。其次有同发遣，权发遣之属，谓之官典，各命于其州。每村团又推一人为长，谓之主户。余民皆称提陀，犹言百姓也……民田计口给民，不得典卖；惟自开荒者由己，谓之祖业口分田。知州别得养印田，犹圭田也。权州以下，无印记者，得荫免田。既各服属其民，又以攻剽山獠及博买嫁娶所得生口，男女相配，给田使耕，教以武伎，世世隶属，谓之家奴，亦曰家丁。民户强壮可教劝者，谓之田子、田丁，亦曰马前牌，总谓之洞丁。"而其在写作第四章第三节"刻在石头上的历史"过程中，则以田野调查所见的万承州土司与土目家族的墓碑碑文为例，真实还原了大新土司社会婚姻、丧葬习俗、妇女地位等方面的情况。又如农恒云所著第四章第二节"蛰伏于山水间之风雅"，真实记录了作者多年来游走于大新山水间，追寻土司旧迹，实地考据万承州明清土官古墓、安平州的会仙岩、恩城州的峀白山崖、茗盈州的穷斗岩、养利州的金印奇峰等地的摩崖石刻，追古钩沉，形象完整地叙述了大新八大土司的文化存遗，作者"有时得攀爬上十几米高的木架，紧贴着经年覆盖尘土或布满苔藓的石壁，近距离观察古人题留的诗文，从残破不堪的石刻或湮芜的墨迹中，一笔一画地揣测出每个汉字，再逐字捡拾缀成诗句……"最终，通过还原古诗文的本来面貌，重现古人诗歌的艺术灵光，真实呈现了土司时代大新文人墨客的诗文唱和以及生活生产情景。他在记述中虽然也存在不少笔墨的论证色彩，但总体上体现了作者对大新土司文化历史记述的严谨性。又如第五章第三节"色彩斑斓的民族服饰"，作者赵先平从大新土司文化与壮族服饰的关系入手，娓娓道来，尤其是关于壮族服饰的传统与来源和服饰的历史演变的描述——这里的壮族服饰，便带有非常鲜明的地域特征，产生了以宝圩乡上甲的板甲、板六两村为代表的衣着较短的"上甲壮"，以服饰颜色黑色为主色调的"下雷壮"，以龙门乡三联村等为代表的服饰沙梨壮的"三联壮"，这些服饰色调以青、蓝、紫、白为主，继承了先民衣着朴素的风格特征……"再来看看壮族妇女传统的头饰。在古代，壮族女性的头饰也是比较讲究的，女性头饰用簪，胸佩有银饰，现在大多是用针织提花毛巾，虽然是很传统的自家手工纺织，但很是实用——壮族人大都生活在亚热带地区，壮族妇女喜欢戴头巾，不是为了防寒，而是为了避免亚热带的阳光……而土司官服，应该是由具有富贵气派的物件组成。那是一套由帽子、披肩、衣服、腰带、裤子组合而成。帽子是一件珍贵的艺术品，帽顶上是一只金属材料制成的活灵活现的可以转动的吉祥鸟，鸟脚下的四周是几条围成圆形的吊坠，帽身外边的每个部分，雕刻着各种银饰图案，戴在头上，银光闪闪。脖子上，土司老爷绕着一块不大的披肩，绣有舂米、纺纱、抽烟、抬轿、房屋、鸟虫等惟妙惟肖的图案。每一幅图案，都是一个内容丰富、引人遐想的故事……"优美的文笔，将土司服饰的历史记忆融化在文学叙事之中，仿佛带领我们穿越到那个古老神秘的年代。再如，黄洪霞的《羁縻之治》和周建明《大新土司与侬智高》，详细陈述了大新土司文化的历史贡献与影响，这些通过严谨考据、田野调查以及民间传说的叙说，艺术真实地反映了这一时期土司文化的民间记忆——"历史上的侬智高事件虽已远去千年，但侬智高的传奇故事在左、右江地区人民心中未曾淡忘。侬智高像桂西南边疆的枧木王，深深扎根在山野大地上，高大伟岸，郁郁葱葱。"宋代侬智高和明代土官夫人岑玉音这些的传奇人物，在大新土司文化中的很多记忆，是由大新人口口相传的充满着奇幻想象的民间故事组合而成的。这些传说是一个民族对自身历史的主观认知和解读，有些甚至并非真实的历史。可是，作者们在如实记录和讲述这些传说故事的时候，并不刻意去判断传说的真伪，而更多地去分析传说产生的情感因素和环境因素，以及这些传说对大新八大土司的文化意义和审美体验。这种带有群体情绪化的书写，更多的是想体现一个民族对历史的群体性认识，寄托一个民族对美好生活的向往，反映一个民族的价值观。因为，从文化学的角度来看，这部书中的某些传说本身的真伪已经不重要了。

　　散文的书写形式比较自由，宏大的场面与细节的刻画可以自由切换，这种灵动的散布在各章节中主题统一、脉络清晰的跳跃性，增强了阅读的情趣和大家对大新土司文化的深入理解。在本书中，作者们就充分运用了各种书写形式，以记录和展示大新八大土司丰富的族群记忆。如农丽婵在第五章第一节中这样真实记录了大新的民间节日习俗：新春第一日，天空尚未露出鱼肚白，到山间清泉、村旁小河汲新水的农妇村姑便纷至沓来。农妇为全家挑新水，同时，还要拣几块与家畜相像的奇石回家。并且一路走一路模仿六畜的叫声。回到家，便把这些石头放进猪圈、牛栏，祈盼六畜兴旺。然后将新水倒入锅里，与红糖、竹叶、葱花、生姜一同烧开，让全家喝上用新水煮的新年茶。据说这新年茶会使人万事如意。老人喝了健康长寿、小孩喝了聪明能干、夫妻喝了会和和睦睦。壮家村姑汲新水，则有喝伶俐水的习俗。时近清晨，泉水清冽，姑娘们聚在泉边轮流数星星，待数到天上只剩下一颗星星时，便开始喝新水。村中公认的"伶俐嫂"伴着姑娘们喝新水。大家认为喝伶俐嫂捧的水。就会聪明伶俐，故曰"伶俐水"。第一捧水要奖给第一个到泉边的姑娘，第二捧水大家可以争着喝，聪明的伶俐嫂捧着水将姑娘们逗得欲喝不能，欲罢也不能，她口中还说着许多逗乐的话，整个泉边荡漾着姑娘们的欢笑声……农丽婵用诗人一样的童年视角，散文的笔触，栩栩如生地描绘了壮民族喜迎新春时迥然不同的民俗风情。这种质朴的语言，真诚、真实，沉蕴着对故乡大新的赤子真情，跃动在她对大新春节、侬侗节、霜降节等四时节庆的叙述中。碧云如歌。大新居民98%是壮族人，他们性情豁达，歌以养心，无歌不欢。在农丽婵他们眼中，这里的山歌如四季开不败的山花一样，飘荡在大新人生活和劳作的每一个角落。山歌高腔唯诗蕾。"枧木越老身越坚，结交越久情越甜。有心莫怕多考验，来年树下订百年……男：日落百鸟叫悠悠，双双对对回山头。心想同妹多多坐阵，太阳跟哥结冤仇。女：送哥送到甘蔗行，送根甘蔗给哥尝。哥吃头来妹吃尾，吃到中间断肝肠……"大新山歌高腔唯诗蕾最为美妙，这是一个已经引起学界关注和研究的命题。人们逢圩而歌，"用韵整齐，信手拈来，以日常生活与劳作入歌，唱词凝练含蓄讲究，多种修辞手法杂糅，情感真挚，意象唯美、天真、浪漫，极富西南边地壮族农耕生活的韵味。"

在大新民间，有无数人口不一、大小不等、风俗各异的壮族村寨，流传着无数关于土司的神奇传说和朴素的歌谣。这些在史诗、小说、史志中经常被忽略的富有生活情趣的细节，却恰恰构成了大新土司历史与文化最鲜活的内容。作者能够将这些琐碎丰富的传说、故事、歌谣、风俗信手拈来，或叙或议，或引或述，娓娓而谈，这与大家多次深入大新民间进行田野调查密不可分。翻开我在大新的田野调查笔记，大家共同跋山涉水、走村串户调研的辛苦与喜悦，至今历历在目：

——晚饭后，与农恒云主席和他的好友傅明华驾车去离大新县城十几里之遥的龙门乡，寻访万承土司一许姓后人。一座装修雅致的楼宅，潜藏在乡下一条普通的巷子里。从铁栅栏大门步入，豁然开朗，别有洞天。影影绰绰的路灯下，只见庭院杂木遍植，流水潺潺，院内有龙眼古树数株，甚是瞩目，据说已有数百年树龄。这位许姓土官族后人行三，现年四十有余，其祖宗在清中期已非土司嫡系，但他很有家族情怀。因做生意发迹，便有心搜罗收藏一些见证了这个曾经显赫过上千年的土司家族兴衰的遗物。临水岸台有一石鼓，类似础石，一神兽呈卧姿，因头部已被砸去，模糊辨认似为狮身。近旁突兀一鼓形石，底座有双莲花纹饰。另有一造型精美的石鼓，顶面残缺。据说这是在他的极力阻拦下从长兄手里抢救下来的，又说他寿龄近百的奶奶生前经常坐在石鼓上面休憩。后问及这里有没有他童年熟悉的其他老物件。他遗憾的回复说，老房子翻修时，他远在外地，家族里的大事均由长兄主持，族谱也传给了老大，可是家中好多老物件毁坏殆尽，其中有祖上留下的青石台阶，均雕刻着吉祥图案，全被砸碎，深埋做了房基。唏嘘长兄为了节省翻修房子的成本，出此下策，真是惋惜。期间大家还谈到土司制度后期个别土官的极端压榨现象，在大新如安平、太平、茗盈等土司均无一例外。其实万承土司在明清时期曾有亲自率领土兵听命于朝廷保家卫国之情怀，有不少土官曾远赴交趾及云南、广东征战，有的因功受朝廷奖赏或战死沙场。至今还有其散居省内外同脉宗亲的许家土司后人经常返回万承故里祭祖……

——驱车过硕龙镇，这里设有中越边贸互市点，附近流传着不少与侬智高相关的民间传说。据说方圆百里不少村寨曾自发筹资建宋公庙，即侬智高庙，香火千百年来兴盛不衰。过打铁村时，大家在推断，这里或许是侬智高起兵时的兵工厂。过那孔村，我不解沿途为何屡屡见到"那"字开头的村庄。何老师解释，"那"字，壮语为水田之意。我也恍然大悟。一路颠簸，终于来到下雷镇。此地即大新八大土司之一下雷土司的权力核心区。徐霞客当年曾游历过此地。世事沧桑，如今熙熙攘攘的下雷农贸市场建在旧日下雷土司衙门的中轴线上，当年戒备森严的衙门原址，现在是下雷镇派出所和中小学校。位于市场近旁下雷街的粤东会馆，即土司时代的广东商会，也曾是"羊城书院"。该馆建于清乾隆年间，坐东朝西，砖木穿斗结构，硬山顶，占地近千平方米。这里曾经经济发达，商贾云集，一度繁华至极。眼下却是枯叶满院，青苔点点，墙角和廊柱基部苔痕斑驳，墙皮因受潮剥落，一片衰败迹象。为保护正屋不被破坏，几个好古崇善的乡人请进了几尊道教神仙来供奉，其中有关公爷的塑身，关平和周仓恭侍两旁。院内一隅还被乡人见缝插针开辟为菜园，蔓生着几株南瓜，落寞地合拢金黄色的花瓣，一老妇正旁若无人弯腰掐着南瓜嫩藤。下雷街居民对这处遗址熟视无睹，他们已经习惯了形形色色的外地人来此寻古探幽。会馆入口对面临街开了家杂货店，有位年近花甲名叫方勇的老住户正坐在门口择菜。方勇长得敦敦实实，说起话来和颜悦色，他说同住在这条街上的方姓的直系血亲有近二百户，他们祖上系来自北方的移民，跟随宋将狄青平叛过侬智高起兵，历经八九百年，如今已繁衍了近30代人。下午五时许，我们来到珍藏下雷土司族谱的许乃刚老人家中。老人年近九旬，曾当过中学教师，是下雷许氏土司后裔。他是一位有心人。破"四旧"时为防止族谱被毁坏，他急中生智，将土司族谱书写在木箱内侧，用报纸糊起来遮掩。因老人与农主席的父亲是至交，一见我们，分外亲切，任由我们拍照留存，并将族谱慷慨借与我们扫描。真是不虚此行……

——太平州末代土司李珆数十年心血修建的豪宅，历尽上百年的风吹雨打，如今只遗留下两座曾被当作粮仓的宅院。据说这里曾改为李氏的祠堂。如今这两座老宅院已全然废弃，墙皮剥落，碎砖石满地，杂草丛生。前院墙壁显眼处标注有：危房！禁止进入！后院入口则用铁栅栏严严实实地圈围了起来。农主席叮嘱我跟许海萍不要靠近，自己却大步流星走上前去。我悄悄尾随过去，小心翼翼将手伸进铁栅栏，拿手机拍了一幅后院的全景图。骄阳似火，大滴大滴的汗珠从农主席的额头上滚落下来，他全然不顾，或立在房子西侧的芭蕉树下，或行至廊檐下，从不同角度"咔咔咔"拍照。此时已是下午一点半，早过了饭点，肚饥难耐。记得车内有何老师准备的凉粽与蜂蜜，正想去取食充饥，忽见一红衣中年男子骑电动车停驻在农主席身旁，很亲热地用壮语交谈片刻，转身急驰而去。随即，农主席含笑朗声招呼大家："走，吃午饭去！"须臾便至用餐地，这是雷平镇一户普通的民居，一中年女人正在剥荔枝肉喂坐在小推车里的幼儿。我跟许海萍刚刚洗了把手，红衣男子已手提一包熟食，眉开眼笑走了进来。原来，刚才他从街上路过，见我们在拍土司宅院，忍不住走上前打量了几眼，谁知居然一眼便认出了农主席。他叫阿峰，是李氏土司的后人，十几年前他曾在其堂兄家里与农主席一起畅饮过。2018年的端午节，我们居然巧遇相聚在太平土司李珆后人的宅院中……

——大新恩城乡。何农林老师说中午带我们去参加侬峒节，心中窃喜。

早就听闻大新的侬峒节,一个亲,九个跟,一条毛巾可以吃遍大新的春夏秋冬。到了目的地,才知道是何老师特意挑选了距离恩城古代石刻遗迹不远的那望屯。覃志婉得知我们在此聚谈,喜不自禁,亦驱车赶来。据说这里是电视连续剧《花千骨》外景拍摄地之一。确然,感觉身入仙境一般,风景如画,美不胜收。其时适逢夜雨,涧水暴涨,溅水成瀑,波澜起伏,声如远雷。流水激荡汇成三潭,潭中有小岛三,怪石参差,林木葱郁。这是我第二次来恩城。第一次是与农主席和许海萍徒步攀上高崖的摩斗台等考察石刻上的诗文,并亲手触摸了那枚神奇的石刻手印……

——何老师亲自驱车,农主席、许海萍与我一行四人,前去考察太平旧州及太平土司。今雷平镇旧州屯,有说为元代太平路所在地。何老师途中所谈土司李家在任太平路总管时官印被抢的故事,可能便发生于此。沿着弯弯曲曲的街道,我们信步而行。行至一杂货店,但见门口木凳上端坐着一位干头净脸的老妇,正在与俊眉秀目着一身白纱挑花短袖长裙的少妇逗弄几个小孩子。融融的天伦之乐吸引了我们。杂货店门前较开阔,何老师启用无人机开始拍摄这个村庄的全景。农主席与许海萍则走上前去,用方言跟这位老人亲切攀谈起来。老人名叫马美卿,能够识文断字,谈吐得体。我们从她口中惊喜的发现:这个村子的渡口,居然就是徐霞客从村子对面渡过黑水河进入太平州的古码头。得知我们的来意,老人燃起粗香驱蚊,热心带领我们前行三百米来到渡口。顺着浓荫下一条湿滑的小道慢慢下去,河水很清很深,河中心暗浪翻涌,水流湍急。一条形体略大的渡船停泊在岸边,几条新旧不一的竹排静静躺在树下或草丛里。沿着渡船停泊的位置,旧日曾有石阶直通岸上。农主席通过《徐霞客游记》里的记载推断,徐霞客当年就是踩着这些台阶上的岸。如今台阶俱失,原路长满杂草,依稀可辨有人长期走过的痕迹。农主席与何老师两人跟随着老人,亦步亦趋,循着徐霞客当年踩过的遗痕如愿以偿地体验了一把。我瞅瞅自己脚下的老北京布鞋,担心鞋底打滑,只好遗憾地同许海萍依原道上岸。津口旁遮荫古树,树名谐音"美憨"。老人说早年这个村庄很多人家靠砍柴为生,从渡口用竹排运出去换钱。对岸的耕田也是村民披星戴月撑着竹排前去耕作与收获。如今那些田地已经承包给外村人去耕种了,这渡口才渐渐废弃。雷平镇政府驻地即是清代太平州土司衙门所在地。有石狮二踞立于大门口两侧。石狮造型肥硕朴厚,雄浑生猛,雕工精美,堪称瑰宝。虽说通过何老师提供的图片早已有所了解，但初次零距离观瞻这对石狮肃立的真容，内心依然凛然生威。正意欲以此为背景请何老师给拍张留影，回首见农主席屈身单腿跪在石台上，正在寻找最佳角度拍摄石狮，遂赶紧避开他的视线范围。大新八大土司统治时代，由这对石狮守护的太平土司辖地渐成一块难得的风水宝地。风云变幻，江山易主，石狮对这方水土祈福纳祥的神佑始终不渝。抑或真是因了这石狮的庇护，当地民间传闻，在雷平镇政府任职的负责人，均是勤政廉政，深受百姓爱戴，仕途也平步青云。太平土司遗物除了旧时衙门前的那对大石狮，与土司日常生活的老物件，已所存无几。许海萍说太平社区南街有户梁姓人家，主人名叫梁一直，他家中还收藏有几件李家土司日常生活的遗物，不妨顺道去看看……

此外，全茗州衙旧址、茗盈旧街及穷斗岩摩崖石刻等大新土司文化遗址，都留下了大家去调研的足迹，那里淳朴而又热情好客的村民的笑脸相迎时的情景，一想起来就心生温暖。

每个文化底蕴深厚的小城，都会藏龙卧虎着一些像何农林老师这样的熟谙本地风土人情的专家。我敏锐感触到，他对大新有着深厚的家乡情怀，倾注了大半生的心血，很早就对大新土司文化运用他摄影家独特的视角进行了地毯式的田野调查。在选图过程中，他让我们根据本书插图的需要任由从他的图片库里选用，并说如果这些还不充足，他可以再去补拍。何老师所奉献的他多年创作积累的这些审美和研究并重的摄影作品，成为《中国土司文化之乡——广西大新》的精彩瞬间，让读者强烈感受到大新土司时期劳动人民的睿智，对深入和全面了解大新土司的历史文化内涵，起到了不可替代的作用。

《中国土司文化之乡——广西大新》探索了一个更好地贴近民族记忆的书写形式，这在大新的民族志书写和大新的文学史上具有里程碑意义，有力践行了习近平总书记在文化传承发展座谈会上的重要讲话精神，充分表达了大新人民的文化自信和历史自信。作者们在记录论证和材料运用上难免存在一些不足，面对倾注七年心血已所取得的成绩，这些不足可以鞭挞我们精益求精，更好地完善对大新土司文化的研究和别样表达。这部书作为大新县的一项文化工程，在编撰过程中得到了各级领导的高度重视，大新县县委书记施展同志欣然为本书作序；大新县各有关部门和乡镇给予大力支持和帮助，借该书出版之际，我们衷心地表示感谢。在成书过程中，本书的文字部分由农恒云、伊红梅统稿，赵先平和农丽婵协助修改，图片由何农林、许海萍、农恒云、赵成艺、李成庆提供；张忠勇、许海萍、蒋诗捷、傅明华、许建宁、郑达坚、邓长林及冯荣华、农安波等多次陪同田野调查大新土司旧迹。感谢提供该书录用、引用文章的各位作者和助印出书的朋友，以及所有关心支持大新土司文化的各界人士！感谢中国文联出版社的领导和责编的倾力支持和精心编辑，他们为这部书的出版发行给予极大的支持和帮助，使这部书能够更好地呈现在读者面前。我们期待通过这部百科全书式的土司文化史志，给更多的研究者和读者带来新的启示和收获，深层次地了解大新的土司文化，爱上大新，为大新的发展带来新的福音。我们衷心期待通过此书的出版发行，能让大新土司文化如壮族村寨遍野的烂漫山花一样香飘四方，成为丰富边疆少数民族精神生活不可或缺的历史文化元素，为凝聚中华民族共同体意识贡献一份力量，促进各民族像石榴籽一样紧紧抱在一起。